EPIGRAMAS

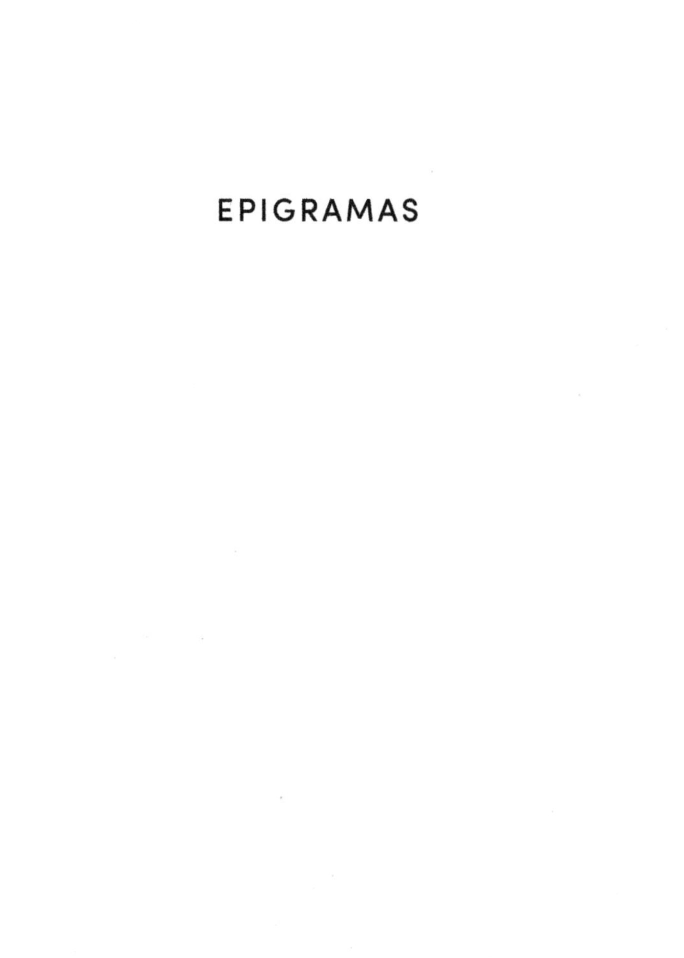

MARCIAL

EPIGRAMAS
II

Traducción y notas de
JUAN FERNÁNDEZ VALVERDE
Y ANTONIO RAMÍREZ DE VERGER

GREDOS

La Biblioteca Clásica Gredos, fundada en 1977 y sin duda una de las más ambiciosas empresas culturales de nuestro país, surgió con el objetivo de poner a disposición de los lectores hispanohablantes el rico legado de la literatura grecolatina, bajo la atenta dirección de Carlos García Gual, para la sección griega, y de José Luis Moralejo y José Javier Iso, para la sección latina. Con más de 400 títulos publicados, constituye, con diferencia, la más extensa colección de versiones castellanas de autores clásicos.

Publicado originalmente en la BCG con el número 237, este volumen presenta la traducción de *Epigramas II* realizada por Juan Fernández Valverde y Antonio Ramírez de Verger.

Asesor de la colección: Luis Unceta Gómez.
La traducción de este volumen ha sido revisada por Carmen Codoñer.

Avda. Diagonal 189 - 08018 Barcelona.
www.rbalibros.com

Primera edición en la Biblioteca Clásica Gredos: 1997.
Primera edición en este formato: febrero de 2025.

RBA · GREDOS
REF.: GNBC061
ISBN: 978-84-2494-127-7
DEPÓSITO LEGAL: B. 1.167-2025

Impreso en España - *Printed in Spain*

LIBRO VII[1]

1

A LA CORAZA DE DOMICIANO

Recibe la coraza de cuero[2] de la belígera Minerva,
    a quien teme la ira misma de la cabellera de Medusa.
Mientras esta no ejerza, César, podrá llamarse coraza:
    cuando se asiente en tu sagrado pecho, será una égida.

2

A LA CORAZA DE DOMICIANO

Coraza de nuestro emperador inaccesible a las saetas sármatas
    y más fiel que el escudo gético de Marte,
que, segura incluso a los golpes de un dardo etolio,[3]

---

[1] Sobre el libro VII, léase a G. Galán, *M. Val. Martialis Epigrammaton liber VII: Comentario filológico*, Sevilla, 1996 (tesis doctoral inédita).

[2] Fue llevada por Domiciano en su expedición contra los sármatas en el año 92 d. C.; cf. XIV 179; Ker, I, pág. 422; Sh. Bailey, II, pág. 74.

[3] El de Meleagro, quien mató al jabalí de Calidón; cf. XIII 93, 1, *Libro de los Espectáculos*, 14, 1; Friedländer, pág. 474; Ker, I, pág. 423; S. Bailey, II, pág. 74.

han fabricado las pezuñas resbaladizas de innumerables jabalíes:
Feliz con tu suerte tú, a quien se permitirá tocar el sagrado
pecho y calentarte con el espíritu de nuestro dios.
Ve de acompañante y merece sin daño grandes triunfos
y devuelve al emperador, pero pronto, a la toga de palmas.[4]

3

A PONTILIANO, UN POETA MALO[5]

¿Por qué no te envío, Pontiliano, mis libros?
Para que no me envíes, Pontiliano, los tuyos.

4

LA PALIDEZ DE OPIANO

Al encontrarse, Cástrico, de mal color,[6]
a escribir versos empezó Opiano.

5

AL EMPERADOR DOMICIANO, PARA QUE REGRESE A ROMA

Si atiendes, César, el deseo del pueblo y de los senadores
y los goces verdaderos de la toga latina,

---

[4] El general se revestía en su desfile triunfal con una toga de púrpura y oro (*toga picta*) sobre una túnica bordada con hojas de palma (*tunica palmata*); cf. Friedländer, pág. 474; Ker, I, pág. 423; S. Bailey, II, pág. 75.

[5] Léase V 73.

[6] La palidez era proverbialmente el color propio de los poetas; cf. Horacio, *Epístolas*, I 19, 17-18; Persio, I 24.

devuelve al dios[7] ante los deseos que lo reclaman: Roma siente
envidia de su enemigo, aunque lleguen muchos laureles.[8]
Aquel ve más cerca al señor de las tierras y el bárbaro
siente terror al tiempo que disfruta con tu rostro.

6

NOTICIAS SOBRE EL REGRESO DE DOMICIANO[9]

¿Es que de regreso junto a nosotros de las costas hiperbóreas
el César ya se dispone a marchar por los caminos ausonios?
No existe fuente fidedigna, pero todas las voces apuntan a ello:
te creo, sueles, Fama, decir la verdad.
Los despachos victoriosos atestiguan alegrías públicas,
los dardos de Marte verdean con sus puntas laureadas.
De nuevo, ¡viva!, Roma aclama tus grandes triunfos
e invicto, César, resuenas en tu ciudad.
Pero, para que sea mayor la confianza en la alegría,
ven ya tú en persona como mensajero del triunfo sármata.

7

AL EMPERADOR DOMICIANO, SOBRE EL AMOR Y AÑORANZA DEL PUEBLO ROMANO POR SU AUSENCIA

Aunque la Osa invernal y la ruda Peuce[10]
y el Histro caliente por las pisadas de las pezuñas
y el Rin, doblegado ya tres veces en sus malvados cuernos,

---

[7] El emperador regresó en enero del año 93; cf. Izaac, I, pág. 266.

[8] Señal inequívoca de triunfos.

[9] El epigrama es una especie de canto triunfal en honor de Domiciano a su regreso de sus campañas contra los sármatas.

[10] Isla situada en la desembocadura del Danubio; cf. VII 84, 3.

te retengan domeñando los reinos de pérfidos pueblos,
soberano regidor del mundo y padre del orbe:
no puedes, con todo, alejarte de nuestros deseos.
Allí con los ojos y el corazón estamos, César,
y hasta tal punto ocupas tú solo la mente de todos,
que la misma multitud del Circo Máximo no sabe
si corre el Paserino o el Tigris.[11]

8

EL REGRESO DEL EMPERADOR

Ahora alegres, como nunca, para mí, ahora divertíos, musas:
victorioso de la tierra odrisia regresa nuestro dios.
Tú el primero, diciembre, haces realidad los deseos de la gente:
ya se puede decir con voz potente «viene».
¡Sé feliz con tu suerte! Podrías no ceder ante Jano,
si nos dieras las alegrías que nos dará aquel.
El soldado con la corona triunfal[12] se divertirá con chistes
festivos, cuando te escolte entre los corceles engalanados
con laurel. Séate permitido también a ti, César, escuchar chanzas
y versos ligeros, si el triunfo mismo gusta de burlas.[13]

9

LOS SESENTA DE CASQUELIO

Al cumplir Casquelio sesenta años, se hizo un hombre
inteligente: ¿cuándo se hará elocuente?[14]

---

[11] Famosos caballos de carrera; cf. XII 36, 12; Izaac, I, 266.

[12] Sobre descripciones triunfales en poesías, cf. K. Galinsky, «The Triumph Theme in the Augustan Elegy», *Wiener Studien*, n. s., 3 (1969), 75- 107.

[13] Cf. I 4, 3-4.

[14] Lo entiendo así: si Casquelio ha tardado sesenta años en ser un hombre de

10

CONTRA OLO, CRITICÓN

Por el culo da Eros, Lino la mama: ¿Olo, qué te importa
lo que hagan este o aquel con su propio cuerpo?[15]
Por cien mil folla Matón: ¿Olo, qué te importa?
Por eso no tú, sino Matón será pobre.
Hasta el amanecer come Sertorio: ¿Olo, qué te va a ti,
cuando tú puedes roncar toda la noche?
Setecientos a Tito debe Lupo: ¿Olo, qué te importa?
No des o prestes un duro a Lupo.
Disimulas lo que te incumbe, Olo,
y lo que más conviene a tus intereses:
debes tu toga; esto es lo que te importa, Olo,
nadie te presta ya un duro: también esto.
Tu mujer es adúltera: esto te incumbe, Olo;
tu hija mayor ya pide la dote: también esto.
Podía decir quince veces lo que te incumbe:
pero lo que hagas, me importa, Olo, un bledo.

11

A PUDENTE, QUE HABÍA PEDIDO AL POETA EPIGRAMAS MANUSCRITOS

Me obligas, Pudente, a corregir mis libros
con mi propia pluma y mi propia mano.[16]
¡Oh cuánto me apruebas y me amas tú,
que quieres tener mis tonterías en versión original!

---

inteligencia normal *(ingeniosus)*, ¿cuánto puede tardar en llegar a estar dotado de elocuencia *(disertus)*, para lo que se necesita mucho más tiempo?

[15] Cf. III 16, 5; S. Bailey, II, pág. 81. Cf. Galán, *Comentario*..., págs. 133-135.

[16] Y, por tanto, el original tiene mucho más valor.

12

A FAUSTINO, SOBRE LA INOCENCIA DE SUS ESCRITOS[17]

Que mi señor, Faustino, me lea con frente serena
y acoja mis bromas con el oído habitual,
pues mis páginas ni siquiera hieren a quienes odia con razón
y a mí no me agrada la fama a costa de la vergüenza ajena.
¿De qué sirve que algunos deseen que parezcan míos,
si algunos dardos se impregnan de sangre de Licambes,[18]
y bajo mi nombre vomita veneno de víbora
quien dice que no soporta los rayos de Febo y la luz?
Mis juegos son inocentes: sabes esto bien: lo juro por el genio
de la poderosa Fama y el rebaño de Castalia,
por tus oídos, que para mí se asemejan a una gran divinidad,
lector libre de la envidia inhumana.

13

LICORIS, NEGRA[19]

Al oír la morena Licoris que el marfil de los dientes viejos
se blanqueaban con los soles de Tíbur,
se vino a las colinas de Hércules. ¡Qué poder tiene el aire
de la alta Tívoli! En poco tiempo volvió negra.

---

[17] Cf. I 25. Léase a Galán, *Comentario*..., págs. 148-150.

[18] Se contaba que Licambes tuvo que suicidarse para no tener que aguantar las críticas mordaces del poeta griego Arquíloco; cf. Ker, I, págs. 428-429.

[19] Cf. IV 62. Léase a Galán, *Comentario*..., págs. 160-161.

14

SOBRE SU AMADA QUE LLORA LA MUERTE DE UN JOVEN

Una terrible desgracia le ha ocurrido, Aulo,[20] a mi amada:
ha perdido a su diversión y su cariño,
no como el que lloró la amada del tierno Catulo,
Lesbia, huérfana de las gracias de su pajarito;[21]
ni como el que lloró Jántide, cantada por mi Estela,
cuya negra paloma vuela en el Elíseo.[22]
Mi vida no es cautivada por naderías ni por esos amores
ni tales pérdidas conmueven el pecho de mi dueña:
ha perdido a un esclavo que contaba doce años,
cuya polla todavía no alcanzaba el pie y medio.

15

A ARGINO[23]

¿Quién es este joven que se yergue junto a las límpidas
aguas de Jantis? ¿Ha huido Hilas[24] de su dueña náyade?
¡Oh qué bien que se rinda culto al Tirintio[25] en ese bosque
y que guarde tan cerca aguas tan amorosas!

---

20 Cf. I 31.

21 Léase a CATULO, III, y A. RAMÍREZ DE VERGER, *Catulo: Poesías*, Madrid[5] 1994, pág. 139.

22 Léase I 7.

23 El epigrama está dedicado a una estatua de un esclavo (de nombre Argino, como el favorito de Agamenón), probablemente de Estela, situada en los jardines de Estela. La estatua, dice Marcial, estará segura de las manos de las ninfas, pero no de las de Hércules, quien ya tuvo una aventura con el joven Hilas; cf. FRIEDLÄNDER, pág. 480; KER, I, págs. 432-433.

24 Amado por Hércules; fue ahogado por una ninfa enamorada; cf. V 48, 5; IX 65, 14; sobre el mito de Hilas y Hércules, léase a PROPERCIO, I 20.

25 Hércules.

Puedes administrar seguro, Argino, esta fuente: nada
harán las ninfas: cuídate de que el dios lo quiera.[26]

16

A RÉGULO, A QUIEN LE PIDE GRACIOSAMENTE DINERO

En casa no hay dinero. solo me queda, Régulo,[27]
vender tus regalos: ¿me los compras?

17

A LA BIBLIOTECA DE JULIO MARCIAL

Biblioteca de un campo refinado,[28]
desde donde el lector ve la vecina ciudad,
si entre versos más sagrados algún lugar
hubiere para la lasciva Talía,
podrías colocar en el anaquel más bajo
estos siete libros que te enviamos
anotados por la pluma de su autor:
esta corrección les da valor.
Pero tú, exquisita, que por este pequeño obsequio[29]
serás conocida por todo el orbe,[30]
protege esta prenda de mi corazón,
biblioteca de Julio Marcial.

---

[26] Se sobreentiende «raptar», como hizo Hércules con Hilas; cf. COLLESO, pág. 272.

[27] Cf. I 12.

[28] Cf. la descripción en IV 64.

[29] La poesía que le dedica Marcial.

[30] Sigo la interpretación textual de MUNRO, seguida por FRIEDLÄNDER, págs. 481-482; S. BAILEY se resigna a colocar unas *cruces desperationis*.

18

CONTRA GALA, HERMOSA PERO TONTA

Si tienes una cara, de la que ni una mujer podría
hablar,[31] si ninguna mancha hay en tu cuerpo,
¿por qué te extrañas de que tan pocos folladores te deseen
y vuelvan otra vez? Tu defecto, Gala, no es pequeño.
Cuantas veces me inicié en la faena y nos meneamos con las
ingles pegadas, el coño no calla, tú eres la que callas.
Los dioses hicieran que hablaras tú y callara aquel:
me fastidia la garrulidad de tu coño.
Preferiría que te peyeras: que esto, dice Símaco,[32] no perjudica
y es cosa esa que mueve a risa a la vez.
¿Quién puede reírse de los ruidos de un coño loco?
Cuando suena este, ¿qué polla y cabeza no se vienen abajo?
Di al menos algo y mete ruido al son de tu coño gritón,
y si eres tan muda, aprende a hablar aunque sea por allí.

19

FRAGMENTO DE LA NAVE ARGOS[33]

El trozo de madera que consideras leño vil e inútil,
fue este la primera quilla de un mar desconocido.
A la que no pudieron romper en otro tiempo ni las ruinas
cianeas[34] ni la furia más triste del mar escítico,[35]
la vencieron los siglos: pero aunque haya cedido a los años,
la pequeña tablilla es más sagrada que la nave intacta.

---

[31] Esto es, decir nada en contra.

[32] Cf. VI 70, 6.

[33] El epigrama es un eco de CATULO, IV. La dedicación de exvotos a dioses tiene precedentes en la *Antología Griega* (cf. VII 69, 70, 236).

[34] Las Simplégades a la entrada del Bósforo.

[35] El Ponto Euxino.

20

CONTRA SANTRA, GLOTÓN Y AVARO

Nada hay más miserable o glotón que Santra.
Cuando invitado corre a una cena formal,
con la que soñó tantos días y noches,
tres veces pide criadillas de jabalí, cuatro veces lomo,
y los dos muslos de la liebre y las dos paletillas,
y no se ruboriza por perjurar sobre un tordo
ni por arrebatar los pálidos filamentos de las ostras.
Con bocados de pastel unta una sucia servilleta;
allí también se colocan uvas ollares[36]
y unos pocos granos de granada
y la piel desagradable de una vulva[37] hueca
y un higo en almíbar y una seta lacia.
Pero cuando ya la servilleta se rompe por los mil hurtos,
esconde en su tibio bolsillo costillas roídas
y una tórtola mutilada tras devorar la cabeza.
Y no considera vergonzoso recoger con diestra larga
las sobras y lo que incluso los perros dejaron.
Pero no le basta a su gula el botín de comida:
llena a sus pies una jarra de vino con agua.
Cuando esto llevó a casa por doscientas escaleras
y se encerró angustiado en su buhardilla con cerrojos
aquel glotón, las vende al día siguiente.

---

[36] Se conservaban en ollas de barro cocido; cf. CATÓN, *De re rustica* VII 2; PLINIO EL VIEJO, *Historia natural* XIV 29; COLUMELA, *De agricultura* XII 45; FRIEDLÄNDER, pág. 483.

[37] La vulva de cerda era un plato exquisito; cf. HORACIO, *Epístolas* I 15, 41; PLINIO EL VIEJO, *Historia natural* XI 84.

21

CUMPLEAÑOS DE LUCANO[38]

Éste es el día que, testigo de un gran nacimiento,
dio a Lucano para el pueblo y para ti, Pola.[39]
¡Ay, Nerón, cruel y por ninguna otra muerte más odiado,
esto al menos no se te debió haber permitido!

22

MISMO TEMA

Vuelve el día memorable por el importante nacimiento del vate
de Apolo: tropel de Aónidas,[40] sed propicias a los
sacrificios. Esto ha merecido al haberte dado, Lucano, a la
tierra, para que mezclaras el Betis con el agua de Castalia.[41]

23

A FEBO SOBRE LO MISMO

Febo, ven, pero como eras cuando tú en persona entregabas
al tonante de la guerra el segundo plectro[42] de la lira latina.
¿Qué te puedo suplicar por un día tan grande? Que tú, Pola,
honres habitualmente a tu marido y él sienta que le honras.

---

[38] Léase el *Genethliacon Lucani ad Pollam* de Estacio, *Silvas* II 7.

[39] Pola Argentaria era la viuda de Lucano y protectora de Marcial; cf. X 64.

[40] Las musas.

[41] Es decir, Hispania (Lucano procedía de Córdoba) con Grecia.

[42] Después de Virgilio, como en VII 27, 2.

24

CONTRA UN MALEDICENTE, QUE INTENTABA ENFRENTAR A MARCIAL CON JUVENAL

Al intentar enfrentarme a mi querido Juvenal,
¿qué no te atreverás a decir, pérfida lengua?
Con tus mentiras criminales Orestes habría odiado a Pílades
y el amor de Pirítoo se habría alejado de Teseo; tú
podrías separar a los hermanos sicilianos,[43] a los atridas,[44]
nombre más famoso, y al linaje de Leda.[45]
Por tus méritos y tales audacias pido esto para ti:
que hagas, lengua, lo que, creo, haces.[46]

25

CONTRA UN POETA MALO

Si solo escribes siempre epigramas modosos
y más cándidos que la piel de albayalde,
y no hay en ellos ni una pizca de sal ni una gota
de hiel amarga, ¡encima, insensato, quieres que los lean!
No agrada la comida misma defraudada del chorrito de vinagre
ni es agradable el rostro al que le faltan hoyuelos.
Dale al niño manzanas dulces e higos insípidos:
que a mí me sabe bien el higo de Quíos, el que sabe picar.[47]

---

[43] Anfínomo y Anapio; cf. Estrabón, VI 269, *Ant. Griega*, III 17; Silio Itálico, XIV 197; S. Bailey, II, pág. 95.

[44] Agamenón y Menelao.

[45] Cástor y Pólux.

[46] Decir improperios y obscenidades.

[47] Como desea también Catulo, XVI 4-11.

26

ENVÍA AL ESCAZONTE A APOLINAR[48]

Reúnete, escazonte,[49] con mi querido Apolinar
y si no tiene nada que hacer —no seas pesado—,
le darás este presente, cualquiera que sea su valor, y del que
él forma alguna parte: que sus simpáticos oídos se empapen de
estos versos. Si ves que te recibe con buen talante,
pídele que te apoye con su conocida influencia.
Conoces con qué amor arde por mis bagatelas:
ni yo mismo puedo amarte más.
Si deseas estar seguro contra los malvados,
reúnete, escazonte, con mi querido Apolinar.

27

UN JABALÍ QUE LE HABÍA ENVIADO DEXTRO

El jabalí devastador de las bellotas etruscas y engordado
ya con muchas encinas, famoso después de la fiera etolia,[50]
a quien mi querido Dextro atravesó con brillante dardo,
yace en mi hogar como botín envidiado.
Que los penates se impregnen alegres de húmedo vapor
y la cocina festiva arda con madera de monte.
Pero mi cocinero consumirá un gran montón de pimienta
y añadirá falerno con salsa de reserva.
Vuelve junto a tu dueño, mi fuego no te abarca,
ruina de jabalí: necesito comer más barato.

[48] Léase IV 86. Cf. Galán, págs. 254-255.

[49] Cf. I 96.

[50] El jabalí matado por Meleagro; cf. *Libro de los Espectáculos* 15, 1.

28

A FUSCO

Que crezca tu bosque de Diana en Tíbur
y que tu bosque a menudo talado vuelva a crecer con rapidez,
y tu aceite,[51] Fusco, no ceda ante las prensas de Tartesos
y den buen mosto tus barriles sin medida;
que los foros[52] te admiren, que te alabe el palacio imperial,
y muchas palmas cultiven las dos puertas de tu casa;[53]
cuando a mitad de diciembre un pequeño descanso te llegue,
juzga, pero con oído seguro, las bromas que lees.
«¿Te gusta saber la verdad? Eso es difícil». Pero tú
puedes, Fusco, decirme lo que quieres que se te diga.[54]

29

AL JOVEN TÉSTILO

Téstilo, dulce tormento de Víctor Voconio,[55]
el joven más famoso del mundo entero,
que te amen hermoso incluso tras cortarte el cabello
y que ninguna chica agrade a tu querido poeta:
por un tiempo aparta los doctos libros de tu señor,
mientras leo mis pequeños poemas a tu querido Víctor.
También Mecenas, cuando Marón cantaba a Alexis,[56]
conocía sin embargo a la morena Melenis de Marso.[57]

---

[51] Palas se emplea metonímicamente por el olivo; cf. OVIDIO, *Heroidas* IX 44; *Amores* II 16, 8; *Tristia* IV 5, 4; FRIEDLÄNDER, pág. 487.

[52] Había tres: *Romanum, Iulii y Augusti;* cf. S. BAILEY, II, pág. 98.

[53] Señal de que habían conseguido el éxito en las cortes de justicia; cf. JUVENAL, VII 117; KER, I, pág. 442; S. BAILEY, II, pág. 98.

[54] Es decir, la verdad o lo que quiera oír.

[55] Cf. XI 78.

[56] Cf. V 16, 12.

[57] Cf. I *epist*.

30

CONTRA CELIA, PUTA

Te entregas a los partos, te entregas a los germanos, te
entregas, Celia, a los dacios, y no desprecias el lecho de los
cilicios y de los capadocios; el follador de Menfis navega en tu
busca desde la ciudad de Faros y también el negro indio desde
las rojas aguas;[58] y no haces ascos a los miembros de los judíos
circuncidados ni se te escapa el alano en caballo sarmático.
¿Cómo te las arreglas para que, siendo una joven romana,
no te guste ninguna polla romana?

31

A RÉGULO, A QUIEN DICE QUE LE ENVÍA HUEVOS COMPRADOS EN EL MERCADO

¿Aves de un ruidoso corral, huevos de sus madres,
higos amarillos de Quíos a medio calentar,
tosca cría de quejosa cabrita,
aceitunas ya desiguales por los fríos
y legumbres blancas por las escarchas heladas,
crees que se te envían desde mi campo?
¡Ay cómo te equivocas, Régulo, de medio a medio!
Nada produce mi campo excepto a mí.
Cuanto te envían el granjero o el aparcero de Umbría
o el campo marcado por el tercer mojón
o los etruscos o los túsculos,
eso nace para mí en toda la Subura.[59]

---

[58] Es decir, el mar Rojo, que se refería también a las aguas que rodeaban a la península arábiga.

[59] Marcial tiene que comprar los productos en el mercado; cf. X 94, 5; KER, I, pág. 444.

32

A ÁTICO

Ático, que haces vivir los nombres de una familia elocuente
    y no dejas que guarde silencio una casa de abolengo,
a ti te acompaña el piadoso tropel de la cecropia Minerva,
    a ti te ama el sosiego retirado, a ti todos los sabios.
A otros jóvenes, en cambio, los adiestra un entrenador de oreja
    cortada y un sórdido masajista rapiña sin merecerlo sus riquezas.
No la pelota, no el balón, no la bola[60] te preparan para las
    termas o el golpe embotado de una espada desnuda,
ni tiendes tus arqueados brazos en el dúctil ceroma,
    no arrebatas errantes pelotas polvorientas,
sino que tan solo corres cerca de las níveas ondas
    de la Virgen[61] o donde el toro se encela por el amor sidonio.
Jugar a las variadas artes, para las que sirven toda clase de
    terrenos, cuando se puede correr, es pereza.

33

CONTRA CINNA

Si tu toga está más sucia que el cieno y en cambio tu calzado
    está más blanco, Cinna, que las primeras nieves, ¿por qué,
imbécil, echas hacia abajo el manto y lo extiendes sobre
    los pies? Recoge, Cinna, la toga, que desaparece[62] el calzado.

---

[60] Cf. IV 19, 5-6.

[61] El acueducto *Aqua Virgo*. Con el «amor sidonio» se refiere a Europa.

[62] Porque no se ve, si lo ocultas con la toga; cf. S. Bailey, «Corrections and Explanations...», pág. 280; S. Bailey, II, pág. 105.

34

A SEVERO, SOBRE LOS BAÑOS DE CARINO

¿Cómo puede ser, Severo,[63]
que el hombre más malo de todos, Carino,
haya hecho una cosa bien, me preguntas?
Lo diré, pero rápido. ¿Qué hay peor que Nerón?
¿Qué hay mejor que las termas de Nerón?
No falta al punto, helo aquí, quien de los
malvados hable así con su boca nauseabunda:
«¿Qué? ¿Tú prefieres las termas de Nerón
a tantos regalos de nuestro señor y dios?».
Lo prefiero a los baños de un marica.[64]

35

CONTRA UNA MATRONA FINGIDAMENTE IMPÚDICA[65]

Un esclavo con sus partes ceñidas por negro taparrabos
está de pie, cada vez que te recreas toda en agua caliente.
Mi esclavo, en cambio, para callar de mí, Lecania,
tiene un peso judío[66] a flor de piel,
pero contigo se bañan jóvenes y viejos desnudos;
¿acaso solo es auténtica la polla de tu esclavo?
¿Es que vas, señora, en pos de apartados femeninos
y apartado te bañas, coño, en tu propia agua?[67]

---

[63] Cf. II 6.

[64] Cf. S. Bailey, III, pág. 318.

[65] Ataque contra el fingido pudor de algunas mujeres; léase XI 75.

[66] Es decir, un miembro viril circuncidado.

[67] Jodiendo a solas con su esclavo.

36

A ESTELA, A QUIEN PIDE VESTIMENTA

Cuando mi tosca finca se negaba a soportar las lluvias y el
húmedo cielo y nadaba en medio de las aguas invernales,
me llegaron como regalo enviado por ti muchas tejas,
que pudieran desviar los aguaceros repentinos.
Terrible, mira, suena diciembre con el zumbido del bóreas:
¿cubres, Estela,[68] la finca, no cubres al campesino?[69]

37

A CÁSTRICO

¿Conoces, Cástrico,[70] la señal mortífera del cuestor?
Merece la pena aprender la nueva señal de muerte:[71]
cuantas veces se sonara la nariz rociada por el frío,
había ordenado que fuera señal mortal de cortar la yugular.
De su odiosa nariz colgaba un moco asqueroso,
cuando el cruel diciembre soplaba con húmeda garganta:
sus colegas le sujetaron las manos: ¿a qué más preguntas?
el desgraciado no pudo, Cástrico, limpiarse la nariz.

---

[68] Sobre Estela, cf. I 7.

[69] Es decir, ¿cómo no le regalas vestidos?

[70] Cf. VI 43. Léase a GALÁN, pág. 334.

[71] El texto dice *theta*. Con la letra griega th (de *thanatotéon)* se votaba la pena de muerte contra un acusado; de ahí el *nigrum theta* de PERSIO, IV 13.

38

POLIFEMO Y ESCILA

Eres tan grande y de tal condición, Polifemo, esclavo de nuestro
querido Severo, que incluso el cíclope mismo se asombraría
de ti; pero Escila no es menos: que si unieras los fieros
monstruos de los dos, cada cual sería la pesadilla del otro.

39

CELIO, QUE FINGÍA TENER GOTA

Al decir que ya no aguantaba y soportaba
los diversos recorridos, el paseo de la mañana,
la altanería y el saludo a los poderosos,
Celio empezó a fingir que tenía gota.
Al querer hacerla demasiado verdadera,
untándose y vendándose sus pies sanos
y caminando con paso trabajoso,
—¡cuánto puede la solicitud y el arte del dolor!—
Celio dejó de fingir que tenía gota.

40

EPITAFIO A LA MUERTE DEL PADRE DE CLAUDIO ETRUSCO[72]

Aquí yace aquel anciano conocido en el palacio Augusto
tras soportar con ánimo no humilde a los dos dioses.[73]

---

[72] Léase ESTACIO, *Silvas* III 3 (*Consolatio ad Claudium Etruscum*), y G. LAGUNA, *Estacio: Silvas III*, Sevilla, 1992, págs. 242-256.

[73] Se refiere, en realidad, a las dos caras de Domiciano, considerado como un dios: la cara airada y la cara agradable, pues Claudio Etrusco fue desterrado y perdonado por Domiciano; cf. VI 83; S. BAILEY, II, pág. 111.

La piedad de sus hijos lo unió con las sombras sagradas de
su esposa: los dos viven en el bosque del Elíseo.
Ella murió antes privada de la lozanía de su juventud:
éste vivió casi dieciocho olimpíadas.[74]
Pero quienquiera que viera, Etrusco, tus lágrimas, creería
que los años se habían apresurado para quitártelo.

41

A SEMPRONIO TUCA[75]

Te crees, Sempronio Tuca, que eres ciudadano del mundo:
las cosas del mundo, Sempronio, son tanto malas como buenas.

42

A CÁSTRICO[76]

Si alguien desea rivalizar contigo en regalos,
que se atreva este también, Cástrico, con versos.
Yo soy débil en ambas cosas y dispuesto a que me superen: por eso me
agrada el sueño y el descanso profundo.
¿Que por qué te he dedicado versos tan malos preguntas?
¿Crees que nadie ha dado frutas a Alcínoo?[77]

---

[74] Noventa años, pues Marcial solía contabilizar una olimpíada cada cinco años; cf. IV 45, 4.

[75] La interpretación se remonta a Tumebus (cf. Colleso, pág. 284), quien entendió *kósmicos* como *mundanus* en el sentido socrático de «ciudadano del mundo» (cf. Cicerón, *Tusculanas* V 108), mientras *kósmica* (*mundana)* significa «cosas del mundo» y productos de Cosmo, el perfumista; cf. S. Bailey, «Corrections and Explanations...», pág. 281; S. Bailey ; II, pág. 111.

[76] Cf. VI 43. Léase a Galán, págs. 359-360.

[77] Famoso por sus frutales; cf. VIII 68, 1; X 94, 2; XIII 37.

43

CONTRA CINNA[78]

Lo primero es que me prestes, si algo, Cinna, te pido;
    después de eso viene que rápidamente, Cinna, niegues.
Quiero al que presta; no odio, Cinna, al que niega:
    pero tú ni prestas ni rápidamente, Cinna, niegas.

44

A OVIDIO, SOBRE LA ESTATUA DE MÁXIMO CESONIO[79]

Aquel amigo tuyo es, Ovidio,[80] este Cesonio Máximo,[81]
    cuyo rostro todavía conserva la cera viviente.
A este lo condenó Nerón: pero tú te atreviste a condenar
    a Nerón y a seguir el destino del prófugo, no el tuyo:
por el mar de Escila acompañaste a un gran exiliado,
    tú que hacía poco no habías querido acompañar a un cónsul.
Si los nombres se confían a mis páginas para seguir viviendo
    y se me permite sobrevivir a mis cenizas,
la multitud presente y la futura oirá esto: que tú para aquel
    fuiste lo que aquel para su querido Séneca.

---

[78] Cf. VI 20.

[79] Léase también el epigrama siguiente.

[80] Este Ovidio es Quinto Ovidio, amigo y vecino de Marcial; cf. I 105, 1; VII 93, 3; X 44; KER, I, pág. 453; S. BAILEY, II, pág. 113.

[81] Amigo de Séneca (cf. *Cartas a Lucilio* LXXXVII 2), que le acompañó al exilio, cuando el emperador Claudio desterró a Séneca; cf. TÁCITO, *Anales* XV 71; FRIEDLÄNDER, págs. 495-496; S. BAILEY, II, pág. 113.

45

AL MISMO, SOBRE LA MISMA ESTATUA[82]

Poderoso amigo del elocuente Séneca,
cercano o más importante que su querido Sereno,[83]
este es el famoso Máximo, a quien en numerosas
páginas saluda la letra propicia.[84]
Tú que has seguido a este por las aguas sicilianas,
Ovidio, a quien no debe silenciar ninguna lengua,
has despreciado la ira de nuestro soberano enfurecido.
Que la antigüedad admire a su querido Pílades,
quien acompañó al desterrado de su madre.[85]
¿Quién podría comparar los peligros de los dos?
Acompañaste a un desterrado de Nerón.

46

A PRISCO, PARA QUE NO LE ENVÍE REGALOS CON VERSOS

Cuando quieres recomendarme tu regalo con un poema
y deseas hablar más cultamente que la boca de Homero,
me atormentas tanto a mí como a ti durante muchos días
y tu querida Talía,[86] Prisco, calla sobre mí.[87]
A los ricos podrás enviar versos y elegías sonoras:
a los pobres dales regalos prosaicos.

---

[82] Léase el epigrama anterior.

[83] Amigo de Séneca; cf. VIII 81; TÁCITO, *Anales* XIII 13.

[84] La *S* de *salutem*.

[85] Cf. VI 11, 1-2. Orestes fue desterrado por su madre Clitemnestra tras el asesinato de Agamenón.

[86] La musa del epigrama; cf. IV 8, 12.

[87] Es decir, no me viene la inspiración.

47

A LICINIO SURA: ALEGRÍA POR SU RECUPERACIÓN DE UNA GRAVE ENFERMEDAD[88]

Licinio Sura,[89] el más célebre de entre los hombres sabios,
cuya lengua arcaica nos ha devuelto a los severos abuelos,
te devuelven —¡ay, qué gran regalo de los hados!— a nosotros
cuando casi habías degustado las aguas del Lete.
Nuestros votos habían perdido ya el miedo y resignada lloraba
nuestra tristeza, y por las lágrimas ya incluso habías
terminado: no soportó la envidia el que reina en el callado
Averno y él mismo devolvió al Destino los hilos arrebatados.
Pues sabes cuántas lamentaciones de la gente ha suscitado
tu falsa muerte y disfrutas de tu propia posteridad.
Vive como si te hubieran quitado la vida y disfruta de los goces
huidizos: la vida devuelta no pierda día alguno.[90]

48

A ANNIO, DE QUIEN CONDENA SUS CENAS AMBULANTES

Al tener casi trescientas mesas,
Annio tiene sirvientes por mesas:
pasan corriendo los platos y vuelan las fuentes.
Tened para vosotros tales banquetes, ricos:
me molestan las cenas ambulantes.

---

[88] El epigrama es una *soteria*, composición genérica en la que el poeta se alegra y da las gracias por la curación de Licinio Sura de una enfermedad grave; cf. [Tibulo], IV 4 (= III 10); Horacio, *Odas* II 17; Ovidio, *Amores* II 13; Estacio, *Silvas*, I 4; Cairns (*Generic Composition...*, págs. 73 y 153- 157).

[89] Cf. I 49, 40.

[90] Léase a V. Cristóbal, «El tópico del *carpe diem* en las letras latinas», *Educación abierta* 112 (*Aspectos didácticos de Latín* 4), Zaragoza, 1994, págs. 225-268.

49

A SEVERO, A QUIEN LE ENVÍA REGALOS DESDE SU FINCA

Te envié un pequeño regalito de mi finca de las afueras:
huevos para tu hambre y fruta, Severo, para tu gula.

50

A LA FUENTE DE JANTIS[91]

Fuente de tu dueña, con que se alegra Jantis la reina del lugar,
gloria y delicia de una mansión ilustre,
si tu orilla está adornada de tantos níveos sirvientes
y tus aguas brillan con un coro de Ganímedes,
¿qué hace el Alcida consagrado en ese bosque?
¿Por qué el dios ocupa una cueva tan cerca de ti?
¿Es que observa los amores conocidos de las ninfas,
para que no arrebaten a muchos Hilas al mismo tiempo?

51

A ÚRBICO[92]

Si te avergüenza, Úrbico, comprar mis bagatelas,
pero con todo te gusta conocer mis versos lascivos,
busca a Pompeyo Aucto —tal vez incluso lo conozcas—;
está sentado a la entrada del templo de Marte Vengador:[93]
empapado de derecho y pulido por el uso vario de la toga,

---

[91] Cf. VI 47 y VII 15. Se trata de una écfrasis descriptiva.

[92] Cf. XI 55. Léase a Galán, págs. 403-405.

[93] Situado en el Foro de Augusto.

no es este un lector mío, Úrbico, sino un libro.
Retiene y tararea mis libros ausentes de tal manera
que no se le escapa ninguna letra de mis páginas:
en definitiva, si quisiera, podría pasar por haberlos escrito,
pero él prefiere favorecer a mi fama.
Puedes molestarle a partir de las tres —pues antes no
estará lo bastante libre— y los dos tomaréis una cena frugal;
él leerá, tú bebe; aunque no quieras, él recitará:
y cuando digas «ya es suficiente», él leerá.

52

A AUCTO, POR LEER SUS EPIGRAMAS A CÉLERE

Es agradable que leas, Aucto, mis libros a Célere,[94]
si es que también gusta, Aucto, a Célere lo que lees.
Él ha gobernado a mis pueblos, los celtas e iberos
y no hubo lealtad mayor en nuestro mundo.
Un respeto tanto mayor me turba y no estimo sus oídos
como los de un oyente, sino como los de un juez.

53

CONTRA UMBRO, DE CUYOS REGALOS SE RÍE[95]

Me enviaste en las Saturnales, Umbro, todos
los regalos que te proporcionaron los cinco días:
doce trípticos y siete mondadientes;
les acompañaron una esponja, una servilleta, una copa,
media medida de habas con una cesta de olivas del Piceno

---

[94] Propretor en Hispania.

[95] Léase XII 81.

y una cántara negra de mosto de Laletania;
también llegaron pequeños higos de Siria con ciruelas pasas
y un tarro cargado con el peso de higos de Libia.
Creo que apenas llegaron a treinta sestercios todos
los regalos que trajeron ocho enormes esclavos sirios.
¡Mucho mejor hubiera sido que un esclavo sin esfuerzo alguno
me hubiera traído cinco libras de plata!

54

CONTRA NASIDIENO, QUE LE MOLESTABA CON SUS SUEÑOS

Siempre por la mañana me cuentas sueños solo sobre mí,
para que conmuevan e inquieten mi espíritu.
Ya la vendimia del año anterior y también la de este año ha
tocado fondo, mientras una hechicera me conjura tus noches;[96]
He consumido pasteles sagrados y montones de incienso;
disminuyeron mis rebaños, mientras continuamente se sacrifica
una cordera; no me quedan cerdos, ni aves de corral, ni huevos:
o quédate en vela o duerme, Nasidieno, para ti.

55

CONTRA CRESTO, ASQUEROSO

Si a nadie correspondes, Cresto, en los regalos,
no me los envíes ni remitas:
creeré que eres bastante generoso.
Pero si se los devuelves a Apicio, a Lupo,
a Galo, a Ticio y a Cesio,

---

[96] Cf. XI 49, 7-8; PROPERCIO, IV 5; OVIDIO, *Amores* I 8.

no mamarás mi polla —que es honrada y humilde—,
sino la que vino de la incendiada Jerusalén,[97]
condenada hace poco a pagar tributo.[98]

56

A RABIRIO, ARQUITECTO ILUSTRE

Los astros del cielo concebiste en tu piadosa mente, Rabirio,
al construir con maravilloso arte el palacio Parrasio.[99]
Si se dispone a ofrecer un templo digno del Júpiter[100] de Fidias,
Pisa[101] pedirá estas manos a nuestro Tonante.

57

ÁQUILA CONSIGUIÓ EL CENSO ECUESTRE

Gabinia transformó a Áquila de Pólux en Cástor:
había sido «un buen boxeador», ahora será «un caballero».[102]

---

[97] Probable alusión a la sexualidad de los judíos.

[98] Cf. SUETONIO, *Domiciano* XII 2.

[99] Alusión al palacio de Domiciano, construido por Rabirio; se terminó en el año 92 d. C.; cf. VII 99, 3; VIII 36, 3; IX 12, 8; XII 15, 1; FRIEDLÄNDER, pág. 503.

[100] La estatua de Zeus en Olimpia.

[101] Situada en la Élide (Grecia).

[102] Marcial aplica un verso homérico (*Ilíada*, III 237) a una situación obscena: Gabinia ha logrado que Áquila se convierta de un macho pasivo (un boxeador «cachas», si *pýx* «boxeador» sugiere en el sonido a *pygḗ* «nalgas») en macho activo que puede cabalgar sobre Gabinia. Es la posible interpretación de J. N. ADAMS, *The Latin Sexual Vocabulary*, pág. 166, n. 3. También sería posible entender que Gabinia ha hecho caballero a Áquila dándole el dinero necesario; con ello lo ha convertido en un domador de caballos y así poder cabalgar sobre Gabinia; cf. COLLESO, pág. 291; S. BAILEY, II, pág. 124.

58

A GALA, QUE QUIERE CASARSE CON UN HOMBRE DE VERDAD

Ya te has casado, Gala, con seis o siete maricas,
cuando te gustan demasiado el pelo y la barba peinada.
Después, tras probar la hombría y que sus miembros parecidos a
un cuero mojado no se empinan ni obligados por tu mano cansada,
abandonas los tálamos afeminados y a tu marido marica,
y de nuevo caes continuamente en lechos similares.
Busca a alguno que siempre hable de los Curios y de los Fabios,
con pelo en el pecho y fiero con dura rusticidad:
lo encontrarás; pero también la turba severa[103] tiene maricas:
difícil es, Gala, casarse con un hombre de verdad.

59

CECILIANO, GLOTÓN

No cena, Tito, sin Apro[104] mi querido Ceciliano:
Ceciliano tiene un bello convidado.

60

A JÚPITER

Guía venerable del palacio de Tarpeya,[105]
a quien, salvado el emperador, consideramos Tonante,

[103] Es decir, los filósofos; cf. IX 27 y 47; S. Bailey, II, pág. 125.

[104] S. Bailey (II, pág. 125) propone tres posibles significados para *sine Apro:* «sin Apro», «sin jabalí (en el menú)» y «sin un jabalí (como huésped)», este último, elegido por Marcial, con sentido humorístico.

[105] Alusión al templo de Júpiter en el Capitolio.

si cada cual te acosa con votos para ellos
y te pide que le des lo que los dioses podéis,
no me tomes por soberbio, si no te pido,
Júpiter, nada para mí en mi súplica.
Por el César debo pedirte:
por mí debo pedir al César.

61

AL EMPERADOR DOMICIANO

Se había apoderado de la ciudad entera el buhonero temerario
y ningún dintel se mantuvo en sus propios límites. Has
ordenado,[106] Germánico, que crecieran los pequeños barrios y lo
que antes había sido una senda, se convirtió en una avenida.
No hay ninguna pilastra rodeada de botellas encadenadas
ni se obliga al pretor a ir en medio del barro,
ni una navaja se saca ciegamente en medio de un gran gentío
ni negra freiduría ocupa toda la calle.
Barbero, tabernero, cocinero o carnicero respetan sus propios
umbrales: ahora es Roma, antes era una gran tienda.

62

CONTRA HAMILO, ASQUEROSO[107]

Con las puertas de par en par atraviesas a adultos, Hamilo,
y quieres que te sorprendan, cuando lo haces,
para que no cuenten nada los libertos, los esclavos de tu padre
y un cliente funesto por su hipócrita garrulería.

---

[106] Domiciano promulgó un edicto en el año 92 d. C. para impedir que los comerciantes invadieran las calles; cf. FRIEDLÄNDER, pág. 504.

[107] Léase VI 56. Cf. GALÁN, págs. 464-465.

Quien da testimonio de que no le dan por el culo, Hamilo,
a menudo hace lo que hace sin testigo.[108]

63

SILIO, PRIMERO ABOGADO Y DESPUÉS POETA[109]

Tú que lees los volúmenes imperecederos del inmortal Silio
y sus versos dignos de la toga latina,
¿crees que al vate solo gustaron los retiros de Pieria
y las guirnaldas báquicas de la cabellera aonia?[110]
No tocó el oficio sagrado del coturnado Marón antes
de cumplir con la obra del gran Cicerón.[111]
Todavía a este le admira la pesada lanza[112] de los centúnviros,
de este hablan muchos clientes con palabras de agradecimiento.
Después de gobernar el gran año con las doce fasces[113]
quien fue sagrado por liberar al mundo,
entregó sus años de emérito a las musas y a Febo
y ahora en lugar de su foro frecuenta el Helicón.

64

CONTRA CÍNAMO[114]

Tú que habías sido el barbero más conocido en toda la ciudad
y después te convertiste en caballero por regalo de tu

---

[108] *Testis* tiene el doble sentido de «testigo» y de «testículo».

[109] Cf. IV 14. Cf. Galán, págs. 469-471.

[110] Es decir, la poesía.

[111] Se dedicó antes a la abogacía, como Cicerón.

[112] El signo de la Corte de los Centúnviros.

[113] Silio fue cónsul en el año 68, cuando murió Nerón.

[114] Cf. VI 17; Galán, págs. 480-482.

dueña,[115] te dirigiste a las ciudades de Sicilia y los reinos
del Etna, Cínamo, huyendo de las duras leyes del foro.[116]
¿Con qué artimaña soportarás ahora inútil años malos?
¿Qué significa ese descanso desgraciado y fugitivo?
No rétor, no gramático o maestro de escuela,
no filósofo cínico, no estoico tú puedes ser,
ni vender tu voz y los aplausos en los teatros sicilianos:
lo que te queda, Cínamo, es ser otra vez barbero.

65

CONTRA GARGILIANO

Un pleito te consume después de dedicarle los fríos
de veinte inviernos, Gargiliano, ante tres tribunales a la vez.
¡Ay desgraciado y loco! ¿Pleitea veinte años
cualquiera a quien le pueden, Gargiliano, ganar?

66

LABIENO, HEREDERO

Fabio dejó a Labieno de heredero universal:
sin embargo, Labieno dice que había merecido más.[117]

---

[115] Debió de haberle dado los 400.000 sestercios que se necesitaban para pertenecer a la clase de los caballeros; cf. IZAAC, I, pág. 269.

[116] Para evitar una investigación judicial sobre su posición social; cf. KER, I, pág. 467.

[117] Seguramente porque los regalos de Labieno (o su sumisión sexual) a Fabio habían valido más que la herencia que recibió; cf. S. BAILEY, II, pág, 131.

67

CONTRA FILENIS, LESBIANA

Da por culo a los chavales la lesbiana Filenis
y más furiosa que un marido empalmado
taladra a once chavalas por día.
Arremangada juega también a la pelota[118]
y se pone amarilla de polvo y las halteras pesadas[119]
para atletas hace girar con músculo fácil,
y embarrada de la hedionda palestra
se somete a los golpes del monitor untado de aceite.
Y no come ni se reclina antes
de vomitar siete chatos de vino;
a ellos piensa que puede volver,
cuando ha comido dieciséis albóndigas.
Después de todo esto, cuando se pone cachonda,
no la mama —esto lo cree poco viril—,
sino que devora por completo el sexo de chavalas.[120]
Los dioses te concedan una mentalidad, Filenis, adaptada
a ti, que crees viril lamer coños.

68

A RUFO, PARA QUE NO RECOMIENDE SUS EPIGRAMAS A SU SUEGRO

No recomiendes, Instancio Rufo,[121] mis Camenas, te lo ruego,
a tu suegro: quizás le gusta la poesía seria.

---

[118] Cf. IV 19, 6, y VII 32, 10.

[119] Sobre pesas, cf XIV 49 y Juvenal, VI 421 ss.

[120] Cf. II 61, 2, y Catulo, LXXX 6.

[121] Amigo de Marcial; cf. VIII 50, 21 y 83, 1; se identifica también con el procónsul de la Bética de XII 98, 3; Friedländer, pág. 508.

Pero si también él admite los libros lascivos,
entonces se los leeré incluso a Curio y a Fabricio.[122]

69

AL POETA CANIO SOBRE TEÓFILA

Ésta es la famosa Teófila que te prometí, Canio,
cuyos pechos están impregnados de la dote de Cécrope.
A esta con razón la solicitaría el jardín de Atenas del ilustre
anciano[123] y no menos querría que fuera suya la banda de los
estoicos. Vivirá cualquier obra que metas por esos oídos
su saber es tan poco femenino y tan poco popular.
Tu querida Pantenis[124] no va ya muy por delante de aquella,
aunque sea bien conocida al coro de las piérides.
Su composición de versos la alabaría la amadora Safo:
más casta fue esta y no más docta fue aquella.

70

CONTRA FILENIS[125]

Filenis, lesbiana de las mismas lesbianas,
con razón, a la que follas, llamas amiga.[126]

---

[122] Cf. I 24, 3.

[123] Debe de tratarse de Epicuro.

[124] Poetisa desconocida de la época.

[125] Léase VII 67.

[126] El término *amica* es ambiguo para una mujer: a) amiga; b) amante, como sería para un hombre; cf. S. Bailey, II, 135.

71

FAMILIA CON ALMORRANAS[127]

Almorranas tiene la esposa, almorranas también el marido,
la hija tiene almorranas, el yerno y el nieto,
y ni el administrador ni el granjero de la asquerosa úlcera
están libres ni el rígido hoyero ni siquiera el labrador.
Si almorranas tienen por igual jóvenes y viejos,
es de extrañar que solo el campo no tenga almorranas.

72

A PAULO, DEFENSOR DE SUS EPIGRAMAS

Que te sea venturoso, Paulo, diciembre
y no te traigan trípticos inútiles y pequeñas servilletas
ni ligeras medias libras de incienso,
sino que un acusado importante o un amigo poderoso
te traiga fuentes y copas de sus antepasados;
o lo que más te gusta y arrebata:
vencer a Novio y a Publio encerrados
con sus peones y soldados de cristal;[128]
que el juicio favorable del público embadurnado
te conceda la palma de entre los atletas ungidos
y no alabe más las izquierdas de Polibio.
Si algún malvado dijera que los míos son versos
que están impregnados de negro veneno,

---

[127] Cf. I 65; Galán, págs. 518-519.

[128] Marcial está aludiendo al juego de mesa conocido como *ludus latrunculorum* o «juego de los ladrones». Se jugaba en un tablero dividido en casillas con fichas *(calculi)* que se distinguían por el color. Se enfrentaban dos jugadores para apoderarse de las piezas de su adversario, como si se tratara de una batalla. Léase el comentario de Galán, pág. 527.

asísteme con tu voz de abogado
y grita cuanto puedas, pero sin parar:
«no escribió esos mi Marcial».

73

A MÁXIMO, QUE TIENE VARIAS CASAS

Tienes una casa en las Esquilias, tienes una casa en la colina de
Diana[129] y el barrio Patricio[130] cobija un techo tuyo;
a un lado divisas el templo de la viuda Cibeles,[131] al otro el
de Vesta, por una parte al Júpiter nuevo, por otra al viejo.[132]
Dime dónde puedo reunirme contigo, dime en qué sitio puedo
buscarte: quien vive en todas partes, Máximo, no vive en ninguna.

74

A MERCURIO

Honra de Cilene[133] y del cielo, elocuente servidor,
para quien reverdece una dorada vara[134] de serpiente retorcida:
que no te falte abundancia de hurtos lascivos,
ya desees a la de Pafos o ya ardas por Ganímedes;
que las idus[135] de tu madre se adornen de sagrado follaje
y tu viejo abuelo[136] sienta la presión de una pequeña carga.

---

[129] En el Aventino.

[130] Al pie del Esquilino.

[131] Por la muerte de Atis; cf. CATULO, LXIII.

[132] El primero en el Capitolio, el segundo en el Quirinal.

[133] Montaña de Arcadia, donde nació Mercurio.

[134] El caduceo que portaba Mercurio como mensajero de los dioses.

[135] De mayo (cf. XII 67, 1), pues Maya era la madre de Mercurio; cf. KER, I, pág. 474.

[136] Atlante, padre de Maya.

Siempre la fecunda Norbana con su esposo Carpo honre este
día, en el que se unieron por primera vez en matrimonio.
Que aquí un piadoso sacerdote de la Sabiduría ofrezca sus
propios dones, que aquí te invoque con incienso, fiel también él a [Júpiter.

75

CONTRA UNA VIEJA FEA[137]

Quieres que te follen gratis, cuando eres fea y vieja:
asunto más que ridículo: quieres dar y quieres no dar.[138]

76

A FILOMUSO, BUFÓN

Porque los poderosos te disputan
en banquetes, paseos, teatros,
y contigo, cada vez que caes por allí,
les gusta que los lleven y les gusta bañarse;
no seas demasiado vanidoso:
agradas, Filomuso, no enamoras.

77

CONTRA TUCA, AVARO

Exiges que te regale, Tuca, mis libros;
ni hablar: lo que quieres es venderlos, no leerlos.

---

[137] Cf. II 9 y III 90. Léase a Galán, pág. 551.

[138] *Dare* tiene dos sentidos: dar y entregarse; cf. X 75, 14; S. Bailey, II, pág. 139.

78

CONTRA PÁPILO, FRUGAL CONSIGO MISMO Y ESPLÉNDIDO CON LOS DEMÁS

Aunque se te sirva cola de pescado saxetano[139]
y, si cenas bien, un hervido de habas con aceite,
tú envías ubres de cerda, jabalí, liebre, setas, ostras,
mújoles: ni tienes seso, Pápilo, ni gusto.

79

A SEVERO

He bebido hace poco vino de cónsul.[140]
¿Preguntas qué añejo y generoso?
Embotellado por un cónsul antiguo: pero el mismo
que lo servía era, Severo,[141] cónsul.

80

A FAUSTINO, PARA QUE ENVÍE SUS LIBROS A MARCELINO

Dado que la paz romana ya calma a los nórdicos odrisios
y se han silenciado las tétricas trompetas,
podrás, Faustino, enviar este libro a Marcelino:[142]
ya tiene él tiempo libre para mis páginas, ya para mis bromas.

---

[139] Procedente de Almuñécar.

[140] Es decir, vino de marca, que eran reconocidos por el nombre del cónsul del año que se inscribía en la etiqueta.

[141] Cf. II 6, 3.

[142] Estaba en las campañas de Dacia; cf. VI 25.

Pero si quieres recomendarle el pequeño regalo de tu amigo,
que un esclavo le lleve mis versos,
no como el que, saciado de leche de una vaca gética,
juega en el río helado[143] con una rueda sarmática,
sino el efebo rosado de un comerciante de Mitilene o un
lacedemonio todavía no azotado por orden de su madre.[144]
Pero a ti se te enviará un esclavo del cautivo Histro,[145]
que pueda apacentar las ovejas de Tívoli.

81

A LAUSO, SOBRE UN BUEN LIBRO[146]

«Hay treinta epigramas malos en todo el libro»:
si hay otros tantos buenos, Lauso, es un buen libro.

82

MENÓFILO, CIRCUNCISO

Al pene de Menófilo lo viste una fíbula[147] tan grande,
que sola se basta para todos los comediantes.
Yo creía —pues nos lavamos juntos muchas veces—
que este preocupado miraba, Flaco, por su voz.
Mientras se entrena en medio de la palestra rodeado de
espectadores, se le cayó al desgraciado la fíbula: era circunciso.[148]

---

143 El Danubio.

144 Se azotaba a los jóvenes espartanos para enseñarles dureza.

145 El Danubio.

146 Cf. VII 87. Léase a Galán, págs. 573-574.

147 Consistía en un anillo de metal que se prendía en el prepucio para evitar la erección; cf. Celso, VII 25, 2; Marcial, XI 75; Kay, pág. 229.

148 Es decir, un judío.

83

EUTRÁPELO, BARBERO LENTO[149]

Mientras el barbero Eutrápelo[150] recorre la cara de Luperco
y rasura sus mejillas, le salió otra barba.

84

AL LIBRO, QUE ENVÍA A CECILIO SEGUNDO

Mientras se delinea mi retrato para Cecilio Segundo[151]
y cobra vida el cuadro pintado por mano diestra,
ve, libro, a la Peuce[152] gética y al Histro[153] postrado:
estos lugares, domeñados sus pueblos, los gobierna él.
Darás a mi querido compañero un regalo pequeño pero dulce:
en mis versos habrá un rostro más auténtico:
este vivirá sin ser destruido por ninguna desgracia,
por ningún año, cuando perezca la obra de Apeles.

85

A SABELO, POETA INSULSO

Que no escribes sin sal algunas estrofas,
que bien haces, Sabelo, unos pocos dísticos,

---

149 Cf. VIII 52; P. T. EDEN, «Problems in Martial (III)», *Mnemosyne* 43 (1990), 163-4; GALÁN, págs. 579-581.

150 La gracia del epigrama reside en que el nombre griego *eutrápelos* significa «diestro, ágil», todo lo contrario de lo que hacía Eutrápelo.

151 Parece que no se trata de Plinio el Joven, sino del Segundo de V 80, 7; cf. FRIEDLÄNDER, págs. 515-516.

152 Cf. VII 7, 1.

153 El Danubio.

lo alabo, pero no lo admiro: es fácil escribir bien
epigramas, pero es difícil escribir un libro.

86

CONTRA SEXTO, AVARO

Se me invitaba al banquete de tu cumpleaños,
pese a que no era amigo tuyo, Sexto.
¿Qué ha sucedido, pregunto, qué ha sucedido de pronto,
después de tantas muestras de amistad, después de tantos años,
para que se me haya olvidado a mí, tu viejo compañero?
Pero sé la razón. No te ha llegado de mi parte
ninguna libra de pura plata hispana
ni una toga ligera ni mantos sin estrenar.
No es espórtula aquella con la que se hace negocios;
alimentas regalos, Sexto, no amigos. Estás a punto de
decirme: «que se azote a mi secretario».[154]

87

ANIMALES FAVORITOS

Si mi querido Flaco se alegra con un lince orejón,
si Canio[155] disfruta con un sombrío etíope,
si Publio arde por el amor de una pequeña perrita,[156]
si Cronio se enamora de un cercopiteco igual a él,
si un pernicioso icneumón[157] agrada a Mario,

[154] Por haberse olvidado de un nombre. El *vocator* era el esclavo encargado de distribuir las invitaciones; cf. Ker, I, pág. 482; S. Bailey, II, pág. 147.

[155] Poeta de Gades; cf. III 20.

[156] Cf. I 109. El cercopiteco del v. 4 era un mono negro venerado en Tebas.

[157] Animal cuadrúpedo de origen egipcio; cf. Eliano, VI 38.

si a ti te agrada una urraca saludadora,
si †Gadila† se pega al cuello de una gélida serpiente,
si Telesila dedicó una tumba a un ruiseñor: ¿por qué no puede
enamorarse el rostro lisonjero de Labicas, igual a Cupido,
quien ve que estos monstruos agradan a sus señores?

88

LOS LIBROS DEL POETA SE LEEN EN VIENNE

Se dice que mis libritos, si es cierta la fama, se cuentan
entre las delicias de la hermosa Vienne.
Me leen allí todos los mayores, maduros y jóvenes,
y la casta doncella en presencia de su adusto esposo.
Esto preferiría yo a que canten mis versos
quienes beben el Nilo desde su misma fuente;
a que mi querido Tajo me colme de oro hispano,
a que el Hibla y el Himeto alimenten a mis abejas.
Significo por tanto algo y no me dejo llevar por el regalo de
una lengua lisonjera: te creeré, pienso, ya a ti, Lauso.[158]

89

A LA ROSA QUE ENVÍA A APOLINAR

Ve, rosa feliz, y con suaves guirnaldas
ciñe el cabello de mi querido Apolinar;[159]
tú acuérdate de entretejerlos blancos, pero dentro
de un tiempo: que Venus te ame siempre.

---

[158] Había condenado el libro de epigramas de Marcial; cf. VII 81; KER, I, pág. 483.
[159] Cf. IV 86, 3.

90

A CRÉTICO: EL LIBRO DESIGUAL ES EL BUENO[160]

Matón se jacta de que yo he logrado un libro desigual:
si es verdad, Matón está alabando mis versos.
Calvino y Umbro escriben libros equilibrados iguales:
un libro igual es, Crético, el que es malo.

91

A JUVENAL

De mi campo, elocuente Juvenal,[161] te envío,
mira por dónde, nueces de las Saturnales.
Las restantes frutas se las dio a chicas lujuriosas
la polla lujuriosa del dios guardián.[162]

92

CONTRA BÁCARA QUE NO CUMPLÍA SUS PROMESAS

«Si necesitaras algo, sabes que no me lo tienes que pedir»,
dices dos y tres veces, Bácara, en un solo día.
El adusto Segundo[163] me reclama con voz mandona:
lo oyes y no sabes, Bácara, lo que necesito.
El alquiler se me reclama delante de ti con claridad y en
público: lo oyes y no sabes, Bácara, lo que necesito.

---

[160] Cf. VII 81. Léase a GALÁN, págs. 616-617.

[161] Cf. VII 24, 1.

[162] Priapo.

[163] Cf. II 44, 7.

Me quejo de tener un manto frío y raído:
lo oyes y no sabes, Bácara, lo que necesito.
Lo que necesito es que te quedes mudo por una súbita estrella,
para que no puedas decir, Bácara, «si necesitas algo».

93

A LA CIUDAD DE NARNIA, PARA QUE NO RETENGA MÁS A QUINTO

Narnia, a la que rodea un blanco río de corriente sulfurosa,
apenas accesible por dos montañas,
¿por qué te gusta quitarme tan a menudo a mi querido Quinto
y retenerlo durante largas temporadas?
¿Por qué me destruyes la razón de mi finca de Nomento,
que tenía valor gracias a ese vecino?
Pero piensa ya en mí y no abuses, Narnia, de Quinto:
si así, que se te permita disfrutar siempre de tu puente.

94

PÁPILO, MALOLIENTE[164]

Era un perfume que ha poco contenía un pequeño tarro:
desde que lo olió Pápilo, es, miradlo, pescado podrido.

[164] Cf. III 17.

95

CONTRA LINO, BESADOR INOPORTUNO[165]

Es invierno y domina el frío diciembre,
tú sin embargo te atreves con un beso de nieve
a retener a todos los que encuentras por aquí y por allí
y a besar, Lino, a toda Roma.
¿Qué cosa más grave y terrible podrías
hacer golpeado y azotado?
Con este frío no me besará ni mi mujer
ni mi inexperta hija con sus labios seductores.
Pero más dulce y elegante eres tú,
de cuyas narices de perro cuelga
un lívido carámbano y la barba está tiesa,
como la que el esquilador Cílice corta
a un chivo cinifio con unas tijeras corvas.
Prefiero toparme con cien lamecoños
y temo menos a un galo recién castrado.[166]
Por tanto, si tienes seso y vergüenza,
te ruego, Lino, retrases los besos
invernales para el mes de abril.

96

EPITAFIO AL NIÑO ÚRBICO

Enterrado aquí estoy yo, el desconsuelo de Baso, el niño Úrbico,
    a quien la poderosa Roma dio prestigio y renombre.
Seis meses me faltaban para los tres primeros años, cuando
    las tétricas diosas[167] rompieron funestamente los hilos.

---

[165] Cf. XI 98. Léase a GALÁN, págs. 632-633.

[166] Cf. III 81; JUVENAL, VIII 176; KER, I, pág. 489.

[167] Las Parcas.

¿De qué la belleza, de qué la lengua, de qué me sirvió la
edad?[168] Derrama lágrimas, quien lees esto, sobre mi tumba:
que no vaya, si no es más viejo que Néstor, a las aguas
leteas, aquel que desees que te sobreviva.

97

A SU LIBRO, QUE ENVÍA A CESIO SABINO

Si conoces bien a Cesio, librito,
honra sabina de la montañosa Umbría,
compatriota de mi querido Aulo Pudente,[169]
tú le entregarás estos versos incluso si está ocupado.
Aunque le acosen y agobien mil preocupaciones,
con todo tendrá tiempo libre para mis versos.
Pues me quiere aquel y me lee después
de los nobles libros de Turno.[170]
¡Oh qué nombre te está reservado!
¡Qué gloria! ¡Cuántos admiradores!
De ti hablarán los banquetes, de ti el foro,
las mansiones, las encrucijadas, los pórticos,
las tiendas: se te enviará a uno solo, todos te leerán.

98

A CÁSTOR, COMPRADOR DE TODO

Compras, Cástor, todo: así sucederá que vendas todo.

---

[168] Tópico funerario del *quid profuit?*, frecuente en las lamentaciones poéticas; cf., p. e., HORACIO, *Odas* I 28, 4 (muerte de Arquitas); OVIDIO, *Amores* II 6, 17-20 (muerte de un papagayo); III 9, 15-16 (muerte de Tibulo).

[169] Cf. I 31.

[170] Cf. XI 10.

99

A CRISPINO, A QUIEN RUEGA QUE RECOMIENDE SU LIBRO A DOMICIANO

Ojalá veas siempre, Crispino,[171] tranquilo al Tonante[172]
y Roma no te quiera menos que tu querida Menfis.
Si mis versos se leen en el palacio Parrasio[173]
—pues suelen disfrutar del oído sagrado de César—,
atrévete, como cándido lector, a hablarle de mí:
«algo ofrece ese a nuestra época y no es
demasiado inferior a Marso y al docto Catulo»:
eso es suficiente, lo demás lo dejo para el dios mismo.

[171] Cf. VIII 48.

[172] Domiciano, equiparado a Júpiter.

[173] En el Palatino.

LIBRO VIII

VALERIO MARCIAL AL EMPERADOR DOMICIANO CÉSAR AUGUSTO GERMÁNICO DÁCICO[1]

Cierto es, Señor, que todos mis libritos, a los que tú has dado fama, es decir, vida, se encomiendan a ti; y, según creo, por eso serán leídos. Sin embargo, este, que se intitula el octavo de mi obra, aprovecha más a menudo la oportunidad de expresarte su devoción. Y así, hubo de ser elaborado con menos ingeniosidad, cuyo lugar habían ocupado los asuntos a tratar: a los cuales, cierto es, he intentado darles variedad entremezclando de vez en cuando alguna jocosidad, no fuera a ser que todos los versos derramaran sobre tu celestial modestia sus alabanzas, las cuales podrían más fácilmente fatigarte a ti que hartarme a mí. Por otra parte, aunque incluso por las personas más circunspectas y de la mejor condición se han escrito epigramas en un tono tal que parecen haber adoptado el desvergonzado lenguaje de los mimos,[2] yo, sin embargo, no les he permitido a los de este libro expresarse tan crudamente como suelen. Dado que una parte de él —no solo la mayor sino también la mejor—[3] está ligada a la majestad de tu sagrado nombre, téngase presente que no sin haberse ex-

[1] Sólo dos libros más, el II y el XII, contienen cartas de dedicatoria. En esta deja bastante claro su propósito de alabanza y encomio al emperador Domiciano.

[2] Cf. II 41, 15 ss. y III 86.

[3] Hasta veintidós epigramas de este libro están dedicados a Domiciano y a sus obras.

piado mediante una purificación religiosa se debe uno acercar a los templos.[4] Para que los que me van a leer sepan que yo he de observar esto, en el mismo umbral de mi librito me ha parecido bien proclamarlo con un brevísimo epigrama.

1

A SU LIBRO, PARA QUE APRENDA EXPRESIONES Y ASUNTOS PUDOROSOS[5]

Libro que estás a punto de entrar en el laurífero[6] hogar de mi Señor,
aprende a hablar más recatadamente con boca pudorosa.
Apártate, Venus desnuda; este no es tu librito:[7]
ven tú junto a mí, tú, Palas Cesariana.[8]

2

A JANO, MARAVILLADO AL VER A DOMICIANO TRAS VENCER A LOS SÁRMATAS

Jano, el progenitor y padre de los fastos,[9]
cuando hace poco vio al vencedor del Histro,[10]

[4] Alusión a la deificación del emperador (Ker, II, pág. 3).

[5] Epigrama proemial en el que deja claro el tono del libro.

[6] Por la corona de laurel que, según Suetonio (*Domiciano* 6, 1), ofreció Domiciano a Júpiter Capitolino tras su triunfo contra los sármatas en la frontera del Danubio en mayo del 92, al cabo de una expedición de ocho años; el emperador regresó a Roma en enero del 93. La mayoría de los epigramas dedicados a Domiciano en este libro hacen referencia a esta circunstancia.

[7] En efecto, los epigramas procaces están ausentes de este libro; comp. con XI 2, 8.

[8] Por ser Minerva la diosa tutelar del emperador; cf. IX 3, 10.

[9] Según algunas leyendas, Jano habría tenido que ver con el origen de Roma; los «fastos» eran tanto el calendario de días laborables y festivos como las listas de cargos públicos, triunfos y sacerdotes, y se guardaban en el templo de Jano.

[10] El Danubio; cf. VIII 1, 1 n.

consideró que no tenía bastante con tantos rostros[11]
y anheló disponer de más ojos:
y hablándole con todas sus lenguas a la vez,
al señor de las tierras y dios del universo[12]
le prometió una vejez cuádruple que la del de Pilos.[13]
Te pedimos, padre Jano, que añadas también la tuya.

3

A LA MUSA, POR QUIEN SE IMAGINA ANIMADO A SEGUIR ESCRIBIENDO EPIGRAMAS[14]

«Cinco eran bastantes: seis o siete libritos son
ya demasiados: ¿por qué te divierte, musa, seguir jugando?
Tengamos la humildad de poner un final: nada más puede ya la fama
añadirme: mi libro va de mano en mano por todas partes;
y cuando las piedras de Mesala[15] yazgan rotas en su emplazamiento
y cuando los grandiosos mármoles de Lícino[16] sean polvo,
a mí, sin embargo, me seguirán leyendo en voz alta, y una enormidad de [extranjeros
llevará consigo mis poemas a su lugar de origen».

---

[11] Marcial tiene aquí en mente, como apunta SERVIO *ad Verg. A.* XII 198, una imagen de Jano con cuatro caras en vez de las dos habituales; cf. X 28, 6 (FRIEDLÄNDER, pág. 2).

[12] A Domiciano.

[13] Cf. IV 1, 3 n.

[14] Epigrama literario en el que Marcial, tras siete libros y consciente de su fama, cree que puede poner fin a su obra; la musa lo convence de que siga y de que no se dedique ni a la tragedia ni a la épica; cf. I 107.

[15] Marco Valerio Mesala Corvino, el patrono de Tibulo, que reconstruyó la Vía Latina; aquí puede referirse a su tumba (KER, II, p. 5).

[16] Prisionero galo, favorecido por César (que le dio la libertad) y Augusto (que lo nombró gobernador de la Galia), cuya tumba en la Vía Saliaria era famosa por su magnificencia (IZAAC, II 2, pág, 328).

Había yo acabado cuando me respondió así la novena de las hermanas,[17]
que tenía el pelo y el vestido perdidos de perfume:
«¿Es que eres capaz tú, desagradecido, de dejar las dulces fruslerías?
Dime, ¿qué otra cosa mejor harás en tu holgazanería?
¿O es que te divierte convertir tu vena cómica en obras trágicas
o vocear crueles guerras en ritmos cadenciosos
para que te explique con voz engolada un engreído maestro
y te odie la adolescente ya crecidita y el niño de buena familia?[18]
Que escriban eso los harto respetables y los harto circunspectos,
a quienes el candil contempla en su mezquindad a mitad de la noche.
Mas tú salpica tus encantadores libritos de salero romano:
que la vida reconozca y lea su propia forma de ser.[19]
Se te permite que parezca que cantas con un grácil caramillo,
con tal de que tu caramillo supere a las trompetas de muchos».

4

AL CÉSAR DOMICIANO, POR CUYO REGRESO AFIRMA QUE LOS DIOSES Y LOS HOMBRES DAN GRACIAS[20]

¡Bravo! ¡Qué enorme hervidero de gentes hace y cumple
promesas por su caudillo en los altares latinos!
No son estos gozos, Germánico, exclusivos de los hombres,
sino que —a mi entender— los propios dioses ofrecen ahora sacrificios.

---

[17] Debe de referirse a Talía, la musa de los epigramas (cf. IV 8, 12; FRIEDLÄNDER, pág. 3), aunque tradicionalmente la novena musa era Urania.

[18] Cf. III 69, 6-7.

[19] Cf. X 4, 8.

[20] Escrito con motivo de la *votorum nuncupatio* (el 3 de enero), en la que los cargos públicos y los sacerdotes de todo el imperio hacían promesas solemnes por el bien del emperador (FRIEDLÄNDER, págs. 4-5).

5

A MACRO, DESPILFARRADOR

Con tanto regalar, Macro, tus anillos a las jovencitas,
has acabado, Macro, por no tener anillos.[21]

6

CONTRA EUCTO, QUE PRESUME DE SUS COPAS

Nada hay más detestable que las antiguallas del vejete Eucto
—prefiero los chatos moldeados con barro saguntino—[22],
cuando, parlanchín, relata el rancio abolengo
de su plata y con su perorata hace que se piquen los vinos:
«Estos vasos pertenecieron a la mesa de Laomedonte:
a fin de hacerse con ellos Apolo levantó las murallas con su lira.[23]
Con esta cratera el feroz Reco[24] entabló combate
con los lápitas: la obra la ves abollada por la lucha.
Esta copa de doble pie está valorada en virtud del longevo Néstor:
el brillo de la paloma se debe al roce del pulgar del de Pilos.[25]
Esta es la tembladera en la que el Eácida[26] ordenó que se les preparara
a sus amigos un vino más abundante y de más solera.
En esta pátera la hermosísima Dido le ofreció el brindis

---

[21] Es decir, has perdido tu condición de caballero (cf. JUVENAL, XI, 43); el *ius anulorum* (el derecho a llevar un anillo de oro) lo tenían los senadores, caballeros y cargos públicos (KER, II, pág. 7). Sobre la condición de caballero, cf. VII 64, 2 n.

[22] Sobre su calidad, cf. IV 46, 14-16.

[23] Laomedonte fue uno de los primeros reyes de Troya, y, según la leyenda, obligó a Apolo y Posidón a construir las murallas de la ciudad.

[24] El verdadero nombre de uno de los centauros (cf. HOUSMAN, *Classical Papers*, pág. 1103).

[25] En una tumba de Micenas se encontró una muy parecida, con una paloma esculpida en relieve en cada asa; cf. HOMERO, *Ilíada*, XI, 633 (IZAAC, II 2, pág. 255).

[26] Aquiles; cf. HOMERO, *Ilíada*, XI, 202.

a Bitias cuando se dio la cena en honor del héroe frigio».[27]
Una vez que hayas admirado mucho la primitiva orfebrería,
en los cubiletes de Príamo te beberás a Astianacte.[28]

7

CONTRA CINNA, PICAPLEITOS DE HABLA PARSIMONIOSA[29]

¿Esto es defender pleitos, esto es, Cinna, decir con elocuencia:
decir, Cinna, nueve palabras en diez horas?
Pero hace un momento has pedido a grandes voces cuatro
clepsidras.[30] ¡Oh, cuánto puedes estar callado, Cinna!

8

A JANO, SOBRE EL REGRESO DEL CÉSAR[31]

Aunque des inicio, Jano, a los efímeros años[32]
y con tu rostro renueves los largos siglos,
⟨y⟩ a ti el primero te rueguen los piadosos inciensos, te saluden las promesas,
te veneren la púrpura venturosa, todos los gobernantes,
tú, sin embargo, prefieres lo que le ha acontecido a la ciudad latina:
contemplar en tu mes, Jano, el regreso de nuestro dios.[33]

---

[27] Cf. Virgilio, *Eneida*, I, 723-740, donde se relata, además, la mecánica del brindis.

[28] Al nieto de Príamo; por tanto, beberás vinos jóvenes (Ker, II, pág. 9). Sobre la técnica del final del epigrama, cf. I 62, 6 n.

[29] Cf. I 97 n.

[30] Cf. VI 35, 1 n.

[31] En enero de 93; cf. VIII 1, 1 n.

[32] Por el mes de enero (*Ianuarius*, en latín), llamado así por él.

[33] Domiciano.

9

A QUINTO, PARA QUE ACEPTE LA MITAD DE LO QUE LE DEBEN Y NO LO PIERDA TODO[34]

Hace poco Hilas, legañoso, quería pagarte a ti, Quinto,
tres cuartas partes; tuerto, quiere darte la mitad.
Acéptalo cuanto antes; fugaz es la ocasión del beneficio:
si se queda ciego, nada te pagará Hilas.

10

SOBRE BASO, QUE HABÍA COMPRADO UNAS ROPAS Y NO LAS HABÍA PAGADO[35]

Baso ha comprado por diez mil sestercios unas capas
tirias del mejor color. Ha hecho buen negocio.
«¿Tan bien ha comprado?», dices. Mejor aún: no ha pagado.

11

AL CÉSAR DOMICIANO, A SU REGRESO A ROMA DESDE EL NORTE[36]

El Rin ya sabe que tú has llegado a tu ciudad,
pues también él oye las voces de tu gente:
incluso a los pueblos sarmáticos y al Histro y a los getas
los ha aterrorizado el propio griterío de la reciente alegría.
Mientras un prolongado alborozo te reverencia en el bendito[37] circo,

[34] Cf. I 75 n.

[35] Cf. I 75 n.

[36] Cf. VIII 1, 1 n.

[37] Por la presencia del emperador (Izaac, II 2, pág. 255).

nadie ha advertido que ya se han celebrado cuatro carreras de caballos.
A ningún caudillo —ni siquiera a ti, César— amó Roma de esta manera:
tampoco a ti puede ya amarte más, aunque ella misma quisiera.

12

A PRISCO, SOBRE UNA ESPOSA RICA[38]

¿Por qué no quiero casarme con una rica,
me preguntáis? No quiero ser la esposa de mi esposa.
La señora, Prisco, debe ser inferior a su marido:
es la única forma de que lleguen a ser iguales la mujer y el hombre.[39]

13

A GARGILIANO, VENDEDOR FALAZ

Se decía que era imbécil: lo compré por veinte mil sestercios.
Devuélveme el dinero, Gargiliano: es listo.[40]

14

CONTRA UN AMIGO DESALMADO[41]

Para evitar que tus plantas cilicias[42] teman —descoloridas— al invierno
y una brisa demasiado helada abrase sus tiernos brotes,

---

[38] Cf. XI 23; Juvenal, VI, 460: «No hay nada más insoportable que una mujer rica».

[39] Cf. X 69.

[40] A los tontos se los tenía en casa como curiosidades; cf. III 82, 24; XII 93, 3 (Ker, II, pág. 12).

[41] Epigrama de estructura bipartita en el que se compara la situación de las plantas del amigo que lo ha invitado a su casa con la suya propia. Para el mismo tema, cf. VIII 68.

[42] El azafrán, que los romanos importaban sobre todo de Córico, en Cilicia; cf. III 65, 2 (Izaac, II 2, pág. 256).

unas vidrieras que dan a los notos invernales dejan pasar
netos los rayos de sol e intacta la luz del día.
A mí, en cambio, se me da un cuchitril cerrado por una ventana
[descabalada,
en el que ni el propio bóreas querría pasar la noche.
¿Así, desalmado, invitas a pasar unos días a un viejo amigo?
Estaré entonces mejor como huésped de un matojo de los tuyos.

15

A DOMICIANO, SOBRE EL TRIUNFO QUE REPORTÓ A JÚPITER CAPITOLINO EN LA GUERRA SARMÁTICA[43]

Mientras se pone en cuenta la nueva gloria de la guerra panonia[44]
y mientras todos los altares ofrecen sacrificios por el regreso de Júpiter,
incensaciones dedica el pueblo, dedican los caballeros agradecidos,
[dedica el senado
y un tercer congiario enriquece a las tribus latinas.[45]
Roma tendrá en mente también estos triunfos silenciados,
y ese reconocimiento por tu paz no será el menor.
Lo cierto es que[46] confías en el inquebrantable afecto de los tuyos para
[contigo:
la principal virtud de un emperador es conocer a los suyos.

---

[43] Cf. VIII 1, 1 n.

[44] Sármata, por extensión.

[45] Según Suetonio (*Domiciano*, 4, 5), en tres ocasiones distribuyó Domiciano entre el pueblo un congiario de trescientos sestercios por cabeza.

[46] Cf. S. Bailey, «Corrections...», pág. 289.

16

CONTRA CIPERO, QUE DE PANADERO SE HABÍA CONVERTIDO EN PICAPLEITOS[47]

Cipero, que habías sido panadero largo tiempo,
ahora defiendes pleitos y pretendes ganar doscientos mil sestercios por año:
pero lo dilapidas y pides prestado continuamente.
Del panadero, Cipero, no te libras:
no solo haces pan sino que también haces harina.[48]

17

A SEXTO, PORQUE, AL PERDER EL PLEITO, LE DEBE MÁS QUE SI LO HUBIERA GANADO

Defendí, Sexto, tu pleito, estipulando una minuta de dos mil sestercios.
  Que me hayas enviado mil monedas, ¿qué significa?
«Nada argumentaste», dices, «y por tu culpa se ha perdido el pleito».
  Tanto más me debes, Sexto, pues me puse colorado.[49]

---

[47] Sobre la crítica a los abogados, cf. I 97.

[48] Aparte de una expresión proverbial (dilapidas lo que ganas; cf. IZAAC, II 2, pág. 256), que remite a las pretensiones de un nuevo rico, la clave del epigrama podría estar en la incompetencia de Cipero como abogado, lo que explicaría también el epigrama siguiente.

[49] La explicación de IZAAC (II 2, pág. 256) es que los hechos eran tan vergonzosos que mejor hubiera sido callar; pero también podría ser que el abogado era tan incompetente que se puso colorado por su propia torpeza (cf. el epigrama anterior).

18

A CERRINIO: RARO ES EL AMIGO QUE ESTÉ DISPUESTO A PLEGARSE ANTE EL TALENTO[50]

Si dieras a conocer al público tus epigramas, Cerrinio,
tú mismo podrías ser leído tanto como yo o más:
pero hay en ti una consideración tan grande hacia tu viejo amigo
que más grata te resulta mi fama que la tuya.
Tampoco Marón estiló los poemas del calabrés Flaco,[51]
aunque sabía mejorar los ritmos pindáricos,
y ante Vario[52] se plegó en la gloria de la escena romana,
aunque podía expresar una mayor emoción con la voz de la tragedia.
Más de un amigo te regalará oro, riquezas y fincas:
raro será el que esté dispuesto a plegarse ante el talento.

19

SOBRE CINNA, POBRE DE VERDAD

Pobre quiere parecer Cinna; y pobre es.[53]

20

A VARO, SOBRE SUS HIPOTÉTICOS VERSOS[54]

Aunque cada día compongas doscientos versos,
Varo, no recitas ninguno. No eres listo, y lo eres.

[50] La estructura es como sigue: vv. 1-4: presentación del asunto; 5-8: comparación elogiosa con Virgilio; vv. 9-10: moraleja final.

[51] Publio Virgilio Marón y Quinto Horacio Flaco, nacido este en Venosa (Calabria, en Apulia).

[52] Vario Rufo, poeta y tragediógrafo, amigo de Virgilio, Mecenas y Horacio, y uno de los editores de la *Eneida*.

[53] Cf. XI 32, 8 n.

[54] Cf. I 63 n.

21

AL LUCÍFERO, SOBRE EL REGRESO DEL CÉSAR[55]

Fósforo, devuelve ya la luz: ¿por qué retardas nuestro alborozo?
Con César a punto de llegar, Fósforo, devuelve ya la luz.
Roma lo demanda. ¿Es que te traen los remisos carros
del calmo Boyero, porque vienes en un fuego demasiado lento?[56]
Podías quitar a Cílaro[57] del astro de Leda:
el propio Cástor te cederá ahora su caballo.
¿Por qué retienes al impaciente titán? Janto y Etón exigen
ya el freno, la bondadosa madre de Memnón vela.
Sin embargo, las estrellas, morosas, no se retiran ante el brillo del alba
y la luna desea ver al caudillo ausonio.
Ven ya, César, aunque sea de noche: a los astros les será posible estar [presentes
y al pueblo, con tu llegada, no le faltará la luz.

22

CONTRA GÁLICO, DE QUIEN DICE QUE NO LO ENGAÑA[58]

Me convidas a un jabalí, me sirves, Gálico, un cerdo.
Soy un híbrido[59] si me la pegas, Gálico.

---

[55] Cf. VIII 1, 1 n.

[56] En la constelación del Boyero; cf. IV 3, 6 n.

[57] Cf. IV 25, 6 n.

[58] Cf. I 43 n.

[59] Se consideraba que los híbridos, que propiamente eran el resultado del cruce de una cerda y un jabalí (cf. PLINIO, *Historia natural*, VIII 213; un «cerdalí», según la terminología de El Burgo de Osma), tenían poco seso (KER, II, pág. 18).

23

A RÚSTICO: DEBE CASTIGARSE A CUALQUIER CRIADO CUANDO NO CUMPLE SU OBLIGACIÓN[60]

Te parezco que soy demasiado cruel y glotón
porque, Rústico, golpeo al cocinero a causa de la cena.
Si esta razón para azotarlo te parece liviana,
¿por cuál razón pretendes, entonces, que el cocinero reciba una paliza?

24

AL CÉSAR DOMICIANO, A QUIEN HUMILDEMENTE PIDE DINERO[61]

Si acaso te pido algo en mi modesto y menudo librito
—con tal de que mi escrito no sea insolente—, concédemelo.
Y si no me lo concedieras, César, permite que se te suplique:
a Júpiter nunca le ofenden las incensaciones y los ruegos.
El que esculpe rostros sagrados de oro o mármol
no los hace dioses: los hace el que les suplica.

25

CONTRA OPIANO, ENFERMO PERENNE

Sólo una vez, Opiano, me has visto
muy enfermo: más veces te veré yo.[62]

---

[60] Cf. III 13; 94.

[61] Epigrama votivo; cf. I 111 n.

[62] Cf. S. BAILEY, «Corrections...», págs. 281-282. Sobre los captadores de herencias, cf. I 10.

26

AL CÉSAR DOMICIANO, SOBRE LOS TIGRES QUE HABÍA EXHIBIDO EN LA ARENA

No a tantos tigres temió en los labrantíos orientales el ladrón
de la región del Ganges que huye lívido en un caballo hircano
cuantos tu amada Roma, Germánico, ha visto recientemente:[63]
y no ha podido llevar la cuenta de sus deleites.
Tu arena, César, supera a los triunfos eritreos
y a los recursos y riquezas del dios vencedor:
pues cuando conducía a los prisioneros indos detrás de sus carros triunfales,
Baco se contentaba con una pareja de tigres.[64]

27

A GAURO, SOBRE LOS REGALOS DE LOS CAPTADORES DE HERENCIAS

Quien a ti, rico y anciano Gauro, te hace regalos,
si eres listo y te das cuenta, te está diciendo esto: «Muérete».

28

SOBRE UNA TOGA QUE LE REGALA PARTENIO[65]

Dime, toga —gozoso regalo que me ha hecho un amigo elocuente—,
¿de qué rebaño querrías ser prez y gala?

---

[63] Sobre los espectáculos que ofrecía el emperador, cf. Suetonio, *Domiciano*, 4.

[64] Referencia al cortejo triunfal de Baco tras conquistar la India («eritreos» del cf. 5 alude a las tierras adyacentes al océano Índico, por Éritras, una ciudad de la India).

[65] Marcial alaba sobremanera una toga que le regala Partenio, comparando una a una sus excelencias (lana, púrpura, blancura) con sus mejores referencias, para acabar prefiriéndola a todo; el remate es irónico: su capa no estará a la altura de esa toga. Cf. IX 49.

¿Para ti floreció la hierba pullesa de Falanto el de Leda,[66]
con la que el Galeso de aguas calabresas sacia los cultivos?
¿O el tartesio criador de la cabaña ibera,
el Betis, te bañó también a ti en una oveja hesperia?
¿O tu lana contó los muchos brazos del Timavo,[67]
del que, respetuoso, bebió Cílaro[68] con su boca astrífera?
Ni te convino perder tu color con el tinte de Amiclas[69]
ni Mileto era digna de tus vellones.
Tú superas a los lirios y a las alheñas que aún no se han anublado
y al marfil que emblanquece en el monte Tiburtino;[70]
ante ti se inclinarán el cisne espartano y las palomas pafias,
se inclinará la perla extraída de los bajíos eritreos:[71]
pero aunque estos presentes sean émulos de las nieves recién caídas,
no son más radiantes que su Partenio.[72]
Yo no preferiría los tejidos coloridos de la soberbia
Babilonia, que se matizan por la aguja de Semíramis;[73]
no me quedaría más atónito ante el oro de Atamante
si me regalaras, Frixo, el animal eolio,[74]
¡Ay, cuántas risas provocará mi capa
al ser vista al lado de esta toga palatina![75]

---

[66] La ciudad de Tarento, famosa por su lana, fundada por Falanto, un espartano, lacedemonio por tanto; Leda, al casarse con Tindáreo, fue reina de Lacedemonia. Sobre el Galeso del verso siguiente, cf. II 43, 3 n.

[67] Cf. IV 25, 5 n.

[68] Cf. IV 25, 6 n.

[69] La púrpura de Esparta; Amiclas era una ciudad de aquella región de Grecia (cf. IX 103, 5 n.).

[70] Cf. IV 62; VII 13, 1-2.

[71] Cf. VIII 26, 8 n.

[72] El que le ha regalado la toga (cf. IV 45, 2). El adjetivo anterior hace referencia a la etimología griega de su nombre: «blancura virginal» (KER, II, pág. 21).

[73] Legendaria reina de Babilonia, ciudad famosa por sus bordados.

[74] El vellocino de oro (cf. VI 3, 6). Atamante era el padre de Frixo y quiso sacrificarlo a Zeus, pero este le envió un carnero alado con vellocino de oro, que lo salvó.

[75] Alusión al cargo de Partenio (cf. IV 45, 2). KER (II, pág. 22) cree que estos dos últimos versos son una indirecta para que le envíe una capa en consonancia.

29

SOBRE LOS DÍSTICOS[76]

El que escribe dísticos pretende, a mi entender, agradar con la brevedad.
¿En qué aprovecha la brevedad, dime, si se ha convertido en un libro?

30

SOBRE EL ESPECTÁCULO DE ESCÉVOLA, QUE QUEMA SU MANO EN EL FUEGO DE LOS SACRIFICIOS[77]

El espectáculo de la arena cesárea que ahora se contempla
alcanzó el mayor renombre en tiempos de Bruto.
¡Estás viendo cómo contiene a las llamas y goza con el dolor
y se impone poderosa la mano sobre el fuego estupefacto!
Asiste él a su propio espectáculo y sabe apreciar la gloriosa
muerte de su derecha: se alimenta esta de la ceremonia entera.[78]
Y si, en contra de su voluntad, no le hubieran sustraído el dolor, dispuesta [estaba
su izquierda a meterse con mayor vesania en las ascuas mortecinas.
Da pena saber —después de tal hazaña— en qué delinquió antes:
me basta con haber conocido esa mano que he visto.

31

CONTRA DENTÓN, QUE LE PIDE A DOMICIANO LOS DERECHOS DE LOS TRES HIJOS[79]

Con ninguna finura estás reconociendo sobre ti mismo, Dentón, algo que [se me escapa,

---

[76] Cf. I 110 n.

[77] Espectáculo basado en la historia de Mucio Escévola; cf. I 21.

[78] Cf. Friedländer, pág. 16.

[79] Cf. II 91, 6 n.

cuando, tras tomar esposa, pides los derechos paternos.
Pero deja ya de marear a nuestro Señor con tus escritos
de súplica y regresa desde Roma a tu patria, aunque sea tarde:
pues mientras tú —habiendo dejado sola a tu mujer lejos y durante largo
[tiempo—
buscas tres hijos, te vas a encontrar con cuatro.

32

SOBRE LA PALOMA DE ARETULA[80]

Deslizándose por el aire callado, una tierna paloma
se abatió hasta el mismo regazo de Aretula, que estaba sentada.
Habría sido un capricho del azar de no haber permanecido inadvertida y
no haber querido emprender la huida que tenía libre.
Si es justo que el cariño de una hermana albergue las mejores esperanzas
y si los rezos pueden conmover al Señor del mundo,[81]
este ave te llega quizás, desde las costas sardas, como mensajera de un
desterrado porque tu hermano está a punto de regresar.

33

A PAULO, SOBRE UN PLATO LIGERÍSIMO, AL QUE COMPARA CON COSAS LIGERÍSIMAS[82]

De tu corona de pretor,[83] Paulo, me envías
una hoja y pretendes que esta reciba el nombre de plato.

---

[80] Epigrama de estructura bipartita, en cuya primera parte se narra una especie de prodigio y en la segunda su interpretación; es de suponer que Aretula tenía un hermano desterrado, al que Domiciano ha perdonado.

[81] A Domiciano; cf. I 4, 2.

[82] Sobre el mismo asunto y estructura, cf. XI 18.

[83] El pretor, con una corona de oro sostenida sobre su cabeza por un esclavo, iba al frente del cortejo que abría los Juegos Apolinares (FRIEDLÄNDER, pág. 17).

Hace poco tu tramoya [84]había sido completamente revestida con una
[membrana así,
a la que disolvió el desvaído reguero de rojo azafrán.[85]
¿O, más bien, por la uña de un taimado criado fue despegada
una hojuela, que creo que procede de una pata de tu cama?
Puede ella sentir a lo lejos el vuelo de un mosquito
y ser transportada por el ala de una minúscula mariposa;
revolotea suspendida en el humo de un pequeño candil
y se rompe si la salpica el vino —incluso al ser vertido con cuidado—.
Con un tegumento así se recubre el dátil de las calendas de Jano
que el cliente miserable ofrece junto con unos mezquinos céntimos.[86]
Menos livianas crecen las colocasias de sutil fibra,
más grávidos se agostan los lirios bajo el sol excesivo;
ni la errática araña deambula por una tela tan tenue,
ni el gusano de seda que pende en el aire teje un producto tan etéreo.
Más compactos permanecen los polvos en la cara de la vieja Fabula,
más compacta se ahueca la burbuja del agua agitada;
Con más energía no solo la redecilla protege a los cabellos rizados
sino que la pomada batava tiñe las guedejas latinas.[87]
Con una telilla así se reviste el pollo en el huevo de Leda,[88]
gasas[89] semejantes se ponen en la frente alunada.
¿Qué tienes tú que ver con un plato, cuando puedes enviarme una cuchara,
cuando puedes enviarme incluso un sacacaracoles,
—estoy hablando de cosas demasiado grandes—, cuando puedes enviarme
[una concha de caracol,
cuando, en fin, Paulo, puedes no enviarme nada?

[84] Cf. *Espectáculos* 2, 2 n.

[85] Las gradas y el escenario del teatro se rociaban de agua mezclada con azafrán, por su refrescante olor (Kay, pág. 83).

[86] Cf. XIII 27.

[87] Cf. XIV 26, 2 n.

[88] Un huevo de oca; Leda, transformada en oca, intentó escapar de Júpiter, pero este, transformado en cisne, la poseyó; de esa unión nacieron Cástor, Pólux, Clitemnestra y Helena.

[89] Cf. II 29, 9 n.

34

CONTRA UN JACTANCIOSO

Dices que tienes una obra de plata auténtica de Mis.[90]
Lo que se ha hecho sin tu colaboración, ¿es más auténtico?[91]

35

CONTRA UNOS CÓNYUGES PÉSIMOS[92]

Puesto que sois semejantes e idénticos en vuestra forma de vida
—la peor de las esposas, el peor de los maridos—,
me sorprende que no os llevéis bien.

36

AL CÉSAR DOMICIANO, CUYO MAGNÍFICO PALACIO ALABA[93]

Ríete, César, de las regias maravillas de las pirámides;
la exótica Menfis se calla ya sus obras de oriente:[94]

---

[90] Antiguo y famoso platero griego, contemporáneo de Fidias, que grabó las figuras del escudo de Atenea Prómacos en la Acrópolis de Atenas (KER, II, págs. 26 y 472).

[91] Se trata, al parecer, de un anticuario al que Marcial acusa de fabricar él mismo los artículos que pone a la venta. Quizás no es el autor de esa obra, pero —insinúa Marcial— en ese caso debe de ser de otro falsificador (IZAAC, II 2, pág. 258; FRIEDLÄNDER, pág. 19).

[92] Cf. VIII 43.

[93] Epigrama con esquema de «priamel»; cf. I 61 n. Se trata aquí del palacio que construyó Rabirio; cf. VII 56.

[94] Comp. con *Espectáculos* 1, 1.

¿a qué parte del palacio Parrasio[95] equivalen los logros del Mareótide?[96]
El día no ve nada más brillante en todo el mundo.
Se creería que las siete colinas se han acumulado una sobre otra,
el Osa ha alzado al tesálico Pelio a menos altura;[97]
entra en el firmamento de tal forma que, oculto entre resplandecientes [astros,
su pináculo despejado truena sobre las nubes inferiores
y se sacia de la secreta luminosidad de Febo antes
de que Circe vea el rostro naciente de su padre.[98]
Con todo, Augusto, esta que con su cúspide toca las estrellas
es una casa del tamaño del cielo, pero es más pequeña que su Señor.

37

CONTRA POLICARMO, QUE PRETENDÍA SER CONSIDERADO GENEROSO[99]

Por devolverle a Cayetano los pagarés, Policarmo,
¿crees acaso que le has dado cien mil sestercios?
«Me los debía», dices. Quédate con los pagarés, Policarmo,
y préstale a Cayetano dos mil sestercios.

---

[95] Cf. VII 56, 2 n.

[96] El Mareótide es el lago que se encuentra junto a Alejandría; por extensión, Egipto, es decir, las pirámides.

[97] Dos montañas de Tesalia que los Gigantes unieron para intentar llegar al cielo durante la Gigantomaquia (cf. VIII 78, 1 n.); también se atribuye a los Alóadas (cf. A. Ruiz de Elvira, *Mitología Clásica,* Madrid, 1982, pág. 58); cf. también Virgilio, *Geórgicas* I 281.

[98] Circe es la hija del sol (Febo); aquí equivale a Circeyos, ciudad del Lacio (cf. X 30, 8) de la que se decía que era la primera en recibir los rayos del sol (Ker, II, pág. 29; cf. V 1, 5 n.).

[99] Cf. I 75 n.

38

A MÉLIOR: ES GENEROSO DE VERDAD EL QUE ENTREGA ALGO A LOS MUERTOS[100]

Quien, con inquebrantable cariño, otorga
los bienes de la generosidad al que los ha de apreciar,
quizás se lo gane o espere reciprocidad:
mas, si alguien se empeña en seguir dándoselos
al recuerdo de su nombre tras la muerte y el entierro,
¿qué busca sino aplacar su dolor?
Es diferente ser bueno y querer parecerlo.
Es *vox populi,* Mélior, que los otorgas tú,
quien, con un extremado celo por las ceremonias, no permites
que muera el nombre de Bleso, que ya descansó en paz,
y como, sin reparar en gastos, de tus espléndidas arcas
le pagas al cumplidor y cariñoso gremio
de los escribas para que se conmemore el día
de su nacimiento, tú mismo celebras un homenaje a Bleso.
Este homenaje tuyo durará mientras tengas vida,
subsistirá también después que te hayas convertido en polvo.

39

A DOMICIANO, ALABANDO SU PALACIO[101]

Para dar cabida a los festines de la mesa palatina
    y a los manjares divinos, no había antes un lugar:
aquí es digno apurar el néctar sagrado, Germánico,

---

[100] Marco Atedio Mélior, para honrar anualmente el nacimiento de su malogrado amigo Bleso, crea una fundación —*Collegium cultorum diei nataliciae Blaesi*—, la dota con un capital y la pone en manos de los escribas para que la gestionen (Friedländer, pág. 20; Ker, II, págs. 30-31; Izaac, II 2, pág. 258).

[101] Cf. VII 56 y VIII 36.

y las copas preparadas por la mano de Ganímedes.
Te ruego que, más tarde, aceptes ser el invitado del Tonante:
mas si tú, Júpiter, tienes prisa, ven en persona.

40

A PRIAPO, A QUIEN AMENAZA CON EL FUEGO SI NO PROTEGE SU BOSQUE[102]

Guardián no de un jardín ni de una viña
lozana sino de un ralo bosque, Priapo,
del que naciste y puedes volver a nacer,
te exhorto a que alejes las manos rapaces
y preserves la arboleda para el hogar del dueño:
si faltara esta, también tú serás leña.

41

A FAUSTINO, SOBRE ATENÁGORAS, QUE POR LAS SATURNALES NO LE HABÍA ENVIADO NADA AL POETA[103]

«Atenágoras, desconsolado, no nos ha enviado los regalos
que acostumbra a enviar a mediados del mes del invierno».[104]
Si Atenágoras está desconsolado, Faustino, lo comprobaré:
a mí sí que Atenágoras me ha dejado desconsolado.

---

[102] Priapo era el dios protector de las fincas; cf. VI 16; 49.

[103] Cf. IV 88.

[104] A mediados de diciembre, cuando las fiestas Saturnales, en las que los clientes hacían regalos a sus patronos.

42

A MATÓN, QUE BUSCA LAS MESAS DE LOS RICOS

Si una espórtula[105] más generosa no te ha engatusado,
como suele suceder, en donde los ricos,
podrás bañarte, Matón, cien veces a mi costa.[106]

43

CONTRA FABIO Y CRESTILA, ENTERRADORES DE MUCHOS CÓNYUGES[107]

Fabio entierra a sus mujeres, Crestila a sus maridos,[108]
y uno y otro agitan la antorcha funeraria sobre el lecho nupcial.
Une, Venus, a los vencedores: a ellos los aguardará
el final de que la misma Libitina[109] se lleve a los dos.

44

A TITULO, PARA QUE CEDA A LO NATURAL Y NO LES DEJE ABUNDANTES BIENES A LOS DESAGRADECIDOS HEREDEROS[110]

Titulo, te lo aconsejo: vive; para esto siempre es tarde;
aunque hubieras empezado en edad escolar, es tarde.

---

105 Cf. I 59 n.

106 Porque un cuadrante era el precio de un baño y cien la cantidad fija de una espórtula (Ker, II, pág. 32); cf. I 59, 1 n.

107 Cf. VIII 35.

108 Cf. IX 15.

109 Una misma muerte; Libitina era la diosa romana de los muertos.

110 Tema del *carpe diem* (cf. I 15), esta vez para protegerse de los herederos, junto con la descripción de la vida del cliente.

Mas tú, pobre Titulo, ni en la vejez vives,
sino que pisoteas todos los umbrales para dar los buenos días
y de mañana ya estás sudando, empapado por los besos de la ciudad,[111]
y por los tres foros,[112] a troche y moche, por delante de todas las estatuas [ecuestres
y del templo de Marte[113] y del coloso de Augusto[114]
vas corriendo todos los días de siete a diez.[115]
Rapiña, apaña, roba, posee: tendrás que dejarlo.
Que tus soberbias arcas amarilleen repletas de oro,
que venzan cien pagarés en las calendas:
tu heredero jurará que no le has dejado nada,
y cuando estés de cuerpo presente sobre un féretro o una losa, mientras tu lecho fúnebre crece atiborrado de papiros,[116]
el desvergonzado besará a tus llorosos eunucos;
y tu desconsolado hijo, quieras o no quieras,
dormirá esa primera noche con tu favorito.

45

A FLACO, SOBRE EL REGRESO DE TERENCIO PRISCO[117]

Desde las costas del Etna, Flaco, me es devuelto Terencio
Prisco: que una piedra lactescente señale este día;[118]
corra y refulja al ser enturbiada poco a poco por el lino

---

[111] Cf. XI 98.

[112] El Foro Romano, el Julio y el de Augusto (cf. Friedländer, pág. 301).

[113] Cf. VII 51, 4 n.

[114] Se refiere a la colosal estatua ecuestre de Domiciano en el viejo Foro (cf. Friedländer, pág. 23).

[115] Descripción de la vida habitual del cliente.

[116] Cf. X 97.

[117] Marcial le escribe a Flaco, que está en Chipre, sobre el regreso de su otro amigo —y protector— Terencio Prisco (a quien dirige la carta que encabeza el lib. XII), y desea que también él regrese.

[118] Cf. XII 34, 5-7.

un ánfora menguada por cien consulados.[119]
¿Cuándo le tocará a mi mesa una noche tan espléndida?
¿cuándo me corresponderá bullir con un vino tan merecido?
Cuando la citerea[120] Chipre te me devuelva, Flaco,
se producirá esa razón tan buena para mi frenesí.

46

AL JOVEN ESCLAVO CESTO[121]

Cuán grande es tu bondad, otro tanto lo es la excelencia de tu belleza,
joven Cesto, más casto que el virtuoso Hipólito.[122]
Desearía Diana que nadaras con ella, y te enseñaría;[123]
preferiría Cibeles tenerte a ti en vez de al emasculado frigio;[124]
tú podrías ser el sucesor en el lecho de Ganímedes,
pero, imperturbable, solo besos le darías a tu señor.
¡Afortunada la novia que trastorne a un prometido tan inexperto
y la primera muchacha que te haga hombre![125]

47

CONTRA UNO QUE SE AFEITA A LO LOCO

Tienes una parte de tus mejillas recortada, otra parte la tienes afeitada,
otra parte, depilada. ¿Quién puede pensar que se trata de una sola cabeza?

---

119 El vino viejo criaba madres y menguaba por la porosidad de las jarras en las que se conservaba; de ahí que hubiera que filtrarlo, en este caso con un lienzo de lino (Izaac, II 2, pág. 259). Sobre el brindis por la persona amada, cf. I 71 n.

120 Cf. XI 81, 6 n. Chipre era el lugar de nacimiento de Venus.

121 Cf. XI 103, y S. Bailey, «Corrections...», pág. 282.

122 Hipólito rechazó las proposiciones amorosas de su madrastra Fedra.

123 Diana era la diosa de la castidad (Ker, II, pág. 35).

124 Atis, que se castró al volverse loco por intervención de Cibeles; cf. V 41, 2.

125 Cf. XI 39, 16.

48

SOBRE LA CAPA DE CRISPINO, ROBADA POR ALGÚN LADRÓN[126]

Crispino no sabe a quién le ha podido dar su capa tiria,
mientras se cambiaba de ropa y se ponía la toga.
Quienquiera que lo tengas, devuelve, por favor, a sus hombros ese regalo [que es suyo:
no te lo pide Crispino, sino la capa.
No sirve cualquiera para llevar una prenda rebosante de púrpura
ni este color cuadra sino con la elegancia.
Si te agrada la rapiña y el arrebato de una ganancia indebida,
coge la toga para que puedas pasar más desapercibido.

49 (50)

AL CÉSAR DOMICIANO, SOBRE SUS BANQUETES

Cuán grandioso se cuenta que fue el festín del triunfo de los gigantes[127]
y cuán grandiosa fue para todas las divinidades aquella noche,
en la que el buen padre se sentó entre la generalidad de los dioses,
y les estuvo permitido a los faunos[128] pedir vino a Júpiter,
otro tanto lo son los banquetes que celebran tus victorias, César;
nuestra alegría alboroza a los propios dioses.
Comen contigo todos los caballeros y el pueblo y los senadores
y Roma comparte manjares celestiales con su caudillo.
Tú que nos prometiste cosas grandes, ¡cuánto mayores nos las has dado!
Se nos prometió una espórtula:[129] se nos ha dado una cena en toda regla.[130]

---

[126] Crispino era un dandi cuya capa de púrpura era muy conocida en Roma; cf. JUVENAL, I, 27 (KER, II, pág. 36).

[127] Cf. VIII 78, 1 n.

[128] Cf. IX 61, 14 n.

[129] Cf. I 59.

[130] SUETONIO, *Domiciano*, 7, 1: «Abolió la distribución de cestas de víveres al

50 (51)

SOBRE UN PLATO MAGNÍFICAMENTE TRABAJADO QUE LE REGALAN A RUFO[131]

¿Qué esfuerzo hay tras este plato? ¿el del diestro Mis o el de Mirón?
¿es esta la mano de Méntor[132] o la tuya, Policlito?[133]
No se oscurece ennegrecida por humo alguno ni aborrece
su textura ensombrecida los fuegos que la ensayan;
Menos irradian los ámbares auténticos que su rubio metal[134]
y su plata pura supera al níveo marfil.
El trabajo no desmerece a la materia: así completa su círculo
la luna cuando, llena, brilla con toda su luz.
Sobresale el macho cabrío engalanado con el vellocino eolio del tebano
Frixo: su hermana preferiría haber sido llevada por este;[135]
el esquilador del Cínife[136] no lo habría mancillado y a ti, Lieo,[137]
te gustaría que paciera en tu vid.
El lomo del animal lo oprime un Amor áureo con dos alas;
desde su tierna boca resuena una flauta de Palas:
así el delfín, deleitándose con Aríon de Metimna,[138]

---

pueblo y restableció la costumbre de ofrecer comidas en toda regla» (trad. de M. Bassols de Climent).

[131] Epigrama con dos partes claramente diferenciadas: descripción del regalo con comparaciones mitológicas (vv. 1-16) e invitación a beber (17- 26); en esta última aparecen algunos motivos recurrentes: brindis por la persona amada (vv. 17-20; cf. I 71 n.), cita frustrada (v. 25; cf. *ibidem),* invitación a ahogar en vino las penas de amor (vv. 25-26; cf. I 106 n.).

[132] Cf. III 40 (41), 1 n.

[133] Famoso escultor del s. v a. C.

[134] Cf. S. Bailey, «Corrections...», págs. 282-283.

[135] Cf. VIII 28, 20 n. Hele, la hermana de Frixo, acompañó a este en aquella circunstancia.

[136] Río y región de Libia, famosa por el pelo de sus cabras (cf. Friedländer, pág. 521).

[137] Epiclesis de Baco: «El que relaja».

[138] Poeta y músico de la isla de Lesbos (Metimna es una ciudad de esta isla)

transportó su no silenciosa carga por calmados mares.
Que me llene el espléndido regalo con un néctar en consonancia
no una mano de la servidumbre del amo, sino la tuya, Cesto;[139]
Cesto, gala de mi mesa, prepara el Setia:[140] me parece
que el propio niño, que el propio macho cabrío tienen sed.
Marquen el número de mis copas las letras de Istancio Rufo:[141]
en efecto, él me ha hecho tan gran regalo.
Si viene Teletusa y me trae los gozos prometidos,
me reservaré para mi amada con tus cuatro letras, Rufo;
si anda indecisa, entretendré la espera con tus otras siete; si defrauda
[a su enamorado,
para ahogar las penas me las beberé todas.

51

SOBRE ÁSPERO, ENAMORADO DE UNA MUCHACHA A LA QUE NUNCA VIO[142]

Áspero adora a una que es guapa de verdad, pero él es ciego.
Habida cuenta de esto, más de lo que ve ama Áspero.

---

que, cuando iba a ser robado durante un viaje por mar, se arrojó del barco después de tocar su arpa; un delfín que lo había escuchado lo transportó a tierra.

[139] Cf. VIII 46.

[140] Cf. VI 86, 1 n.

[141] Cf. I 71, 1 n.

[142] Sobre el mismo tema, cf. III 15; cf. también S. Bailey, «Corrections...», pág. 283.

52

A CEDICIANO, SOBRE UN JOVEN BARBERO[143]

Un joven barbero, pero de una destreza tal
como no lo fue ni el Tálamo de Nerón,
sobre quien recayeron las barbas de los Drusos,[144]
se lo presté, Cediciano, a Rufo,
que me lo pidió una vez para que le arreglara la cara.
Mientras le atusa una y otra vez los pelos a instancias suyas
—con el control del espejo como guía de la mano—
y le enluce la piel y le hace un detallado
repaso en sus ya recortados cabellos,
el barbero me ha vuelto con barba.

53 (55)

AL CÉSAR DOMICIANO, SOBRE UN LEÓN QUE EXHIBIÓ EN LA ARENA[145]

Cuán imponente fragor se escucha por las quebradas
masilias cada vez que la selva enloquece con innúmeros leones,
cuando, lívido, el pastor hace regresar hasta los aduares púnicos
a los aturdidos toros y al ganado desconcertado,
otro tanto terror ha resonado hace poco en la arena ausonia.
¿Quién no creería que se trataba de una manada? Era uno solo,
pero ante cuyos dictados temblarían incluso los propios leones,
a quien la Numidia salpicada de mármol entregaría la corona.
¡Oh, qué gran prestancia, qué dignidad derramó por su cuello

---

[143] El tema de los barberos era recurrente en el mundo antiguo; v., p. ej., LUCILO, *A.P.* XI 191; en MARCIAL, III 74; VII, 64; 83; XI 58, 5 ss.; 84; y el epitafio de Pantagato en VI 52 (KAY, pág. 242).

[144] Claudio y Nerón.

[145] Sobre los espectáculos del emperador, cf. SUETONIO, *Domiciano* 4.

la sombra dorada de su falcada melena cuando se erizó!
¡Qué bien le sentaron a su amplio pecho los grandes venablos
y qué grandes gozos reportó con su brava muerte!
¿De dónde, Libia, tan venturoso timbre de gloria a tus selvas?
¿Acaso procedía aquel del yugo de Cibeles?[146]
¿O, más bien, Germánico, desde la estrella hercúlea[147] te envió
esta fiera tu hermano o tu propio padre?[148]

54 (53)

CONTRA CATULA: RARA ES LA CONJUNCIÓN DE HERMOSURA Y HONRADEZ[149]

La más hermosa de las que fueron o de las que son,
pero la más inaccesible de las que fueron o de las que son,
¡ay, Catula, cómo me gustaría que te hicieras
menos hermosa o menos honrada![150]

55 (56)

A FLACO: EN ESTA ÉPOCA NO HAY POETAS ILUSTRES PORQUE DE NADIE RECIBEN RECOMPENSA POR SUS DESVELOS[151]

Como la época de los antepasados se pliega ante nuestro tiempo
y Roma se ha engrandecido junto con su caudillo,
te sorprendes de que falte el talento del divino Marón

[146] A Cibeles se la representaba en un carro tirado por leones.

[147] La constelación de Leo, llamada así por el león de Nemea, al que mató Hércules (Friedländer, pág. 32).

[148] Tito y Vespasiano, que habían sido deificados.

[149] Reminiscencia de Catulo, 49, reforzada por el nombre de la protagonista (Friedländer, pág. 30).

[150] Cf. I 57 n.

[151] Cf. I 107 n.

y de que nadie haga resonar las guerras con tan poderosa trompeta.
Que haya Mecenas: no faltarán, Flaco, Marones
e incluso tus campos te proporcionarán un Virgilio.
Sus fanegas colindantes a la desgraciada Cremona había perdido
Títiro y, angustiado, lloraba por el destierro de sus ovejas:[152]
se rio el caballero etrusco[153] y apartó la dañina
pobreza y ordenó que se marchara con rápida huida.
«Ten medios y conviértete en el mayor de los poetas;
puedes tú incluso amar a mi Alexis»,[154] dijo.
Asistía este hermosísimo a la mesa de su señor
escanciando el oscuro falerno con su mano de mármol,
y ofrecía las copas ya probadas con unos labios de rosa
que podrían enajenar[155] al propio Júpiter.
Abandonaron al fascinado cantor la lozana Galatea
y una Testílide con sus rojas mejillas requemadas por las mieses;[156]
al punto imaginó a Italia y «las hazañas y el héroe»[157]
quien poco antes había llorado al Mosquito[158] con trabajosa y tosca voz.
¿Para qué voy a citar a los Varios y a los Marsos y a los nombres de los [poetas
enriquecidos, cuya enumeración sería un enorme trabajo?
¿Seré, entonces, un Virgilio, si me ofreces los regalos
de un Mecenas? No seré un Virgilio: seré un Marso.[159]

[152] Cf. Virgilio, Églogas I.

[153] Mecenas; cf. Propercio, IV 8, 1.

[154] Cf. V 16, 12 n., y VI 68, 6 n.

[155] Cf. IX 25.

[156] Galatea y Testílide aparecen en las tres primeras Églogas de Virgilio.

[157] Las *Geórgicas* y la *Eneida* de Virgilio, cuyas primeras palabras reproduce.

[158] Obra juvenil de Virgilio.

[159] Es decir, un mal poeta épico; cf. Izaac, II 2, págs. 260-261.

56 (54)

AL CÉSAR DOMICIANO: NO ES AMADO POR CAUSA DE LOS REGALOS, SINO LOS REGALOS POR CAUSA DE ÉL

Por muchas veces que repartas grandes donativos,[160] que estés dispuesto [a darlos
mayores —vencedor de caudillos, vencedor incluso de ti mismo—,
serás querido por el pueblo, César, no a causa de los regalos:
el pueblo, César, ama los regalos a causa de ti.

57

SOBRE EL DESDENTADO PICENTE[161]

Los tres dientes que tenía los escupió de un solo golpe
  Picente mientras estaba sentado junto a su propia tumba;
y reunió en un pliegue de su toga los últimos pedazos de su fláccida
  boca y los enterró echándoles tierra encima.
Su heredero ya no tiene que recoger en su momento las cenizas del difunto:
  Picente ya ha cumplido este deber consigo mismo.

58

CONTRA ARTEMIDORO, EMBUTIDO EN SUS CAPAS

Como tus capas son tan gruesas, Artemidoro,
  tendría todo el derecho a llamarte Sayagués,[162]

---

[160] Cf. SUETONIO, *Domiciano* 4, 5.

[161] Cf. I 19 n.

[162] *Sagaris*, en latín, que establece un juego de palabras con *sagum* o con las prendas de abrigo procedentes de la zona del río Ságaris, en Frigia (cf. S. BAILEY, «Corrections...», pág. 283). Utilizo la traducción «Sayagués» en la explicación de

59

CONTRA UN LADRÓN TUERTO

¿Observas a ese al que le basta un solo ojo, bajo
cuya desvergonzada frente se abre un agujero legañoso?
No menosprecies a ese tío, no hay nada más ladrón que él;
no fue tan pícara la mano de Autólico.[163]
Si lo invitas, acuérdate de vigilarlo con atención:
se le va entonces la cabeza y, aunque tuerto, ve el doble.
Los criados, nerviosos, pierden copas y cucharillas
y una colección de servilletas se oculta en su acogedor seno;
y no desconoce el hurtar las capas que se caen del brazo
y muchas veces se marcha cubierto con dos mantos;
y, redomado, no tiene empacho en robarle a un adormecido esclavo
de la casa su lámpara, aunque esté encendida.
Si no ha capturado nada, entonces, con consumada astucia, embauca
a su esclavo y le sustrae sus propias sandalias.[164]

60

CONTRA CLAUDIA, DE CUYA ELEVADA ESTATURA SE RÍE

Podrías ser tan alta como el Coloso del Palatino,[165]
si te hicieras, Claudia, dos cuartas más baja.

S. de Covarrubias (*Tesoro de la lengua castellana, s.v.* «saco»): «En tierra de Zamora ay cierta gente que llaman sayagueses, y al territorio tierra de Sayago, por vestirse desta tela basta (i. e., de sayo)».

[163] Prototipo del ladrón; era hijo de Mercurio y patrono de los ladrones (Ker, II, pág. 46).

[164] El esclavo de cada invitado se sentaba tras él y le guardaba las sandalias (Friedländer, pág. 35).

[165] Cf. *Espectáculos* 2, 1.

61

CONTRA EL ENVIDIOSO CARINO[166]

Carino tiene envidia, revienta, rabia, grita
y busca ramas altas de donde colgarse:
no ya porque soy recitado y leído a lo largo y ancho del mundo
ni porque adornado con cilindros y aceite de cedro[167]
soy difundido por todos los pueblos que señorea Roma,
sino porque tengo una finca de verano al pie de la ciudad
y no me traslado allí en mulas de alquiler, como antes.
¿Qué le voy a desear, oh Severo, a un envidioso?
Esto anhelo: que tenga mulas y una heredad cerca de Roma.[168]

62

SOBRE PICENTE, POETA INCAPAZ

Picente escribe epigramas en el revés del papel
    y se lamenta de que los compone con los dioses de revés.

63

SOBRE AULO, ENAMORADO DE LOS MUCHACHOS

Aulo ama a Téstilo pero se derrite en igual medida por Alexis,
    y ahora quizás ama a mi Jacinto,[169]
Ve ahora y plantéate si le gustan sus correspondientes poetas,
    ya que mi querido Aulo ama los caprichos de los poetas.

---

[166] Cf. I 115 n.

[167] Cf. I 66, 11 n.

[168] Y solo eso. Carino es un nuevo rico pretencioso; cf. IV 39; XI 59.

[169] Téstilo era el favorito de Voconio Víctor (cf. VII 29); Alexis debía de serlo de otro poeta contemporáneo (S. Bailey, app.).

64

CONTRA CLITO, QUE CELEBRABA SU CUMPLEAÑOS VARIAS VECES AL AÑO PARA RECIBIR REGALOS DE SUS AMIGOS

Con tal de pedir y exigir un regalo, Clito,
naces ocho veces en un mismo año
y, creo, solo a tres o cuatro calendas
no las tienes por cumpleaños tuyos.
Por más que tu cara sea más lisa
que los cantos rodados de una playa reseca,
que sea tu cabellera más negra que una mora pachucha,
que superes con la blandura estremecedora de tu cuerpo a las plumas
o a una masa de leche recién cuajada,
y que la turgencia te abulte unas tetillas
como las que una joven en flor conserva para su marido,
tú, Clito, me pareces ya un viejo:
pues, ¿quién puede creer que fueron tantísimos
los cumpleaños de Príamo o de Néstor?[170]
Ten de una vez vergüenza y pon fin a tu rapacidad.
Y si nos sigues tomando el pelo y haber nacido una sola vez
en un mismo año no te es ya suficiente,
te voy a considerar, Clito, como que no has nacido ni una sola vez.[171]

---

170 Cf. II 64, 3 n.

171 Considerar a alguien como no nacido era una frase proverbial para expresar que esa persona era un don nadie (KER, II, pág. 49).

65

A DOMICIANO, SOBRE EL TEMPLO DE LA FORTUNA Y EL ARCO TRIUNFAL QUE ORDENÓ LEVANTAR

Aquí, donde el refulgente templo de la Fortuna Rédux[172] irradia
su luz por doquier, existía poco ha una explanada dichosa:[173]
aquí, embellecido por el polvo de la guerra ártica, se detuvo
el César esparciendo desde su rostro un espléndido fulgor;
aquí, con los cabellos ceñidos de laurel y vestida de blanco,
Roma saludó a su caudillo con vítores y aplausos.
Da fe también de la gran significación del lugar un segundo regalo:
se alza —consagrado por el triunfo sobre los pueblos domeñados— un arco;
aquí dos carros cuentan con varios elefantes:
él mismo, de oro,[174] se basta con sus inmensos yugos.
Esta puerta, Germánico, está a la altura de tus triunfos:
esta entrada le cuadra tener a la ciudad de Marte.

66

SOBRE EL CONSULADO DE SILIO[175]

Ofreced, camenas, a Augusto piadosas incensaciones
y víctimas por vuestro querido Silio.
He aquí que César, primera y única salvación del mundo,

[172] La que favorece el regreso de los viajeros. El templo fue construido por Domiciano al regreso de una de sus expediciones y completado y adornado en 93, tras la expedición contra suevos y sármatas (Izaac, II 1, pág. 25).

[173] Cf. *Espectáculos* 2 n.

[174] Una estatua de oro del emperador se hallaba en cada cuadriga (Friedländer, pág. 38).

[175] Este epigrama sirve para fechar con exactitud la fecha de publicación de este libro; Lucio Silio Deciano, el hijo mayor de Silio Itálico, fue elegido cónsul el 1 de septiembre del 94.

ordena que vuelvan las doce fasces
—su hijo es cónsul— y que con la noble vara
resuene la casa castalia del poeta.
En su alegría aún le queda algo por desear:
la púrpura feliz y un tercer cónsul.[176]
Aunque tales honores sagrados se los concedieron
el senado a Pompeyo y César a su yerno[177]
—cuyos nombres dignificó tres veces
el pacífico Jano—[178], Silio prefiere
llevar así la cuenta de sus diversos consulados.

67

CONTRA CECILIANO, QUE HABÍA LLEGADO A CENAR ANTES DE TIEMPO[179]

El esclavo no te anuncia aún que son las diez de la mañana, y tú
me llegas ya como invitado, Ceciliano, a pesar de que
las nueve, desgañitadas, hayan acabado de suspender las vistas
y la arena canse a las fieras de los juegos de Flora.[180]
Corre, vamos, Calisto, y haz volver a los criados incluso sin lavarse;
que se arreglen los lechos: siéntate, Ceciliano.
Pides agua caliente: aún no me ha llegado la fría;[181]
la cocina cerrada, con el fogón todavía vacío, está gélida.

---

[176] Silio Itálico había sido cónsul en 68 (cf. VII 63); Marcial desea que su segundo hijo, Severo, sea también cónsul, pero moriría poco después (cf. IX 86); FRIEDLÄNDER, pág. 38; KER, II, pág. 51.

[177] Agripa, casado con la hija de Augusto.

[178] Cf. VIII 2, 1 n.

[179] Epigrama sobre la manía de cenar en casa ajena (cf. I 27); para una actuación contraria de Ceciliano, cf. I 20.

[180] Sobre el horario romano de la época, cf. IV 8; sobre los juegos en honor de la diosa Flora, cf. I *epist.*

[181] El agua caliente servía para mezclarla con el vino; Marcial no tenía agua corriente en su casa (cf. IX 18).

Ven mejor por la mañana; mas, ¿por qué te harían esperar las diez?
A desayunar llegas tarde, Ceciliano.

68

A ENTELO, CUYA FINCA PREFIERE A LOS AMENÍSIMOS JARDINES DE ALCÍNOO[182]

El que ha contemplado los vergeles del rey de Corcira[183]
preferirá, Entelo, el terreno de tu mansión.
A fin de que el invierno envidioso no abrase los brillantes racimos
y el frío glacial no eche a perder los dones de Baco, tus vides crecen
protegidas por un cristal transparente
y la uva, afortunada, está a cubierto y no queda, sin embargo, oculta:
así se ve un cuerpo de mujer a través de vestidos de seda,
así se cuentan las piedrecitas en el agua cristalina.
¿Qué no ha querido permitir la naturaleza a la inteligencia?
El invierno estéril recibe la orden de producir una cosecha otoñal.

69

CONTRA VACERRA. QUE solo ALABABA A POETAS MUERTOS[184]

Admiras, Vacerra, solo a los poetas antiguos
y no alabas más que a los que están muertos.
Te pido, Vacerra, que me perdones: para caerte
en gracia no merece la pena morir.

---

182 Sobre el mismo asunto, cf. VIII 14.

183 Alcínoo; cf. VII 42, 6 n.

184 Cf. XI 90.

70

SOBRE NERVA, POETA EXCELSO PERO QUE, POR MODESTIA, NO QUIERE TENERSE POR TAL

Tan grande como su serenidad es la elocuencia del comedido Nerva,[185]
pero la modestia le reprime el brío y el talento.
Aunque es capaz de apurar la sagrada fuente del Permeso[186] de un largo
trago, ha preferido tener una sed pudorosa
contentándose con ceñir su frente pieria con una humilde
corona y no dar pábulo a su fama.
Pero, a pesar de todo, quien tiene presentes los poemas del culto
Nerón sabe que aquel es el Tibulo de nuestro tiempo.[187]

71

CONTRA POSTUMIANO: LOS REGALOS ANTERIORES HAN DE SER SUPERADOS POR LOS POSTERIORES[188]

Por el invierno, un plato de cuatro libras de plata me
enviaste hace diez años, Postumiano;
mientras esperaba más —pues los regalos deben mantener el tono
o ser mayores—, me llegó uno de dos, más o menos;
el tercer y cuarto año trajeron bastante menos;
en el quinto fue de una libra, claro que de Septicio;[189]
en el sexto año bajé a un platillo de ocho onzas de peso;
en el siguiente se me dio media libra escasa en una copita;
el octavo me envió una cuchara de menos de un sexto;

185 Cf. V 28, 4 n. Se trata del futuro emperador.

186 Cf. I 76, 12 n. Estaba consagrada a las musas.

187 Se decía que Nerón había llamado a Nerva «su Tibulo» (Ker, II, pág. 55).

188 Sobre este aserto y los regalos en general, cf. Kay, pág. 283.

189 Era una plata de inferior calidad.

el noveno me trajo a duras penas un sacacaracoles[190] más liviano que [una aguja.
El décimo año ya no tiene qué enviarme:
vuelve a las cuatro libras, Postumiano.

72

A SU LIBRO, AL QUE REGALA A SU AMIGO ARCANO QUE REGRESA A NARBONA[191]

Aún no adornado con la púrpura ni pulido
por el áspero mordisco de la reseca piedra pómez,[192]
te das prisa, librito, en seguir a Arcano,
a quien ya la hermosísima Narbona,
la Narbona Paterna del culto Vocieno,[193]
le exige reintegrarse por un año a sus obligaciones oficiales;
tienes que pedirlo con ruegos idénticos:
te tocarán en suerte ese lugar y este amigo.
¡Cómo me gustaría convertirme en mi librito!

73

A ISTANCIO: EL AMOR AGUZA EL TALENTO[194]

Istancio —no hay otro más puro de corazón que él
ni superior en diáfana sencillez—,

---

[190] Se trataba de una cuchara acabada en punta (KER, II, pág. 482).

[191] Un sentimiento muy parecido se expresa en XI 80 (cf. KAY, pág. 236).

[192] Cf. I 66, 11 n.

[193] La actual Narbonne, cuyo nombre completo era Colonia Julia Paterna Narbo Marcia, capital entonces de la Galia Narbonense (KER, II, pág. 56), patria de Vocieno, poeta y amigo de Marcial, donde Arcano tiene que ejercer el gobierno municipal.

[194] Epigrama literario sobre la razón de la poesía, en el que Marcial relaciona los poetas más famosos de Roma con sus respectivos amores.

si quieres darle a mi Talía brío y aliento
y pretendes poemas imperecederos, dame algo que amar.
Cintia te hizo poeta, sensual Propercio;
la bella Licoris era la inspiración de Galo;
la hermosa Némesis es el predicamento del armonioso Tibulo;
Lesbia fue tu musa, culto Catulo:
ni los pelignos ni Mantua me rechazarían como poeta
si una Corina, si un Alexis tuviera yo.[195]

74

CONTRA UN MAL MÉDICO[196]

Ahora eres gladiador: antes habías sido oculista.
Hiciste como médico lo que haces como gladiador.

75

SOBRE UN GALO LÍNGONO QUE, AL CAER EN TIERRA DESPUÉS DE TROPEZAR, FUE LLEVADO A SU CASA EN UNA GALGA POR LOS SEPULTUREROS

Cuando volvía a su alojamiento de alquiler ya avanzada la noche
un língono que acababa de dejar la calle Cubierta y la Flaminia,[197]
tropezó con el dedo gordo del pie, se dislocó el tobillo
y quedó tendido en el suelo cuan largo era.
¿Qué podía hacer el galo, de qué manera podía moverse?

---

195 Los pelignos habitaban el Samnio, al E. de Roma, donde había nacido Ovidio, concretamente en Sulmona; Mantua era el lugar de nacimiento de Virgilio. Este último verso recuerda al último de la segunda Égloga de Virgilio.

196 Cf. I 30 n.

197 Cf. III 5, 6 n.

El corpulento señor tenía un solo esclavito,
tan canijo que apenas si podía sostener el más pequeño candil:
una casualidad lo socorrió y ayudó en su desgracia.
Cuatro esclavos herrados[198] trasladaban el cadáver de un cualquiera,[199]
uno de los miles a los que acoge la pira común;
el endeble acompañante les ruega a aquellos con voz apagada
que lleven el cuerpo sin sentido adonde les venga bien:
se cambia la carga y el enorme fardo es levantado
a hombros encajado en una estrecha galga.
A mí me parece, Lucano, que este es el único de entre muchos
al que se le puede decir con razón «galo: eres hombre muerto».[200]

76

CONTRA GÁLICO, A QUIEN EL POETA, EN BROMA, DEMUESTRA QUE ES MAL ABOGADO[201]

«Dime la verdad, Marco, dímela, por favor;
no hay nada que me agrade más escuchar».
Así —no solo cuando lees en público tus libritos
sino cada vez que alegas en defensa de un cliente—
me ruegas, Gálico, y me suplicas siempre.

---

198 El texto dice «marcados» [con el estigma; cf. X 56, 6, y XII 61, 11], por su pertenencia al Estado; los pobres eran enterrados de noche por esclavos públicos, que los llevaban en una galga a la fosa común del Esquilino (Izaac, II, pág. 30). Sobre la traducción «herrados», cf. S. de Covarrubias, *Tesoro de la lengua castellana*, s.v. «clavo»; «De la palabra esclavo se formó la cifra de una S y un clavo; la qual se suele poner en una y otra mexilla a los esclavos, especialmente si son fugitivos, que llaman herrarlos, por imprimirles aquellas letras con hierros ardiendo; cf. también s.v. «esclavo» y «herrar».

199 Cf. II 81, 2 n. y VII 77, 9 n.

200 Con estas palabras provocaba en las luchas de gladiadores el reciario al mirmillón, que llevaba un casco galo y que, como el protagonista del epigrama, estaba vivo (cf. S. Bailey, «Corrections...», págs. 282-283).

201 Para un tema parecido, cf. V 63.

Me resulta duro negarte lo que pides.
Escucha, entonces, lo que es más verdadero que la verdad:
no te agrada, Gálico, escuchar la verdad.

77

A SU AMIGO LÍBERO, PARA QUE CEDA AL NATURAL

Líbero, el más agradable capricho de tus amigos,
  Líbero, merecedor de vivir entre rosas perennes,
si eres sabio, que brille siempre tu cabellera con amomo
  asirio y ciñan tu cabeza guirnaldas floridas;
que las diáfanas copas de cristal se ennegrezcan con añoso falerno
  y se abrase tu blando lecho con una cautivadora pasión.
A quien ha vivido así —incluso si falleció en la plenitud de la edad—
  le ha resultado la vida más duradera de lo que le fue concedida.[202]

78

SOBRE LOS JUEGOS QUE OFRECIÓ ESTELA PARA CELEBRAR EL TRIUNFO DE DOMICIANO

Los juegos que hubiera deseado como suyos la victoria de Flegra,[203]
  los que el desfile índico hubiera deseado como tuyos, Lieo,[204]
los ha ofrecido Estela[205] para celebrar el triunfo hiperbóreo[206]

---

202 *Cf.* X 23, 7-8.

203 La Gigantomaquia, guerra de los Gigantes contra Júpiter y demás dioses, tuvo lugar en los campos de Flegra, esto es, Palene, la más occidental de las tres penínsulas Calcídicas, al NE de Grecia.

204 Cf. VIII 26, 8 n.

205 Cf. I 7, 1 n.

206 El triunfo contra los sármatas. Según SUETONIO, *Domiciano* 6, 1, el emperador «se limitó a ofrecer una corona de laurel a Júpiter Capitolino».

—¡qué decoro! ¡qué civismo!—, y piensa que son poca cosa.
No le bastan el Hermo[207] deslucido por el oro
que lo enturbia y el Tajo que resuena en tierras hesperias.
Cada día tiene su propio regalo; no solo la cuerda de los obsequios[208] deja
no de funcionar sino que un botín heterogéneo cae sobre la gente:
ora vienen las fichas lujuriosas[209] en lluvias inesperadas,
ora generosos vales adjudican los animales del espectáculo,
ora se alegra el ave de ocupar la seguridad de un regazo y en ausencia
—para que no sea despedazada— le toca en suerte su poseedor.[210]
¿Para qué hablar de los carros y de los treinta premios de sus victorias,
que no siempre suelen dar uno y otro cónsul?
Pero todo esto, César, es superado por el inmenso honor
de que tu triunfo te tiene a ti de espectador.

79

CONTRA FABULA, QUE SE PRETENDE BELLA

Todas las amigas que tienes son vejestorios
o adefesios o más feas que los vejestorios.
A tu vera las llevas y las traes de compaña
por banquetes, pórticos y teatros.
Así resultas atractiva, Fabula, así joven.

[207] Río de Lidia, en Asia Menor.

[208] Una cuerda de la que colgaban regalos para que los cogiera la gente; cf. J. F. Killeen, «What was the *linea dives* (Martial 8, 78, 7)?», *American Journal of Philology* 80 (1959), 185-188.

[209] Daban derecho a entrar gratis en los burdeles (Friedländer, pág. 46).

[210] Cf. Suetonio, *Domiciano*, 4, 5.

80

A DOMICIANO, QUE AL REINSTAURAR EL PUGILATO RECUPERÓ LA SENCILLEZ DE LOS ANTIGUOS

Nos devuelves las maravillas de los benditos antepasados
y no permites, César, que mueran las épocas pretéritas,
cuando se recuperan las viejas costumbres de la arena latina
y el valor combate a brazo partido.[211]
Así, bajo tu amparo, se les preserva el honor a los primitivos templos
y bajo un Júpiter tan adorado la cabaña[212] mantiene su aureola;
así, mientras fundas lo nuevo, restauras, Augusto, lo antiguo:
a ti se te debe lo que hay y lo que hubo.

81

CONTRA GELIA, QUE QUERÍA A SUS JOYAS MÁS QUE A SU VIDA

Ni por los ritos mistéricos de la Dindimene[213]
ni por el buey de la novilla del Nilo[214]
ni, en fin, por ningún dios ni diosa
jura Gelia, sino por sus perlas.
Las abraza, las colma de besos,
las llama hermanos, las llama hermanas,
las ama con más pasión que a sus dos hijos.
Si por una desgracia se viera la pobre privada de ellas,

---

[211] Cf. SUETONIO, *Domiciano*, 4, 1.

[212] La supuesta residencia de Rómulo en el Palatino, que era muy reverenciada (FRIEDLÄNDER, pág. 47).

[213] De Cibeles, llamada así por el santuario que poseía en el monte Díndimo, en Frigia.

[214] El buey Apis, que representa a Osiris, y su esposa Isis, representada como una novilla (KER, II, pág. 64).

dice que no viviría ni una hora.
¡Ay, qué bien nos vendría ahora,
Papiriano, la mano de Anneo Sereno![215]

82

A DOMICIANO, A QUIEN ALABA POR FAVORECER A LOS HUMILDES POETAS[216]

Porque, mientras el gentío te entrega quejosos memoriales,[217]
Augusto, también nosotros entregamos a nuestro Señor pequeños [poemas,
sabemos que un dios puede ocuparse al mismo tiempo de los asuntos de [estado
y de las musas[218] y que también este florilegio te agrada.
Ten paciencia con tus poetas, Augusto: nosotros somos
tu dulce esplendor, tu primitiva inclinación y deleite.
La corona de hojas de encina[219] y la de laurel de Febo[220] no son las únicas [que te corresponden:
que la cívica nuestra de yedra[221] se haga también para ti.

215 Cf. VII 45, 2 n. La posible alusión se nos oculta. Se ha querido ver en Sereno un ladrón —desconocido, salvo aquí—, o que el amigo de Séneca fuera conocido por sus joyas; cf. J. Colin, «La main d'Annaeus Serenus, ami de Sénèque», *Mnemosine* 9 (1956), 325-331.

216 Epigrama votivo; cf. I 111 n.

217 Cf. VIII 31, 3-4.

218 Domiciano había compuesto versos en su juventud, especialmente un poema sobre el asalto de los partidarios de Vitelio al Capitolio (Izaac, II 2, pág. 262).

219 La corona cívica de hojas de encina que se entregaba a quien salvaba la vida de un conciudadano, concedida a Domiciano como salvador del imperio (Ker, II, pág. 65).

220 La de la victoria en la guerra.

221 Como salvador de los poetas (Friedländer, pág. 48).

LIBRO IX

SALUDO DE MARCIAL A SU AMIGO TORANIO

Saludos, amigo Toranio, mi más querido hermano: El epigrama que figura fuera de la paginación se lo he escrito al ilustrísimo[1] Estertinio, que tuvo a bien colocar un busto mío en su biblioteca. Pensé que debía escribirte sobre él para que no ignoraras a quién se alude con el nombre de Avito. Adiós, y ve preparando tu hospitalidad.

A AVITO, CUYO INGENIO ALABA[2]

Poeta conocido —a tu pesar— por tu arrebatada emoción,
a quien la muerte, aún lejana, te reportará la recompensa que mereces,
deja que este breve poema en tu honor perviva bajo mi busto,
al que pones, Avito, junto a personajes nada irrelevantes:
«Yo no voy después de nadie en la estimación de mis fruslerías,
a quien no admiras pero, según creo, amas, lector.
Que los importantes canten lo importante: a mí, que trato de lo pequeño,
me basta con volver asiduamente a tus manos».[3]

---

[1] Tratamiento de los senadores; sobre el personaje, cf. I 16.

[2] Cf. I 16 n.

[3] Una vez más, defensa del epigrama frente a la épica; cf. I 107 n.

1

SOBRE EL TEMPLO DE LA FAMILIA FLAVIA[4]

Mientras Jano proporcione inviernos a los años,[5]
Domiciano otoños,[6] Augusto veranos,
mientras el inmenso nombre del sometimiento del Rin lo reividinque
[como propio
la grandiosa luminosidad de las calendas germánicas,
mientras estén en pie las piedras de Tarpeya del padre supremo,[7]
mientras con palabras y mientras con incienso una mujer suplicante
se gane el favor de la bondadosa majestad de la divina Julia,[8]
subsistirá la excelsa gloria de la familia Flavia[9]
junto con el sol y las estrellas y junto con la luminosidad de Roma.
Lo que ha construido una invicta mano pertenece al cielo.

---

[4] Epigrama de contenido político para celebrar la terminación del templo de la familia Flavia, en el Quirinal, cuya finalidad era la de mausoleo (cf. A. García y Bellido, *Arte Romano*, Madrid, 1972, pág. 308). A este templo hacen también referencia los epigr. 20 y 34 de este libro.

[5] Cf. VIII 8, 1 n.

[6] Según Suetonio (*Domiciano*, 13), Domiciano —siguiendo el ejemplo de Augusto que había nominado a agosto por su nombre— dio a septiembre y octubre el nombre de Germánico y Domiciano, respectivamente, después de sus dos triunfos en el Rin. A ello hacen referencia los vv. 3-4; Domiciano había nacido el 24 de octubre del 51.

[7] El templo de Júpiter Capitolino, reconstruido por Vespasiano y restaurado por Domiciano tras otro incendio (Izaac, II 2, pág. 264; A. García y Bellido, *loc. cit.*).

[8] Cf. VI 3, 6 n.

[9] El templo de la familia Flavia.

2

CONTRA LUPO, ADÚLTERO[10]

Aunque te comportas como un pobre con tus amistades, Lupo, no te comportas así con tu amante,
y tu polla es la única que no tiene ninguna queja de ti.
La adúltera esa engorda con coños de trigo candeal:[11]
una harina morena es la comida de tu invitado.
Para tu querida se filtran vinos de Setia que harían arder a las nieves:[12]
nosotros bebemos turbios matarratas de un tonel corso;
con la hacienda paterna[13] le has pagado por una noche, pero no completa:
tu amigote, en solitario, ara unos labrantíos que no son suyos;
tu fulana luce radiante con alhajas eritreas:[14]
mientras tú follas, tu cliente, por sus deudas, es reducido a la esclavitud;
a tu niña se le ofrece una litera llevada por ocho sirios:
tu amigo será el peso desnudo de una galga.[15]
Ve ahora, Cibeles, y córtasela a los pobres maricones:[16]
ésta, esta era la polla merecedora de tus cuchillos.

---

[10] La estructura es así: vv. 1-2: planteamiento de la situación; vv. 3-12: enumeración contrapuesta en versos alternos de las condiciones de Lupo y de sus allegados; vv. 13-14: conclusión sarcástica.

[11] Pasteles de formas obscenas; cf. XIV 70 (69) (Friedländer, pág. 51).

[12] Otra forma de filtrar el vino; cf. VIII 45, 3; XIV 117.

[13] Cf. VIII 44.

[14] Las perlas del océano Índico; cf. VIII 28 14.

[15] Cf. VIII 75, 9-14.

[16] Cibeles y su adorador Atis eran venerados «en un culto orgiástico, delirante y cruento, al son de tambores, flautas, platillos y cuernos (...), y cuyos sacerdotes, castrados para imitar a Atis, se llamaban «galos» (...) y eran siempre frigios (...); la castración se la infligían a sí mismos, públicamente, durante las orgías» (A. Ruiz de Elvira, *Mitología Clásica,* Madrid, 1982, pág. 102).

3

A DOMICIANO, SOBRE SUS EDIFICACIONES EN HONOR DE LOS DIOSES[17]

Si todo lo que ya les has dado a las divinidades y al cielo, César,
lo reclamaras y pretendieras ser su acreedor,
aunque en el Olimpo celestial se celebre una inmensa subasta
y los dioses se vean obligados a vender sus propiedades,
Atlante[18] se declarará en bancarrota y no habrá ni una onza
con la que el propio padre de los dioses llegue a un acuerdo contigo.
En efecto, ¿qué es lo que puede pagarte por los templos
del Capitolio,[19] qué por la gloria de la corona de Tarpeya?[20]
¿Qué la esposa del Tonante por sus dos santuarios?[21]
Paso por alto a Palas: ella vela por tus asuntos.[22]
¿Para qué voy a hablar del Alcida[23] y de Febo[24] y de los virtuosos laconios?[25]
¿Para qué de los templos flavios[26] añadidos al firmamento latino?
Es preciso, Augusto, que aguardes y te resignes,
pues las arcas de Júpiter no tienen con qué pagarte.

---

[17] Repasa, en el mismo tono que el primero, las diversas construcciones de Domiciano.

[18] Es decir, el cielo, que Atlante sostiene sobre sus hombros (Friedländer, pág. 52).

[19] Cf. IX 1, 5 n.

[20] Cf. IV 1, 6 n.

[21] Posiblemente, uno de los dos fuera el que Juno tenía en el Capitolio, destruido por un incendio en 69 (Friedländer, pág. 52; Izaac, II 2, pág. 264).

[22] Cf. VIII 1, 4.

[23] Hércules, a quien Domiciano le levantó un templo en la vía Apia (Friedländer, pág. 52).

[24] El templo de Apolo en el Palatino (Friedländer, pág. 52) o en Delfos (Izaac, II 2, pág. 264).

[25] Cástor y Pólux, los dióscuros, cuyo templo en el foro restauró Domiciano (Friedländer, pág. 52).

[26] Cf. IX 1.

4

CONTRA ÉSQUILO, IRRUMADOR VERGONZANTE

Si uno puede follarse a Gala por dos monedas de oro
y más que follársela si se añaden otras tantas,
¿por qué recibe de ti, Ésquilo, diez monedas?
Gala no cobra tanto por chuparla. ¿Qué pasa entonces? Ella se lo [calla.[27]

5 (6)

A DOMICIANO, POR HABER PROHIBIDO MEDIANTE UN EDICTO QUE SE CASTRE A LOS VARONES Y HABER ELIMINADO LOS ADULTERIOS[28]

A ti, excelso debelador del Rin y padre del mundo,
virtuoso príncipe, te dan gracias las ciudades:
tendrán prole; parir ya no es un delito.
El niño castrado por la maña de un avaro mercader de esclavos
no se angustia por la afrenta de habérsele arrancado su virilidad,
ni la multa que el chulo estime a su antojo
se la da la pobre madre a su hijo prostituido.
La virtud que otrora, antes de ti, no había ni siquiera en el lecho
conyugal empieza a haberla, gracias a ti, incluso en el burdel.

---

[27] Cf. IX 67.

[28] Según Suetonio (*Domiciano,* 7, 1), Domiciano «no toleró que se castrara a los hombres y moderó los precios de los eunucos que quedaban aún en poder de los traficantes de esclavos», e intentó atajar los adulterios (8, 3).

6 (7)

CONTRA EL VANIDOSO AFRO

A tu regreso desde tierras líbicas, Afro, cinco días
seguidos he querido decirte «Hola»:
«No tiene tiempo» o «Duerme» se me ha dicho las dos o tres veces que he [vuelto.
Ya está bien. ¿No quieres, Afro, que se te diga «Hola»? Adiós.[29]

7 (8)

A DOMICIANO, POR IMPEDIR QUE SE PROSTITUYA A LOS NIÑOS[30]

Como si constituyera un agravio insignificante para nuestro sexo
que los varones se prostituyeran para ser envilecidos por la gente,
incluso las cunas pertenecían al chulo, de tal manera que el niño, arrancado
del pecho materno, demandaba con su vagido unas roñosas monedas.
Sus cuerpos sin madurar sufrían unos castigos monstruosos.
No toleró tales aberraciones el padre ausonio,[31]
el mismo que hace poco acudió en ayuda de los tiernos adolescentes
para que la salvaje lujuria no los convirtiera en hombres estériles.
Te quisieron antes los niños, los jóvenes y los viejos,
pero ahora, César, también te aman los críos.

[29] «Adiós» le decían los deudos al cadáver al despedirlo en el funeral; cf. V 66 (Ker, II, págs. 74-75).

[30] Cf. IX 5 (6).

[31] Domiciano.

8 (9)

A BITÍNICO, CAPTADOR DE TESTAMENTOS

Nada te ha dejado en herencia Fabio, a quien tú, Bitínico,
si bien recuerdo, dabas seis mil sestercios cada año.
A nadie le ha dado más; no te quejes, Bitínico:
te ha dejado seis mil sestercios cada año.

9 (10)

CONTRA EL GORRÓN CÁNTARO[32]

Aunque cenes de buen grado fuera de casa, Cántaro,
gritas, maldices y amenazas.
Te aconsejo que depongas esa actitud fanfarrona:
no puedes ser espontáneo y glotón.

10 (5)

CONTRA LA INFAME PAULA

Quieres casarte con Prisco; no me sorprende, Paula: has sido lista.
Prisco no quiere casarse contigo: también él es listo.

---

[32] Cf. I 27 n.

11

SOBRE EÁRINO, FAVORITO DE DOMICIANO, CUYO ENCANTADOR NOMBRE CELEBRARÍA EN DULCES VERSOS SI NO SE LO IMPIDIERAN LAS SÍLABAS CONTUMACES[33]

Un nombre que nace junto con las violetas y las rosas,
por el que se denomina a la mejor época del año,[34]
que sabe a Hibla y a las flores áticas,
que huele a nidos del ave fabulosa;[35]
un nombre más sabroso que el néctar bendito,
con el que preferirían ser llamados el favorito de Cibeles
y el que le prepara las copas al Tonante,[36]
y que si lo pronuncias en el palacio Parrasio[37]
responden las Venus y los Cupidos;
un nombre famoso, suave, delicioso
quería yo decir en un verso no imperfecto:
pero tú, sílaba contumaz, te resistes.
Sin embargo, te dicen *Eiarinon* los poetas,
pero los griegos, a quienes nada se les ha negado
y que pueden pronunciar «Ares, Ares»:[38]
no nos es posible ser tan gráficos a nosotros,
que cultivamos una poesía más rigurosa.[39]

---

[33] Se inicia con este un pequeño ciclo sobre Flavio Eárino, un eunuco favorito de Domiciano, que se extiende por los epigr. 12 (13), 13 (12), 16, 17 y 36 de este libro. Sobre su personalidad, cf. ESTACIO, *Silvas* III (introducción, edición crítica, traducción y comentario de G. LAGUNA), Sevilla, 1992, pág. 307.

[34] Eárino significa en griego «primaveral».

[35] El ave Fénix; cf. VI 55, 2 n.

[36] Atis (en el v. anterior) y Ganímedes; cf. VIII 46, 4-5.

[37] Cf. VII 56, 2 n.

[38] Con alfa larga y alfa breve (en griego en el original); p. ej., HOMERO, *Ilíada* V 31.

[39] Las cuatro sílabas breves consecutivas de *Earinos* impiden a Marcial utilizar ese nombre en su poesía (KER, II, pág. 77).

12 (13)

SOBRE EL MISMO[40]

Tienes el nombre que denomina a la temporada del año recién nacido,[41]
cuando las abejas de Cécrope[42] asolan a la efímera primavera:
un nombre que mereció ser dibujado por el cálamo acidalio,[43]
que la Citerea[44] disfruta al bordarlo con su aguja;
un nombre al que unas letras formadas por alhajas eritreas,[45]
al que la joya de las Helíades [46]desgastada por el pulgar debería [remarcar;
al que las grullas, con sus alas caligráficas,[47] deberían llevar hasta los [astros;
al que solo le cuadra estar en la casa del César.[48]

13 (12)

SOBRE EL MISMO

Si el otoño me diera el nombre, yo sería Opórino;
si las estrellas glaciales del invierno, Quimérino;

---

[40] Al igual que el anterior, desarrolla la técnica de la *cumulatio*.

[41] Cf. IX 11, 2 n.

[42] Las de Atenas (cf. IX 11, 3); Cécrope fue el legendario primer rey de esta ciudad.

[43] De Venus, llamada así por una fuente de Beocia que le estaba consagrada.

[44] También Venus; cf. XI 81, 6 n.

[45] Cf. IX 2, 9 n.

[46] El ámbar, en lo que se convirtieron las lágrimas de las Helíades al llorar la muerte de su hermano Faetonte; el ámbar exhala un buen olor al frotarlo (Ker, II, pág. 79).

[47] Se decía que Palamedes había inventado la letra griega Υ (la latina V) al observar la formación en vuelo de las grullas. V es la letra inicial de *ver* en latín («primavera»), raíz del nombre de Eárino (Ker, II, pág. 79).

[48] El palacio de Domiciano construido por Rabirio; cf. VII 56, 2 n.

denominado por el mes veraniego, sería llamado por ti Térino;
al que la temporada primaveral le dio el nombre, ¿quién es?[49]

14

CONTRA LOS AMIGOS INTERESADOS

Este al que tus viandas, al que tus cenas te han proporcionado como amigo,
¿crees que tiene un corazón de franca amistad?
Adora al jabalí y a los salmonetes y a la vulva de cerda[50] y a las ostras, [no a ti.
Si mis cenas fueran tan espléndidas, sería amigo mío.

15

SOBRE CLOE, QUE HABÍA ENTERRADO A SIETE MARIDOS[51]

La infame Cloe escribió en las tumbas de sus siete maridos que
«ella lo había hecho». ¿Qué puede haber más candoroso?

16

SOBRE LA CABELLERA DE EÁRINO, OFRENDADA A ESCULAPIO[52]

Su espejo —juez de su hermosura— y sus suaves cabellos
los ha dejado como exvotos al dios de Pérgamo[53]

---

[49] Eárino (cf. IX 11, 2); *Opōrinós* hace referencia en griego al final del verano; *Cheimerinós* significa «invernal», y *Therinós*, «veraniego».

[50] Cf. VII 20, 11 n.

[51] Cf. VIII 43.

[52] Epigrama del género *anathematikón*; cf. I 31, 1 n. Vuelve el ciclo de Eárino, iniciado en 11. Sobre el mismo hecho, cf. Estacio, *Silvas* III 4.

[53] Esculapio, que tenía en esta ciudad un famoso santuario. El día en el que un

el niño que más agrada a su señor de todo el palacio,
el que designa con su nombre a la temporada primaveral.[54]
¡Bienaventurada la tierra que es apreciada por tal don!
Ni la cabellera de Ganímedes preferiría tener.

17

A ESCULAPIO, SOBRE LA CITADA CABELLERA DE EÁRINO[55]

Venerable nieto de Latona, que con sabrosas hierbas
derrotas a los hilos y las fugaces ruecas de las Parcas;[56]
en cumplimiento de una promesa, estos cabellos encomiados por su señor te
los ha enviado aquel niño paisano tuyo[57] desde la ciudad latina;
y a la ofrenda de sus guedejas ha añadido un disco resplandeciente,[58]
ante cuyo juicio su bienaventurado rostro se sintió seguro.
Mantén tú su encanto juvenil, para que no haya resultado él
más hermoso con la cabellera larga que cortada.

---

adolescente se cortaba por primera vez los cabellos era considerado como un gran día de fiesta: era el paso de la infancia a la adultez. En las familias nobles, los cabellos cortados se llevaban, junto con otras pequeñas ofrendas, al templo de un dios, solicitando así su protección (Izaac, II 2, pág. 265).

[54] Eárino; cf. IX 13, 4.

[55] Lo mismo que el anterior.

[56] Esculapio (hijo de Apolo, hijo a su vez de Latona) conseguía, como dios de la medicina, alargar la vida.

[57] Eárino era originario de Pérgamo; cf. Estacio, *Silvas* III 4, 12-20.

[58] El espejo al que alude en IX 16, 1.

18

AL CÉSAR DOMICIANO. A QUIEN PIDE AGUA DEL ACUEDUCTO MARCIO PARA REGAR SU CASA

Tengo —y te ruego que, con tu protección, César, lo tenga por muchos años—
una finca mínima, y en la ciudad tengo una pequeña morada.
Pero desde una exigua arroyada una noria[59] bombea a duras penas
agua para dársela a mis sedientos huertos;
mi casa, reseca,[60] se lamenta de que no es refrescada por ningún rocío,
por más que el acueducto Marcio [61]resuene con su caudal en mi vecindad.
La corriente que dieras a mis penates, Augusto,
sería para mí la fuente de Castalia o la lluvia de Júpiter.[62]

19

CONTRA EL GORRÓN SABELO[63]

Con trescientos versos ensalzas, Sabelo,
los baños de Póntico, que cena espléndidamente:
pretendes cenar, Sabelo, no lavarte.

---

[59] Entre las que citan DAREMBERG-SAGLIO, s. v. *machina*, podría tratarse de la *rota aquaria* o del *tympanum*.

[60] Recuérdese que la casa de Marcial carecía de agua corriente (cf. VIII 67, 7).

[61] Cf. VI 42, 18 n.

[62] Es decir, la inspiración o la fecundidad. La lluvia de Júpiter debe de hacer alusión a la fábula de Dánae (IZAAC, II 2, pág. 265), hija de Acrisio, de quien Júpiter se enamoró y a quien dejó embarazada transformándose en lluvia de oro; de ahí nació Perseo.

[63] Variante de IX 14.

20

A DOMICIANO, SOBRE EL TEMPLO DE LA FAMILIA FLAVIA LEVANTADO POR ÉL EN EL LUGAR DONDE NACIÓ[64]

Esta tierra que es visible por completo y está recubierta tanto de mármol [como de oro
fue partícipe de la infancia de nuestro Señor.
¡Oh bienaventurada! ¡con cuán grandes vagidos retumbó y qué
manos vio gatear y tuvo que sostener!
Aquí se alzaba la augusta casa que proporcionó al mundo
lo que Rodas, lo que la misericordiosa Creta al cielo astrífero.[65]
Los curetes encubrieron a Júpiter con el estrépito de unas armas
como las que podían sostener los frigios emasculados:[66]
mas a ti te protegió el padre de los dioses y para ti, César,
en vez de la lanza y el escudo tenía el rayo y la égida.[67]

21

A AUCTO, SOBRE EL ESCLAVO QUE COMPRÓ ARTEMIDORO A CAMBIO DE SUS TIERRAS

Artemidoro tiene un esclavito pero ha vendido sus tierras;
Caliodoro tiene las tierras a cambio del esclavito.

---

[64] Cf. IX 1. Según SUETONIO (*Domiciano*, 1). Domiciano nació «en el barrio denominado 'la Granada', en una casa que más tarde el propio Domiciano convirtió en un templo de la familia Flavia» (trad. de M. BASSOLS DE CLIMENT).

[65] Es decir, un dios; Rodas, según unos (cf. HOUSMAN, *Cl. pap.* 1099-1104; IZAAC, II 2, pág. 265), hace referencia a Helio, el Sol; según otros, a Palas (cf. KER, II pág. 83) o Posidón (cf. FRIEDLÄNDER, pág. 60); Creta es el lugar de nacimiento de Júpiter.

[66] Cuando nació Júpiter, los curetes, para evitar que el llanto del niño llegase a oídos de su padre Crono, ejecutaron ruidosas danzas con sus armas. Marcial los confunde aquí con los coribantes («los frigios emasculados»), sacerdotes de Cibeles (IZAAC, II 2, pág. 265).

[67] Esto es, en vez de las armas de los curetes, las de Palas, protectora de Domiciano (cf. VIII 1, 4).

Dime, Aucto, cuál de estos dos lo ha hecho mejor:
Artemidoro ama, Caliodoro ara.[68]

22

A PASTOR: ÉL BUSCA RIQUEZAS PARA PODER REGALAR Y CONSTRUIR[69]

Quizás crees, Pastor, que yo imploro riquezas por lo mismo
por lo que las implora la estúpida masa del pueblo:
para que los terrones de Setia[70] emboten mis azadas
y un terreno en Etruria resuene con incontables grilletes de esclavos;
para que cien tableros mauritanos reposen sobre colmillos líbicos[71]
y láminas de oro tintineen en mi lecho,
y no sean rozadas por mis labios otras copas de cristal que las grandes
y mi falerno ponga oscura la nieve;[72]
para que un sirio[73] vestido con lana de Canosa[74] sude bajo mi litera
y a mi silla de mano se acerque un buen número de clientes elegantes;
para que mis bien bebidos invitados se turben ante mi criado,[75]
al que ni por Ganímedes querrías cambiar;
para que una mula ensucie mis capas tirias con el barro que la cubre
y una fusta masila maneje a mi caballo.[76]

---

[68] Sobre las connotaciones sexuales de este verbo, cf. E. Montero Cartelle, *El latín erótico*, Sevilla, 1991, págs. 38-40.

[69] Marcial utiliza una vez más la *cumulatio* entre los dos primeros versos (que plantean la situación) y los dos últimos (que la resuelven).

[70] Esta aldea del Lacio, al SE de Roma y cerca de la vía Apia, era el centro de una comarca de latifundios que producían un magnífico vino (cf. IV 64, 34; VI 86, 1).

[71] Cf. IX 59, 10 n.

[72] Cf. IX 2, 5 n.

[73] Cf. VII 53, 10; IX 2, 11.

[74] Sobre la fama de la lana de esta ciudad, cf. XIV 127 y 129, y Plinio, *Historia natural* VIII 73.

[75] Cf. IX 25.

[76] Los masilos no usaban riendas ni frenos; gobernaban sus caballerías con la ayuda de una fusta (Izaac, II 2, pág. 266).

Nada de eso hay: pongo por testigos a las divinidades y a los astros.
Entonces, ¿por qué? Para regalar, Pastor, y construir.[77]

23

A CARO, VENCEDOR DE LOS JUEGOS CELEBRADOS EN HONOR DE MINERVA[78]

;Oh, tú, a quien ha tocado en suerte enrubiarte con el oro virginal,[79]
dime dónde tienes, Caro, la distinción de Palas!
«¿Es que no ves el rostro refulgente de mármol de nuestro Señor?
A esos cabellos ha ido a parar de buena gana mi corona».
La encina sagrada[80] puede sentir envidia del olivo albano
porque este ha ceñido antes una cabeza invicta.

24

AL MISMO, SOBRE LA ESTATUA DE MÁRMOL DE DOMICIANO

¿Quién, al reproducir en un busto el rostro imperial,
ha superado con el mármol latino al marfil de Fidias?
Esta es la faz del mundo, este es el semblante de la serenidad de Júpiter:
así truena ese dios cuando truena sin necesidad de nubes.

---

[77] Es decir, no para presumir de los signos externos menores derivados de las riquezas sino para ser rico sin más; Marcial critica aquí la ostentación de regalos y construcciones que hacían los ricos de la época. O bien, como apunta KER (II, pág. 84), para no tener que dar nada, que es el sentido de IX 46.

[78] Cf. IV 1, 6 n., y SUETONIO, *Domiciano*, 4, 4.

[79] Palas Atenea (Minerva) era la diosa virgen por excelencia.

[80] La recompensa de los Juegos Capitolinos; la encina era sagrada por estar dedicada a Júpiter.

Palas no te ha otorgado solo una corona,[81] Caro;
ella te ha dado la imagen que veneras de nuestro Señor.

25

CONTRA AFRO, QUE NO SOPORTABA QUE SUS INVITADOS MIRARAN A SU ESCLAVO[82]

Cada vez que miro a tu Hilo mientras sirve el vino, me reconvienes, Afro,
con una ceñuda mirada.
¿Qué delito, te pregunto, qué delito es contemplar a un apetecible criado?
Miramos al sol, a los astros, a los templos, a los dioses.
¿Voy a tener que desviar la vista —como si la Górgona[83] me ofreciera de
beber— y taparme los ojos y la cara?
Tremendo era el Alcida, y se podía contemplar a Hilas;[84] Mercurio puede
juguetear con Ganímedes.[85]
Si no quieres que un invitado contemple a tus atractivos criados,
invita, Afro, a Fineos y Edipos.[86]

---

[81] Cf. epigr. anterior.

[82] Tema recurrente; cf. VIII 55 (56), 13-16; IX 22, 11-12; X 98. Para el modelo, cf. ESTRATÓN, *A.P.* XII 175.

[83] La Medusa, la Górgona más conocida y monstruo por antonomasia. Tenía la cabeza rodeada de serpientes, con enormes colmillos, manos de bronce y alas de oro; con su mirada convertía en piedra a cualquier mortal.

[84] Cf. VII 15, 2 n.

[85] Cf. VII 74, 4.

[86] Los dos eran ciegos. Fineo, rey de Tracia y famoso adivino, había preferido perder la vista a cambio de una larga vida. Edipo cegó sus ojos al enterarse de que se había casado con su madre.

26

SOBRE NERVA, POETA EXCELSO[87]

El que tiene el atrevimiento de enviarle poemas al expresivo Nerva
te regalará a ti, Cosmo,[88] desvaído perfume de glaucio,
violetas y blancas alheñas al jardinero pestano,[89]
dará miel corsa a las abejas hibleas;[90]
pero, con todo, algo de encanto tiene también una poesía menor:
apetece una simple aceituna aunque se haya servido lubina;
y no debe extrañarte que, a sabiendas de la poca entidad de su poeta,
mi Talía tema tu juicio:
se cuenta que incluso el propio Nerón receló de tu buen oído
cuando en su juventud escribió para ti una obra frívola.[91]

27

CONTRA EL HIPÓCRITA CRESTO[92]

Aunque llevas, Cresto, los cojones depilados
y una polla igual al pescuezo de un buitre
y una cabeza más lisa que los culos de los putos,
y no queda con vida en tus piernas un solo pelo,
y unas pinzas asesinas desbrocen las canas de tus hocicos,
de Curios, Camilos,[93] Quincios,[94] Numas,[95] Ancos[96]

---

[87] Epigrama votivo que acompaña a un regalo (cf. I 111 n.), en este caso a Nerva, el futuro emperador.

[88] Cf. I 87, 2 n.

[89] La ciudad costera de Pesto, en Lucania, era famosa por sus rosas (cf. IV 42, 10; V 37, 9).

[90] Cf. XI 42, 4 n.

[91] Cf. VIII 70, 7-8.

[92] Cf. I 24 n.

[93] Cf. I 24, 3 n.

[94] Lucio Quincio Cincinato, que derrotó a los ecuos en 458 a. C.

[95] Cf. IX 5, 2 n.

[96] Anco Marcio, cuarto rey de Roma.

y de cuantos de pelo en pecho hemos leído en alguna parte
hablas con grandilocuencia y te desgañitas con voces y amenazas,
y emprendes una cruzada contra las obras teatrales de tu tiempo.
Entre tanto, si se te presenta un atleta
que se ha librado ya del pedagogo y cuyo
pene hinchado ha desembarazado un especialista,[97]
lo llamas con una seña y te lo llevas, y da vergüenza decir,
Cresto, lo que haces con tu lengua catoniana.[98]

28

EPITAFIO DEL GRAN ACTOR LATINO[99]

Agradable gloria de la escena, lustre de los juegos, yo soy
el famoso Latino —capricho de tus aplausos—
que fui capaz de convertir a Catón en espectador,[100]
de provocar la risa de los adustos Curios[101] y Fabricios.[102]
Pero mi vida no tuvo nada que ver con nuestras obras teatrales[103]
y se me tilda de actor tan solo por mi oficio;
y no podía caer en gracia a mi Señor sin respetar lo establecido:
es un dios que escruta el interior de las mentes.
Llamadme vosotros parásito del laurífero Febo[104]
con tal de que Roma sepa que soy el servidor de su Júpiter.[105]

---

[97] Es decir, le ha quitado la fíbula; cf. VII 82, 1 n.

[98] Para el mismo final, cf. XI 90; KAY, págs. 252-253.

[99] Cf. I 4, 6 n.

[100] Cf. I *epist.*

[101] Cf. I 24, 3 n.

[102] Gayo Fabricio Luscino, héroe de la guerra contra Pirro a comienzos del s. III a. C.

[103] Sobre la licenciosidad de los mimos, cf. III 86 y VIII *epist.*

[104] Parece que existió una asociación de mimos llamada «los parásitos de Febo» (KER, II, pág. 90).

[105] De Domiciano; en realidad era su confidente (cf. SUETONIO, *Domiciano*, 15,3).

29

EPITAFIO DE LA VIEJA FILENIS[106]

Tras haber cumplido, Filenis, los siglos de la vejez de Néstor,[107]
¿tan prematuramente eres arrastrada a las infernales aguas de Dite?[108]
Aún no contabas los muchos años de la sibila
euboica:[109] era ella tres meses mayor.
¡Ay, qué lengua se ha silenciado! No la superaban la barahúnda
de mil mercados de esclavos ni el tropel que adora a Serapis[110]
ni la caterva con bucles del maestro madrugador[111]
ni la orilla que resuena con la bandada del Estrimón.[112]
¿Qué alcahueta sabrá ahora hacer bajar la luna con un amuleto tesálico,[113]
cuál apalabrar este o aquel lecho?
Que te sea liviana la tierra y seas cubierta con arena blanda
no vaya a ser que los perros no puedan desenterrar tus huesos.[114]

---

[106] Cf. I 100 n.

[107] Cf. IV 1, 3 n.

[108] Plutón (Hades), el dios de los muertos.

[109] La sibila de Cumas (cf. XIV 114), en Campania, colonia de Calcis, en Eubea. Las sibilas eran mujeres inspiradas con poderes proféticos. Se decía que la de Cumas tenía setecientos años a la llegada de Eneas (Ker, II, pág. 91).

[110] Los seguidores de los cultos egipcios importados a Roma; en este caso se trata de los misterios de Isis, en los que los iniciados prorrumpían en un gran griterío cuando se descubría el cuerpo de Osiris; cf. Juvenal, VIII 28 (Izaac, II 2, pág. 267).

[111] Cf. IX 68.

[112] Las grullas por antonomasia eran las de este río de Tracia; cf. Virgilio, *Geórgicas* I 120.

[113] Se creía que las brujas tenían este poder; cf. XII 57, 17 (Ker, II 2, pág. 91). El amuleto consistía en un rombo pequeño de madera o metal atado a una cuerda e impulsado por un movimiento de rotación. Así se lograba una especie de zumbido que servía de acompañamiento al canto mágico con el que las brujas predecían el porvenir (Izaac, II 2, pág. 267).

[114] Utilización sarcástica de la fórmula funeraria ritual; comp, con V 34, 10. Los dos últimos versos se encuentran en un epigrama de Amiano (*A. P.*, XI 226), un contemporáneo de Marcial (Friedländer, pág. 65).

30

SOBRE ANTISTIO RÚSTICO, CUYA MUERTE RELATA JUNTO CON EL DOLOR DE SU MUJER

Antistio Rústico ha muerto en los sanguinarios confines
de los capadocios.[115] ¡Oh tierra culpable de un crimen desconsolador!
Nigrina[116] ha traído en su regazo las cenizas de su querido esposo
y se ha quejado de que los caminos no han sido lo bastante largos;
y mientras le estaba dando tierra —a la que envidia— a la sagrada urna
ha creído que, al serle arrebatado el marido, se quedaba dos veces viuda.

31

SOBRE LA PROMESA DE VELIO[117]

Mientras Velio participaba y andaba enfrascado en los combates árticos
del César, le prometió a Marte este ave por su jefe;
no había acabado la luna de cumplir ocho fases
y el dios ya le estaba reclamando la promesa que le debía:
por sí mismo el ganso corrió alegre hacia su altar
y, víctima menor, fue inmolada sobre el fóculo consagrado.[118]
¿Ves las ocho monedas que cuelgan del pico abierto
del pájaro?[119]Hace un instante estaban esas ocultas en sus entrañas:

---

115 Cf. VI 85.

116 Cf. IV 75.

117 Se trata, probablemente, de Velio Paulo, procónsul en Bitinia (FRIEDLÄNDER, pág. 66); los «combates árticos» del v. 1 son la expedición contra los sármatas «por haber pasado a cuchillo a una legión con su comandante» (SUETONIO, *Domiciano*, 6, 1).

118 Desde el famoso episodio durante la toma de Roma por los galos (T. LIVIO, V 47, 4), los gansos eran el símbolo de la salvación de Roma; se consideraba un buen augurio el que la víctima se dirigiera por sí sola al altar (cf. KER, II, pág. 93).

119 Probablemente este epigrama sea un comentario a un exvoto en pintura o relieve (cf. IZAAC, II 2, pág. 267).

la ofrenda que por ti, César, anuncia buenos presagios con plata,
no con sangre, nos enseña que ya no nos hace falta el hierro.

32

LAS PUTAS QUE LE GUSTAN[120]

La quiero de las fáciles, de las que hacen la calle encapuchadas,
la quiero de las que ya se han entregado previamente a mis esclavos,
la quiero de las que se compran para todo por dos perras gordas,
la quiero de las que solas pueden al mismo tiempo con tres.[121]
A la que pide dinero y se expresa de forma rebuscada,
que la posea una polla de la basta Burdeos.[122]

33

A LA POLLA DE MARÓN

En cualquier baño[123] que oigas un aplauso, Flaco,
ten por seguro que allí está la polla de Marón.

---

[120] Cf. I 57 n.

[121] Existen muchos testimonios sobre las relaciones sexuales múltiples y simultáneas; v., p.ej., NICARCO, *A. P.*, 11, 328; SUETONIO, *Tiberio,* 43, 1; SÉNECA, *Cuestiones Naturales,* I 16, 5 (KAY, pág. 238).

[122] Es decir, los ricachones provincianos que acuden a Roma.

[123] Cf. I 23, 2 n.

34

ALABANZA A DOMICIANO CON MOTIVO DEL TEMPLO DE LA FAMILIA FLAVIA[124]

Júpiter se rio de las fábulas sobre su tumba del Ida[125]
mientras contemplaba los templos Flavios del cielo de Augusto,
y en pleno banquete, ahíto ya de copioso néctar,
al pasarle él mismo la copa a su hijo Marte,
volviendo la mirada hacia Febo y, al mismo tiempo, hacia la hermana
[de Febo,[126]
con quienes estaban el Alcida y el leal árcade,[127]
dijo: «Vosotros me disteis los monumentos de Gnoso:[128]
observad cómo es más importante ser el padre del César».

35

CONTRA FILOMUSO, QUE SIEMPRE CUENTA ALGO NUEVO PARA GANARSE UNA CENA

Con triquiñuelas como estas te ganas siempre, Filomuso, una cena,
al inventarte muchas historias para relatarlas como verdaderas.
Sabes qué medita Pácoro en el palacio de Ársaces,[129]
enumeras las tropas renanas y sarmáticas,

---

[124] Cf. IX 1.

[125] Monte de Creta. Allí se enseñaba una tumba que se decía que era la de Júpiter; pero siempre se desconfiaba de las mentiras de los cretenses (Izaac, II 2, pág. 267).

[126] Diana.

[127] Mercurio, nacido en el monte Cilene, al sur de Arcadia (cf. VII 74, 1), y prototipo de la lealtad hacia Júpiter.

[128] Ciudad de la costa N. de Creta, cerca del monte Ida.

[129] Probablemente se trate del rey de los partos Pácoro I (78-112), el gran rival de Roma en el Este (cf. Friedländer, págs. 67-68). Ársaces fue el fundador de la dinastía en 248 a. C.

desvelas las palabras del caudillo dacio puestas por escrito,
ves el laurel de la victoria antes de que llegue,
sabes cuántas veces la cetrina Siene se empapa del Júpiter de Faros,[130]
sabes cuántos barcos parten desde la costa líbica,
para la cabeza de quién nacen los olivos Julios,[131]
para quién reserva sus guirnaldas el padre celestial.[132]
Olvídate de tus triquiñuelas; hoy cenarás en mi casa
con la condición, Filomuso, de que no me cuentes nada nuevo.

36

SOBRE GANÍMEDES Y JÚPITER, QUE HABLAN DE EÁRINO Y OTROS ESCLAVOS DE DOMICIANO[133]

Había visto al criado ausonio con el pelo recién cortado
el niño frigio, conocido regocijo del otro Júpiter:[134]
«Lo que tu César —precisamente el tuyo— ha permitido a su favorito,
permíteselo tú al tuyo, señor todopoderoso», le dijo;
«mi primera pelusa se oculta ya bajo mis cabellos largos,
tu Juno ya se burla de mí y me llama hombre».
El padre celestial le replicó: «Oh queridísimo niño:
la propia realidad —y no yo— te niega lo que pides:
mi César posee mil criados como tú y su palacio
tan enorme apenas tiene capacidad para los varones angelicales;
mas si el corte de tus guedejas te proporcionara un rostro de hombre,
¿qué otro habrá que me prepare el néctar?».

---

130 Metonimia por «lo que llueve en Egipto» o «las veces que se desborda el Nilo», y, en consecuencia, la calidad de la cosecha. Siene es una ciudad del S. de Egipto, en el curso del Nilo. Faros, una isla cercana a Alejandría.

131 De Julo, el hijo de Eneas a quien se consideraba el fundador de Alba; cf. n. siguiente (IZAAC, II 2, pág. 267).

132 Cf. IV 1, 6 n.

133 Cf. IX 16; 17; y I 31, 1 n.

134 Ganímedes ha visto a Eárino con el cabello recién cortado (cf. IX 16) y le habla a Júpiter.

37

CONTRA GALA, VIEJA VICIOSA[135]

Aunque tú estés en tu casa y te emperifollen en plena Subura
y te confeccionen, Gala, los pelos que te faltan[136]
y de noche te quites los dientes lo mismo que los vestidos de seda
y te acuestes guardada en cien redomas
y tu cara no duerma contigo, haces guiños con las mismas
cejas que te ponen por la mañana
y no sientes el más mínimo respeto por tu coño encanecido,
al que puedes contar ya entre tus abuelos.
A pesar de todo prometes el oro y el moro; pero mi polla es sorda;
y aunque sea tuerta, te ve ella a pesar de todo.

38

A AGATINO, CUYA HABILIDAD ALABA

Aunque con toda presteza, Agatino, afrontes en tu actuación los mayores [riesgos,
no lograrás, pese a todo, que se te caiga el escudo.
En contra de tu voluntad te sigue y, dándose la vuelta entre las ligeras [brisas,
se te posa en el pie o en la espalda, en el pelo o en la uña;
por más que el escenario esté resbaladizo por el reguero de Córico[137]
y huracanados notos arranquen los toldos que les han sido negados,
recorre por su cuenta los miembros confiados del niño
y ni el viento ni el agua perjudican lo más mínimo al artista.
Aun cuando quieras equivocarte, por mucho que lo hayas intentado, no [puedes
fallar: se necesita técnica para que se te caiga el escudo.

---

135 Ataque a una vieja prostituta; cf. I 100 n.

136 Cf. I 72, 8 n.

137 Cf. VIII 14, 1 n., y 33, 4 n.

39

SOBRE EL CUMPLEAÑOS DE CESONIA

El primer día que amaneció para el Tonante del Palatino fue tal día como [hoy,[138]
en el que Cibeles habría anhelado parir a Júpiter;
también en uno como este nació Cesonia, la virtuosa esposa de mi querido [Rufo:
ninguna joven le debe más a su madre.
Su marido se congratula por el doble éxito de sus plegarias,
ya que le ha tocado en suerte disfrutar dos veces de esta fecha.

40

SOBRE LA PROMESA DE FILENIS

Cuando Diodoro, tras dejar Faros,[139] se dirigía
a Roma en pos de la corona de Tarpeya,[140]
Filenis, por el regreso de su marido, hizo la promesa
de que ella —ingenua muchacha— le chuparía eso
que tanto gusta incluso a las castas sabinas.[141]
Desbaratada la embarcación por un luctuoso temporal,
Diodoro, lanzado entre las olas y atrapado
por el mar, escapó a nado en pos de la promesa.
¡Oh esposo demasiado lento y premioso!
Si mi muchacha me hubiera hecho esa promesa
en la costa, yo habría regresado al instante.

---

[138] Recuérdese que era el 24 de octubre del 51.

[139] Cf. IX 35, 7 n.

[140] Para competir en los juegos capitolinos, cuya recompensa era una corona (cf. IV 1, 6 n.). La roca de Tarpeya estaba en el Capitolio.

[141] Cf. I 62, 1-2 y n.

41

CONTRA EL MASTURBADOR PÓNTICO

El hecho, Póntico, de que nunca folles sino que te amancebes
con tu izquierda[142] y tu mano sea tu amante al servicio de Venus,
¿consideras que no significa nada? Es una barbaridad, créeme,
pero de una enormidad como tú apenas concibes en tu mente.
Es verdad que Horacio echó un solo polvo para engendrar a tres;[143]
uno solo Marte, para que Ilia —virgen— le diera gemelos.[144]
Todo lo habrían desperdiciado si uno y otro, masturbándose,[145]
hubieran encargado sus torpes goces a sus manos.
Cree lo que te dice la propia naturaleza de las cosas:
«Eso que desperdicias entre tus dedos, Póntico, es un ser humano».

42

A APOLO, PARA QUE CONSIGA DE DOMICIANO EL CONSULADO PARA ESTELA

Que te sea posible, Apolo, ser rico en los llanos de Mirina,[146]
que disfrutes siempre de los caducos cisnes,[147]
que las sabias hermanas[148] te sirvan
y tu sacerdotisa de Delfos no confunda a nadie,

---

[142] La mano izquierda estaba asociada a menudo con la actividad sexual, tanto en la masturbación como en la estimulación; cf. XI 73, 4 (Kay, pág, 227).

[143] Los trillizos Horacios, que combatieron contra los también trillizos Curiacios (cf. T. Livio, I 24-26).

[144] Rómulo y Remo.

[145] Sobre esta palabra en latín, cf. Kay, pág. 280.

[146] Ciudad de Eolia, al O. de Asia Menor, cerca de la cual se encontraba Grinio, donde había un famoso santuario de Apolo.

[147] Es decir, del canto de los cisnes, que —según creencia popular— solo cantan antes de morir (cf. XIII 77 e Izaac, II 2, pág. 208).

[148] Las musas.

que los Palacios imperiales te reverencien y amen:
con tal de que, a instancias tuyas, el buen César
apruebe y conceda al punto los doce fasces[149] a Estela.
Entonces yo, exultante y deudor de mi promesa,
conduciré hasta el altar campestre un novillo
con los cuernos dorados para inmolarlo en tu honor.
La víctima ha sido escogida, Febo; ¿a qué esperas?

43

SOBRE UNA ESTATUA DE HÉRCULES, A CUYOS SUCESIVOS DUEÑOS CITA[150]

Este que, sentado, con una piel de león extendida suaviza las duras
rocas —corpulento dios en reducido bronce—
y contempla con su rostro retrepado las estrellas que sostuvo,[151]
cuya izquierda está ocupada con una maza, su derecha con el vino,
no es un reciente timbre de gloria de nuestros cinceles;
estás viendo el magnífico resultado del trabajo de Lisipo.
A esta divinidad la tuvo la mesa del soberano de Pela[152]
que, vencedor, yace en el mundo que sojuzgó en un instante;
por este se había juramentado Aníbal de joven ante los altares líbicos;[153]
éste había ordenado al despiadado Sila que abandonara su tiranía.[154]
Harto de los crecientes sobresaltos de los tornadizos palacios,

[149] Cf. VIII 66, 4-5.

[150] Lo mismo que el siguiente epigrama, trata de una estatua de Hércules —que participa en el banquete de los dioses— realizada por Lisipo, contemporáneo de Alejandro Magno. Estacio, en *Silvas*, IV 6, trató de lo mismo (Ker, II, pág. 103).

[151] Hércules reemplazó momentáneamente a Atlante en su tarea de sostener el firmamento (Ker, II, pág. 102).

[152] Alejandro Magno, que nació en esta ciudad costera.

[153] El famoso juramento de Aníbal de odio eterno a los romanos; cf. T. Livio, XXI 1, 4, y XXXV 19, 3; Polibio , III 11, 5-7.

[154] En el año 79 a. C., y por razones poco claras.

se alegra de vivir ahora en una casa particular,
y del mismo modo que otrora fue invitado del tranquilo Molorco,[155]
así ha querido ser el dios del sabio Víndice.

44

SOBRE LA MISMA ESTATUA[156]

Hace poco le preguntaba yo a Víndice de qué autor
era la venturosa obra de arte «el Alcida».
Se rio, pues esa es su costumbre, y con un tenue cabeceo
dijo: «¿Es que tú, un poeta, no sabes griego?
El pedestal está inscrito e indica su nombre».
Leo «Lisipo»: pensé que de Fidias.

45

A MARCELINO, QUE ANDUVO POR SARMACIA Y ESCITIA[157]

Como soldado, Marcelino, habías sufrido hace poco los triones
hiperbóreos y las lentas constelaciones del cielo gético;
¡mira la legendaria roca de la montaña de Prometeo:
qué cerca ha de estar ahora de tus ojos!
Cuando hayas contemplado las piedras que corearon los inacabables
lamentos del anciano, dirás: «Más duro fue él».
Y es posible que añadas esto: «Quien fue capaz de sufrir de esta forma
se había ganado modelar al género humano».[158]

---

[155] La persona que alojó en su casa de Cleonas a Hércules cuando este se dirigía a Nemea para realizar su primer trabajo.

[156] Cf. epigrama anterior.

[157] Cf. III 6.

[158] Prometeo, el más célebre de los titanes, modeló un hombre con barro y engañó a Júpiter. En castigo, fue transportado y atado a la cima del monte Cáuca-

46

CONTRA GELIO, QUE SIEMPRE SIMULA QUE ESTÁ CONSTRUYENDO PARA NO TENER QUE PRESTAR A LOS AMIGOS

Gelio siempre está construyendo: ora pone los umbrales,
ora coloca las llaves en las puertas y compra trancas,
ora repara y cambia estas ventanas, ora aquellas:
con tal de estar solo construyendo, Gelio hace cualquier cosa
para poder decirle al amigo que le pide dinero
estas únicas palabras: «Estoy construyendo».[159]

47

CONTRA PÁNICO, MARICONAZO DE ELEVADOS PENSAMIENTOS[160]

De Demócritos, Zenones y Platones que no has leído
y de cualquier mazacote representado en toscos bustos
hablas tal que si fueras el sucesor y heredero de Pitágoras;
y de verdad que no te cuelga por delante una barba más corta.
Pero —hecho que tanto aprecian los hediondos[161] como avergüenza a los
[de pelo en pecho—
te gusta sentirla dura en tu blando trasero.
Tú que conoces los principios y la influencia de las escuelas filosóficas,
dime, Pánico, ¿en qué consiste la teoría de que a uno se la claven?

---

so, donde un buitre le devoraba las entrañas, que a su vez se renovaban constantemente.

159 Cf. IX 22.

160 Cf. I 24.

161 Los homosexuales; cf. XI 30 y XII 85, 1.

48

CONTRA GÁRRICO, QUE LO ENGAÑÓ AL DECIRLE QUE LO HABÍA NOMBRADO SU HEREDERO[162]

Al jurarme por lo más sagrado y por tu vida, Gárrico,
que yo era el heredero de una cuarta parte de tus bienes,
me lo creí —pues, ¿quién menoscabaría de grado sus propios anhelos?—
y alenté la esperanza haciéndote regalos sin cesar,
entre los que te envié un jabalí de Laurento de peso
excepcional: lo creerías de la etolia Calidón.[163]
Mas tú invitaste inmediatamente tanto al pueblo como a los senadores;
Roma, lívida, todavía está eructando a causa de mi jabalí:
yo mismo —¿quién lo creería?— no participé ni siquiera como último [invitado,
pero tampoco se me dio una costilla ni me fue enviada la cola.
¿Qué puedo esperar, Gárrico, de tu cuadrante? De mi jabalí
no me ha llegado ni una dozava.

49

SOBRE LA TOGA QUE LE REGALÓ PARTENIO

Esta es la famosa toga que tanto he cantado en mis libritos,[164]
a la que mis lectores conocen de sobra y aprecian de corazón.
Fue otrora de Partenio: inolvidable regalo
del poeta: con ella aparecía yo como fastuoso caballero
mientras flamante, mientras magnífica resplandecía por el lustre de su lana
y mientras estaba en consonancia con el nombre de su dador:[165]
ahora está vieja y apenas sería aceptada por un pobretón, aunque tirite,

---

[162] Variante del tema de los captadores de testamentos.

[163] Es decir, como el que mató Meleagro en la famosa cacería.

[164] En VIII 28.

[165] Cf. VIII 28, 16 n.

de manera que, con toda razón, se la podría llamar de nieve.[166]
¿Qué no consumís, largos días, qué no, años?
Esta toga ya no es de Partenio: es mía.

50

CONTRA GAURO, POETA INCAPAZ[167]

Demuestras, Gauro, que tengo escasa inventiva por esto:
porque compongo poemas que gustan por su brevedad.
Lo reconozco. En cambio, tú, que escribes en doce libros
los imponentes combates de Príamo, ¿eres un hombre sublime?
Yo hago del niño de Bruto[168] algo vivo, lo hago de Langón:[169]
tú, Gauro, el sublime, a un gigante lo haces de barro.[170]

51

SOBRE LUCANO Y TULO, HERMANOS ENTRAÑABLES

Lo que siempre pediste a los dioses en contra de la voluntad de tu hermano
—morir antes que él— te ha tocado en suerte, Lucano.
Él te envidia; pues Tulo anhelaba, a pesar de ser el menor,
marchar el primero hacia las sombras estigias.
Tú vives en los Campos Elíseos y, habitante del ameno bosque,
deseas ahora por primera vez estar sin tu hermano;
y si el gemelo de turno ha llegado ya desde las resplandecientes estrellas,
le aconsejas a Cástor que no vuelva en lugar de Pólux.[171]

---

[166] Cf. IV 34, 2 n.

[167] Epigrama literario en defensa del género frente a la épica; cf. I 107 n.

[168] Cf. II 77, 4 n.

[169] No se sabe de quién se trata.

[170] Cf. I 91 n.

[171] Cuando Cástor murió y Júpiter se llevó a Pólux al cielo haciéndolo in-

52

A QUINTO OVIDIO, CUYO CUMPLEAÑOS CELEBRA Y ANTEPONE AL SUYO

Si me crees, Quinto Ovidio,[172] por merecimiento tuyo
disfruto de las calendas de abril de tu cumpleaños
lo mismo que de las mías de marzo.
¡Días ambos benditos y fechas
que debemos señalar con las mejores piedras![173]
Una me proporcionó la vida, pero la otra, un amigo.
Más me dan tus calendas, Quinto.

53

AL MISMO, A QUIEN PIDE REGALOS DE CUMPLEAÑOS

Por tu cumpleaños, Quinto, quería hacerte un pequeño
regalo; tú me lo prohíbes: eres una persona tajante.
Hay que seguir tus recomendaciones; sea lo que ambos queremos
y lo que a ambos agrada: házmelo tú a mí, Quinto.

mortal, este no quiso aceptar si tenía que separarse de su hermano gemelo; Júpiter los unió mediante la solución de compromiso de que ambos estuvieran un día en el cielo y otro en la tierra.

172 Cf. I 105, 1 n.

173 Con piedras blancas; cf. XII 34, 7 n.

54

A UN PARIENTE, A QUIEN PIDE EXCUSAS POR LOS REGALOS CAMPESTRES[174]

Si los tordos cobraran para mí color con las aceitunas del Piceno[175]
o el bosque sabino tendiera mis redes,[176]
o al alargar una percha se laceara una pieza menor
y una vareta apresase, al pegarse en ella, aves carnosas,
nuestro querido parentesco te haría el regalo habitual
y no les daría preferencia ni a un hermano ni a un abuelo.
Ahora mi finca escucha a los magros estorninos y los lamentos
de los pinzones y pimpollea con el gorrión cantarín;
por aquí el labrador responde al saludo de la picaza,
por allá el milano rapaz vuela cerca de las más altas estrellas.[177]
Por tanto, te envío unos regalitos de mi humilde corral;
si los aceptas tal como son, serás mi pariente más de una vez.

55

A FLACO, A QUIEN PIDE EXCUSAS POR NO ENVIARLE REGALOS NI A ÉL NI A ESTELA

En la festividad de los parientes, en la que se suelen regalar muchas aves,
mientras para Estela, mientras para ti, Flaco, estoy preparando unos [tordos,

[174] Tanto este epigrama como el siguiente hacen referencia a la festividad de las Caristia, que se celebraba el 22 de febrero y en la que los parientes se reunían, intercambiaban regalos (aves, sobre todo) y solucionaban diferencias (Ker, II, pág. 111).

[175] Sobre su excelencia, cf. XIII 36.

[176] Para cazar aves.

[177] En los vv. 7-10 Marcial ha reflejado la pobreza de su finca, en contraste con lo que le gustaría tener de los vv. 1-4.

se me viene a la mente un montón de gente cargante,
de la que cada uno se considera el primero y más cercano.
Agradar a dos es mi deseo; quedar mal con la mayoría
es poco recomendable; enviar regalos a muchos es caro.
Me ganaré el perdón de la única manera que puedo:
ni a Estela ni a ti, Flaco, os enviaré los tordos.[178]

56

SOBRE ESPENDÓFORO, HERMOSO ESCUDERO DE DOMICIANO QUE MARCHA A ÁFRICA

Espendóforo se dirige a las ciudades líbicas como escudero de su señor:
apresta, Cupido, los dardos que has de entregarle al muchacho,
esos con los que traspasas a los jóvenes y a las muchachas apetecibles:
con todo, que tenga además en su delicada mano una lustrosa lanza.[179]
La coraza, el escudo y la gálea te los dejo;
para afrontar seguro los combates, que vaya a pecho descubierto:
ni por jabalina, ni por espada o flecha resultó herido
Partenopeo[180] mientras estaba desprovisto de casco.
Todo aquel que resulte traspasado por él morirá de amor.
¡Oh bienaventurado aquel al que aguarda tan magnífico destino!
Vuelve mientras eres un muchacho, mientras tu rostro es terso,
y que no sea Libia sino tu Roma quien te haga hombre.[181]

---

[178] Este epigrama es el complemento de los dos anteriores.

[179] Puede tener un sentido erótico.

[180] Cf. VI 77, 2 n.

[181] Cf. VIII 46, 8.

57

CONTRA EL MARICÓN HÉDILO[182]

No hay nada más desgastado que las capas de Hédilo:
ni las asas de viejos bronces de Corinto,
ni un tobillo atezado por diez años de grillos,
ni el cuello despellejado de una mula reventada,
ni las rodadas que atraviesan la calle Flaminia,
ni los guijarros que brillan en las costas,
ni la azada bruñida por la viña etrusca,
ni la toga descolorida de un pobretón muerto,
ni la rueda cascada de un cochero premioso,
ni el lomo de un bisonte rozado por su jaula,
ni el colmillo ya retorcido de un salvaje jabalí.
Con todo, hay una sola cosa —él mismo no lo negará—:
el culo de Hédilo está más desgastado que sus capas.[183]

58

A LA NINFA DE SABINO, A LA QUE LE ENVÍA SUS LIBROS[184]

Ninfa reina del lago sagrado, a la que Sabino, en devota
ofrenda, regaló un templo agradecido e imperecedero:
que la montañosa Umbría venere siempre tus fuentes
y tu Sásina no prefiera las aguas bayanas,
con tal de que acojas con gusto estos libritos expectantes, regalo mío;
tú serías el manantial pegaseo de mis musas.
«Todo aquel que regala sus poemas a los templos de las ninfas
está sugiriendo —sin darse cuenta— qué debe hacerse con sus libros».[185]

---

[182] Epigrama con esquema de priamel; cf. I 61 n.

[183] Este último verso es muy parecido al primero; cf. II 6, 17 n.

[184] Al propio Cesio Sabino le había enviado ya su séptimo libro; cf. VII 97.

[185] Arrojarlos al agua; cf. I 5. Los dos últimos vv. son la respuesta de la ninfa.

59

CONTRA MAMURRA, QUE DISIMULA SU POBREZA

Mamurra, después de deambular un larguísimo espacio de tiempo por la [Septa[186]
—ahí donde la áurea Roma malbarata sus riquezas—,
centró su atención en unos delicados esclavos y se los comió con los ojos;
no de esos a los que ofrece la parte delantera de los burdeles
sino a los que resguardan los reservados de un discreto mercado
y a los que ni el pueblo ni la gente como yo puede ver.
A continuación —y ya satisfecho— destapó las coberturas de las mesas [y tableros
y reclamó el espléndido marfil expuesto en alto,
y después de medir cuatro veces un lecho de carey de seis plazas,
se lamentó de que no era lo bastante grande para su mesa de cedro.[187]
Consultó a su nariz si los bronces olían a Corinto,[188]
sacó defectos a las estatuas, incluso a las tuyas, Policlito,[189]
y tras quejarse de que las de cristal estaban deslustradas por un trocito de [vidrio,
marcó con su sello unas copas múrrinas y reservó diez.[190]
Sopesó viejos cubiletes y los vasos que hubiera
ennoblecidos por la mano de Méntor,[191]
y contó las esmeraldas engastadas en oro
y todo lo que —más grande de lo normal— tintinea desde una nívea [oreja;

---

[186] Cf. II 14, 5 n.

[187] O más exactamente, de alerce africano; procedía de Mauritania, era carísimo y se utilizaba en la ebanistería de lujo; con él se hacían unos tableros (v. 7) redondos para formar unas mesas cuyas patas solían ser colmillos de marfil, que se vendían por separado (v. 8).

[188] Los objetos de bronce de Corinto tenían un particular olor y color y eran muy apreciados en Roma.

[189] Cf. VIII 50 (51), 2.

[190] Cf. IX 87, 7.

[191] Cf. III 40 (41), 1 n.

buscó en todos los mostradores sardónices auténticos
y ofreció una cantidad por los grandes jaspes.
Cuando a las cinco de la tarde ya, cansado, se marchaba,
compró dos copas por una perra gorda y se las llevó él mismo.

60

SOBRE UNA CORONA DE ROSAS[192]

Tanto si has nacido en los labrantíos pestanos o en los de Tívoli como si
la tierra tusculana ha enrojecido con tus flores,
tanto si una hortelana te ha cogido en un jardín de Preneste
como si hasta hace poco eras la alegría de una finca de Campania:
para que le parezcas a mi amigo Sabino una corona más hermosa,
que se crea que tú procedes de la mía de Nomento.[193]

61

SOBRE UN PLÁTANO DE CÓRDOBA PLANTADO POR JULIO CÉSAR[194]

Hay una mansión conocidísima en tierras tartesias,
por la parte en que la rica Córdoba se solaza con el calmoso Betis, donde
los rubios vellones cobran color por el mineral del lugar
y vellocinos de oro recubren al ganado hesperio.[195]
En medio de la casa, abarcando toda la morada,
se alza un plátano cesariano de tupida cabellera,
al que plantó la próspera diestra del invicto huésped,

---

[192] Otro priamel: cf. I 61 n.

[193] Comp. la contraposición que hace aquí Marcial con la de IX 54.

[194] La estructura es como sigue: vv. 1-4: la casa; vv. 5-10: el plátano; vv. 11-18: la fiesta campestre; vv. 19-22: apóstrofe final al árbol.

[195] Características de la Edad de Oro.

y empezó a crecer como un brote de aquella mano.
Su espesura parece que intuye a su creador y señor:
así de lozano está y busca con sus ramas las excelsas estrellas.
Más de una vez al pie de este árbol retozaron embriagados los faunos
y una zampoña sobresaltó a altas horas el silencio de la mansión;
y mientras de noche huía de Pan por los campos solitarios,
más de una vez una rústica dríade se ocultó al pie de estas hojas.[196]
Y el hogar exhaló el olor de las juergas de Lieo[197]
y la sombra creció más alegre con el correr del vino;
la hierba está †salpicada†[198] de rojo por las coronas del día anterior
y nadie ha podido decir que las rosas sean suyas.
¡Oh prenda de los dioses, oh árbol del gran César!
No temas el hierro ni los fuegos sacrílegos.
Puedes aguardar que los honores de tus hojas sean eternos:
no te plantaron manos pompeyanas.[199]

62

SOBRE FILENIS, QUE HUELE MAL

Por el hecho de que utilice tanto de día
como de noche vestidos teñidos con todo tipo de púrpura,
Filenis no es pretenciosa ni altanera:
se regodea con el olor, no con el color.[200]

---

[196] Descripción de una típica *comissatio* o juerga campestre; los faunos son los compañeros de Baco; Pan es el dios pastoril de la Arcadia e inventor de la zampoña; las dríades son las ninfas de los árboles.

[197] Cf. VIII 50 (51), 11 n.

[198] Cf. S. Bailey, «Corrections...», pág. 284.

[199] Al ser Julio César un dios *(diuus Iulius)*, todo lo que había tocado era sagrado y, en consecuencia, constituía un sacrilegio atentar contra ello; Pompeyo no reunía esas cualidades (Izaac, II 2, pág. 270).

[200] Sobre el fuerte olor de la púrpura, con el que Filenis quiere ocultar el suyo propio, cf. I 49, 32, y IV 4, 6.

63

CONTRA EL PERVERTIDO FEBO[201]

Todos los maricones te invitan a cenar, Febo.
A quien da de comer una polla,[202] creo yo que no es un hombre sin tacha.[203]

64

SOBRE UNA ESTATUA DE DOMICIANO CON LOS RASGOS DE HÉRCULES

César, que ha tenido a bien asumir el rostro del gran
Hércules, regala un nuevo templo a la calle latina,[204]
en donde el caminante, al dirigirse por esta a los boscosos dominios de [Trivia,[205]
lee el octavo miliar desde la ciudad señora.
Antes era venerado con promesas y raudales de sangre:
ahora venera él —menos importante— a un Alcida más importante.[206]
A este le suplica uno grandes riquezas, otro le suplica honores:
a aquel le hace, indiferente, promesas menos importantes.

---

201 Epigrama «esconmático»; cf. I 5 n.

202 Puede ser que practique sexo oral, activo o pasivo (cf. IX 80), o bien que se prostituya (cf. XII 75, 3); cf. S. Bailey, app.

203 Cf. XI 61, 14.

204 La vía Apia, la calle latina por excelencia, donde Domiciano había hecho construir un templo a Hércules, con una estatua de este que mostraba los rasgos del emperador (Ker, II, pág. 120).

205 Cf. V 1, 2 n., y VI 47, 3 n.

206 A Domiciano.

65

A HÉRCULES, SOBRE LA MISMA ESTATUA

Alcida, que debes ser reconocido por el Tonante latino[207] ahora
que exhibes los hermosos rasgos del César, nuestro dios:
si hubieras tenido ese rostro y ese empaque
en los días en que los salvajes monstruos claudicaron ante tus manos,
las naciones no te habrían visto ser un esclavo al servicio
del tirano argólico ni sufrir su cruel despotismo,
sino que tú le habrías dado órdenes a Euristeo;[208] ni el traidor
Licas te habría llevado los alevosos regalos de Neso
—habrías llegado sano y salvo, sin el requisito de la pira del Eta,
a los astros de tu supremo padre con los que te enalteció el castigo—[209]
ni habrías hilado la lana lidia de la altiva señora[210]
ni habrías visto la Éstige y el perro tartáreo.[211]
Ahora Juno está de tu parte, ahora te ama tu Hebe;[212]
ahora, si te viera la ninfa, abandonaría a Hilas.[213]

---

[207] Jupiter, enamorado de Alcmena, suplantó a Anfitrión, marido de esta, y engendró a Hércules sin desvelarle el engaño (cf. A. Ruiz de Elvira, *Mitología Clásica*, págs. 207-210).

[208] El rey de Tirinte y Micenas (en la Argólide), que impuso a Hércules sus famosos trabajos.

[209] Hércules fue trasladado al cielo después de su muerte; esta ocurrió cuando se arrojó a una pira que él mismo había construido en el monte Eta al no poder soportar el dolor que le causaba la túnica del centauro Neso que su propia esposa Deyanira le había enviado por intermedio de Licas, su heraldo (cf. A. Ruiz de Elvira, *ob. cit.*, pág. 255).

[210] Ónfala, reina de Lidia, de quien Hércules fue esclavo durante tres años; mientras ella utilizaba la piel de león, la maza (cf. IX 43, 1-4) y las flechas de Hércules, este vestía las ropas de aquella e hilaba lana.

[211] La laguna de los infiernos y el Cérbero, el perro de tres cabezas guardián de los mismos, al que Hércules debía traer consigo en su último trabajo.

[212] Juno (Hera), la esposa de Júpiter, fue hostil a Hércules hasta que, tras la muerte de este, se reconcilió con él y le dio por esposa a su hija Hebe.

[213] Cf. VII 15, 2 n.

66

A FABULO, IMPOTENTE[214]

Si tienes una esposa bella, recatada y joven,
¿para qué necesitas, Fabulo, los derechos de los tres hijos?[215]
Lo que con súplicas solicitas a nuestro Señor y dios
te lo concederás tú mismo si eres capaz de empalmarte.

67

CONTRA ÉSQUILO, DE PRÁCTICAS INCONFESABLES

Toda una noche poseí a una joven lujuriosa,
cuyas perversiones nadie puede superar.
Harto de mil posturas, le pedí lo que es propio de los muchachos:
antes de que empezara a rogárselo, me lo concedió por completo.
Algo más vergonzoso le solicité entre risas y sonrojos:
me lo prometió, viciosa, al instante.
Pero conmigo no llegó a consumarlo; contigo lo hará, Ésquilo,
si estás dispuesto a aceptar que se trate de un favor recíproco.[216]

68

CONTRA UN MAESTRO DE ESCUELA, A QUIEN MALDICE POR SUS ESTRUENDOS MAÑANEROS[217]

¿Qué tienes contra nosotros, maldito maestro de escuela,
odio personificado de muchachos y doncellas?

---

[214] Para el mismo asunto, cf. VIII 31.

[215] Cf. II 91, 6 n.

[216] Desde Housman (*Classical Papers*, pág. 725) quedó claro que lo que Marcial le pide a la muchacha es sexo oral, pero ella exige reciprocidad, algo a lo que él no está dispuesto por considerarlo vergonzoso y que es lo que le critica a Ésquilo; cf. también S. Bailey, «Corrections...», pág. 285.

[217] Sobre el mismo asunto, cf. X 62 y XII 57.

Los gallos crestados no han roto aún el silencio:
ya estás atronando con tu implacable soniquete y tus reglazos.[218]
Tan insoportablemente retumba el bronce al ser golpeado el yunque
cuando el herrero ensambla un picapleitos en el sillar de un caballo:[219]
con más suavidad estalla el griterío en un gran anfiteatro
cuando el bando de sus partidarios anima al gladiador que vence.
Los vecinos te solicitamos —aunque no sea toda la noche— dormir:
velar es llevadero, desvelarse es insoportable.
Despide a tus alumnos. ¿Quieres, gárrulo, cobrar por callarte[220]
lo mismo que cobras por gritar?

69

CONTRA POLICARMO, INCONTINENTE

Cuando follas, Policarmo, sueles al final cagarte.[221]
Cuando te dan por el culo, ¿qué haces, Policarmo?

70

CONTRA MECILIANO, EXAGERADO

«Oh costumbres, oh tiempos» había dicho Tulio en una ocasión,[222]
cuando Catilina urdía su sacrílego crimen,

---

[218] Cf. XIV 80.

[219] Es decir, cuando está montando la estatua ecuestre de un abogado; según Juvenal (VII 124-128), los abogados con éxito tenían la costumbre de erigirse este tipo de estatuas en su vestíbulo (Ker, II, pág. 124).

[220] Cf. I 95.

[221] Creo que la forma reflexiva es fundamental para entender cabalmente el epigrama.

[222] Marco Tulio Cicerón en *Catilinarias* I 1, 2.

cuando el suegro y el yerno[223] contendían en salvajes combates
y la tierra, afligida, se empapaba con la sangre de conciudadanos.
¿Por qué dices ahora «oh costumbres», por qué ahora «oh tiempos»?
¿Qué es lo que no te gusta, Meciliano?
No hay barbarie alguna de caudillos, no hay vesania alguna de armas;
se puede disfrutar de una paz y una alegría innegables.[224]
Nuestras costumbres no hacen que te repugnen tus tiempos,
sino que lo hacen las tuyas, Meciliano.

71

SOBRE UN LEÓN Y UN CARNERO, DE CUYA HERMANDAD SE ASOMBRA

Es asombroso con qué naturalidad se han unido un león
—prez de las cumbres masilias— y un macho del rebaño lanudo.
Tú mismo puedes verlos: estabulan en una misma jaula
y uno y otro dentellean a la par manjares comunes:
y no se regocijan con los frutos de los bosques ni las sabrosas hierbas,
sino que una tierna cordera sacia su hambre simultánea.
¿Qué mereció el terror de Nemea, qué el porteador de Hele[225]
para resplandecer como brillantes constelaciones del excelso cielo?
Si tanto el ganado como las fieras pudiesen merecer las estrellas,
este carnero, este león serían dignos de los astros.

---

[223] César y Pompeyo.

[224] Sobre este aserto, cf. J. Fernández Valverde y M.ª José Salinas Aguilera, «La alabanza al poderoso en la poesía bucólica», en *Actas del VII Congreso Español de Estudios Clásicos*, III, Madrid, 1989, págs. 469-474.

[225] El león del primer trabajo de Hércules y el carnero que transportó a Frixo y Hele a la Cólquide, catasterizados —respectivamente— en la constelación de Leo y en la de Aries.

72

A SU AMIGO LÍBERO, DE QUIEN HABÍA RECIBIDO ALIMENTOS SIN VINO

Líbero, con la frente ceñida por una corona de Amiclas,[226]
que con mano ausonia pegas fustazos griegos:
al enviarme el almuerzo dentro de una cesta de mimbre,
¿por qué no viene ninguna botella acompañando a la comida?
De todos modos, si mandaras regalos dignos de tu nombre,[227]
sabes —creo— qué presentes se me deberían hacer.[228]

73

CONTRA UN ZAPATERO REMENDÓN QUE SE HA HECHO RICO

Aunque tu vida consistía en estirar con los dientes trozos de piel rancios
y en morder suelas viejas y podridas por el barro,
has llegado a ser el dueño de las posesiones de Preneste de tu malogrado [patrón:
que se me lleven los demonios si llegaste a tener un tabuco en ellas;
y, ebrio, llenas a reventar de caliente falerno las copas de cristal
y te pones cachondo con el Ganímedes de tu señor.
En cambio, a mí los mentecatos de mis padres me enseñaron unas pocas [letras:
¿qué tengo yo que ver con los gramáticos y los rétores?
Destroza las livianas plumas, Talía, y haz pedazos los libritos,
a la vista de lo que los zapatos pueden producirle a un remendón.[229]

---

[226] Cf. IX 103, 5 n., y S. Bailey, «Corrections...», pág. 285.

[227] Líbero es el nombre latino más habitual de Baco, dios del vino.

[228] Cf. I 5 n.

[229] Para una conclusión parecida, cf. V 56.

74

SOBRE UN CUADRO DE CAMONIO DE NIÑO[230]

Esta pintura recoge la imagen de Camonio solo
de niño, y de crío es la pequeña figura que persiste.
En ningún retrato trazó sus rasgos juveniles
su cariñoso padre, pues le estremecía contemplar una cara que no [hablaba.[231]

75

SOBRE LOS BAÑOS DE TUCA

Ni con duros adoquines o argamasa de construcción
ni con ladrillos cocidos, —con los que Semíramis[232] cercó
la extensa Babilonia— ha edificado Tuca sus baños,
sino con desmonte de bosques y maderos de pino
para que Tuca pueda hacerse a la mar en sus baños.
En su refinamiento, también ha levantado unas termas suntuosas
con mármol de todo tipo: del que encontró Caristo,[233]
del que la frigia Sínada,[234] del que la africana Numidia[235] envió
y del que el Eurotas lavó con sus aguas verdeantes.[236]
Pero les falta la leña: pon los baños debajo de las termas.

---

230 Rufo Camonio; cf. VI 85 y IX 76.

231 Cf. S. Bailey, «More corrections...», págs. 141-142.

232 Cf. VIII 28, 18.

233 Ciudad de Eubea, famosa por las canteras de mármol de sus alrededores (Izaac, II 2, pág. 271).

234 Se encontraba cerca de una montaña desde la que se exportaba un célebre mármol blanco con vetas violetas (Izaac, II 2, pág. 271).

235 Era amarillento.

236 El Eurotas es un río de Laconia; el mármol de allí era verde (cf. VI 42, 11).

76

SOBRE EL CUADRO DE CAMONIO[237]

Esta cara que veis es la de mi querido Camonio;
éste fue su aspecto de niño y su primera belleza.
Al cabo de veinte años[238] este rostro había crecido más vigoroso
y la barba se regocijaba de colorear sus mejillas,
y su púrpura, ofrendada al fin, había salpicado poco ha el filo
de la navaja de afeitar.[239] Una de las tres hermanas[240] lo envidió
y cortó los hilos tras enrocar a toda prisa la lana,
y una urna le devolvió al padre sus cenizas desde lejanas tierras.[241]
Pero, con todo, para que no sea solo la pintura la que hable del niño,
este retrato será más vivo en mis páginas.

77

SOBRE EL BANQUETE DE PRISCO

Una jugosa página de Prisco polemiza
acerca de cuál es el mejor banquete,
y aporta muchos argumentos con razones seductoras, muchos con razones profundas
pero todos con razones sabias.
¿Preguntáis cuál es el mejor banquete?
En el que no haya flautista.

[237] Cf. IX 74.

[238] Cf. VI 85, 8.

[239] Al tomar la toga viril; cf. III 6, 4 n.

[240] Las tres Parcas.

[241] Había muerto en Capadocia; cf. VI 85, 3.

78

AL ENVENENADOR PICENTINO[242]

Tras enterrar a siete maridos, Gala se ha casado contigo,
Picentino: Gala, creo yo, quiere seguir el camino de sus maridos.[243]

79

A DOMICIANO, CUYA AMABILIDAD ALABA JUNTO CON LA DE SUS FUNCIONARIOS[244]

Antes Roma odiaba a los servidores de los emperadores y al personal
de aquel tiempo y a la severidad palaciega:
mas ahora tan grande es el cariño que tus funcionarios sienten por todos, [Augusto,
que, para cada uno, el interés por su propia casa ocupa un segundo lugar:
tan serena es su actitud hacia nosotros, tan grande su amabilidad,
tan agradable su sosiego, tan grande la honestidad de su aspecto.
Nadie al servicio de César —ésa es la esencia de un palacio poderoso—
posee su propia norma de conducta sino la de su Señor.

80

SOBRE GELIO, POBRE QUE ALIMENTA A SU MUJER[245]

Un pobretón muerto de hambre se había casado con una rica y vieja:
Gelio le da de comer a su mujer y se la folla.

---

[242] Epigrama «escommático»; cf. I 5 n.

[243] Cf. VIII 43.

[244] Sobre las medidas a las que puede aludir este epigrama, cf. SUETONIO, *Domiciano* 8).

[245] Cf. IX 63.

81

A AULO, SOBRE LA OPINIÓN DE UN POETA INCAPAZ

El lector y el oyente, Aulo, estiman mis libritos,
pero cierto poeta asegura que no están bien rematados.
No me preocupo en demasía: de hecho, preferiría que los platos
de mis cenas gustaran a los invitados en vez de a los cocineros.

82

CONTRA MUNA, DILAPIDADOR

Un astrólogo había dicho que tú, Muna, te acabarías pronto,
y no creo que él te lo dijera en falso.
De hecho, al temer dejar algo tras tu muerte,
hecho un crápula dilapidaste las riquezas de tu padre
y tus dos millones de sestercios se evaporaron en menos de un año:
dime, Muna, ¿no es esto acabar pronto?

83

AL CÉSAR DOMICIANO, POR HABER PROHIBIDO ACTUAR A LOS ACTORES[246]

Entre las maravillas tan grandes de tu arena, César,
que supera a los magníficos espectáculos de los antiguos emperadores,
nuestros ojos —pero más nuestros oídos— reconocen que te deben mucho,
porque los que suelen recitar en público[247] asisten como espectadores.

---

[246] Según SUETONIO (*Domiciano*, 7, 1), el emperador «prohibió a los actores profesionales que pisaran la escena, pero les permitió ejercer su arte en casas particulares» (trad. de M. BASSOLS DE CLIMENT).

[247] Cf. I 63 n.

84

A NORBANO, A QUIEN ENVÍA SUS LIBROS[248]

Mientras tu inquebrantable lealtad, Norbano, se plantaba
en contra de sacrílegos desvaríos y en defensa del César, nuestro Señor,
me entretenía con estos poemas —tranquilo en la sombra pieria— yo,
el conocido cultivador de tu amistad.
Los réticos te hablaban de mí en las tierras de los vindélicos[249]
y el septentrión no desconocía mi nombre:
¡Oh, qué de veces, sin renegar de tu viejo amigo,
llegaste a decir: «Este poeta es mi amigo, mi amigo»!
Mi obra entera, la que durante seis años seguidos[250]
te ha estado dando antes un lector,[251] te la dará ahora su autor.

85

SOBRE PAULO, QUE SE FINGE ENFERMO PARA NO INVITAR A CENAR

Si alguna vez, Atilio, nuestro amigo Paulo está algo indispuesto,
no guarda él ayuno, sino que se lo hace guardar a sus invitados.
La verdad es que tú sufres ahora de una indisposición repentina y fingida,
pero mi espórtula,[252] Paulo, ha estirado la pata.

---

[248] Lucio Apio Norbano Máximo, que fue cónsul dos veces, reprimió en el año 88 la revuelta de dos legiones del Rin al mando de Lucio Antonio Saturnino (cf. IV 11 y SUETONIO, *Domiciano* 6, 2; 7, 3); su ausencia duró seis años (FRIEDLÄNDER, pág. 94).

[249] Tanto réticos como vindélicos vivían entre los Alpes, el Rin y el Danubio.

[250] Es decir, los libros IV-VIII, escritos entre el año 88 y el 94.

[251] No se refiere a una persona que lo lee para él, sino a un amigo que lo ha comprado en Roma, lo ha leído y se lo ha enviado; cf. IX 99, 7-8 (S. BAILEY, app.).

[252] Cf. I 59.

86

SOBRE SILIO, QUE LLORA LA PREMATURA MUERTE DE SU HIJO[253]

Al rebaño pierio y a Febo me quejaba yo, apesadumbrado,
de que Silio, doblemente magistral con la palabra ausonia,
tuviera que sollozar por la prematura muerte de su hijo Severo.[254]
«Yo mismo tuve que llorar a mi hijo Lino», replicó Apolo;[255]
y se volvió a mirar a su hermana Calíope, que estaba a su lado,
y dijo: «También tú tienes tu herida.[256]
Recuerda al Tonante de Tarpeya y al del Palatino:
Láquesis, exponiéndose a un sacrilegio, hirió a uno y otro Júpiter.[257]
Ya que ves que las divinidades están sometidas a la inexorabilidad de la [muerte,
puedes exculpar de envidia a los dioses».

87

AL ARTERO LUPERCO

Después de siete copas de opimiano,[258]
cuando ya ando por los suelos y me trabuco por tanta bebida,
me traes no se qué documento
y me dices: «Acabo de ordenar que Nasta

---

[253] Sobre los epigramas funerarios, cf. I 88; VI 85.

[254] Se trata del poeta y abogado Silio Itálico (cf. IV 15 y VII 63) y de su hijo menor (cf. VIII 66).

[255] Lino, hijo de Apolo y Terpsícore, fue muerto por Hércules.

[256] Se refiere a Orfeo, hijo de Eagro y Calíope, destrozado por las mujeres tracias.

[257] A Júpiter (que había perdido en la guerra de Troya a Sarpedón, rey de Licia e hijo suyo y de Europa) y a Domiciano (que había perdido un hijo pequeño; cf. IV 3). Láquesis es una de las Parcas.

[258] Por Lucio Opimio, cónsul en 121 a. C., año de una cosecha excepcional.

—se trata del esclavito de mi padre— quede libre:
rubrícalo».[259] Será mejor mañana, Luperco:
lo que ahora mismo rubrica mi anillo es la botella.[260]

88

A RUFO: HAY QUE SABER CONSERVAR A LOS AMIGOS GANADOS CON REGALOS

Cuando, haciéndome la rueda tratabas de cazar mi herencia,[261] me
[enviabas regalos:
en cuanto la has cazado, no me das nada, Rufo.
Para conservar la caza, envíame también regalos aunque esté cazado,
no vaya a ser que el jabalí —mal alimentado— se escape de la jaula.

89

A ESTELA: LOS VERSOS FORZADOS SON MALOS

Obligas, Estela, a tu invitado a escribir versos con una condición
demasiado estricta: «Desde luego que puedes escribirlos malos».

90

A FLACO, QUE VIVE EN CHIPRE Y A QUIEN ADVIERTE SOBRE EL CALOR EXCESIVO

Que tumbado en la hierba florida
por donde, en arroyos que diamantan aquí y allá,

---

[259] Cf. X 70, 7 n.; Marcial parece insinuar que se le quiere hacer firmar un documento que no firmaría si estuviera sobrio (cf. FRIEDLÄNDER, pág. 97). Sobre la misma situación, cf. I 27.

[260] Como en IX 59, 14, para indicar que es solo suya.

[261] Cf. I 10.

el guijarro es volteado por la corriente sinuosa,
bien alejadas todas las contrariedades,
cales la nieve con oscuro vino,[262]
con la frente roja por coronas entrelazadas;
que poseas en exclusiva un tierno garzón
y que la muchacha más pudorosa se reconcoma por ti:
con tal de que, Flaco, —te exhorto y ruego—, tengas cuidado
con Chipre, denigrada por su agobiante calor
cuando la era trilla las mieses crujientes
y se desata abrasadora la melena del León.
Mas tú, diosa de Pafos,[263] devuélveles,
devuélveles a mis ruegos el joven sano y salvo.
Que te sirvan las calendas de marzo[264]
y que con incienso y vino en rama y una víctima
te sean ofrecidas en tus brillantes altares
numerosas porciones de pastel troceado.

91

ADULACIÓN DE DOMICIANO, CUYAS CENAS PREFIERE A LOS BANQUETES DE JÚPITER[265]

Si me invitaran a cenar en estrellas distintas
por una parte un mensajero del César y por otra uno de Júpiter,
aunque las estrellas estuviesen más cerca y el Palacio más lejos,
yo daría esta respuesta para que la hicieran llegar a los dioses:
«Buscad a quien prefiera ser invitado del Tonante:
tened en cuenta que a mí me retiene mi Júpiter en la tierra».[266]

---

[262] Cf. IX 2, 5 n.

[263] Venus, que recibía una especial veneración en esta ciudad de Chipre.

[264] El 1 de marzo se celebraban las Matronales, en las que los enamorados tenían la costumbre de hacer regalos a sus mujeres y —al parecer— de hacer votos y sacrificios por Venus (Izaac, II 2, pág. 272).

[265] Epigrama de respuesta a una invitación a cenar por parte del emperador.

[266] Domiciano, una vez más.

92

A CÓNDILO: ES MEJOR SER ESCLAVO QUE AMO

Cuáles son los inconvenientes del amo, cuáles las ventajas del esclavo lo [desconoces,
Cóndilo,[267] que te lamentas de que llevas mucho tiempo como esclavo.
Tu pobre petate te proporciona sueños profundos,
y Gayo —tenlo en cuenta— se pasa la noche en vela tendido entre [plumas.
Gayo, desde primera hora, va a saludar temblando
a tantos señores,[268] mientras que tú, Cóndilo, ni siquiera a tu señor.
«Lo que debes, Gayo, págalo», le espeta Febo y, desde allí,
Cínamo:[269] esto, Cóndilo, no te lo dice a ti nadie.
¿Temes al verdugo?[270] Con la podagra y la quiragra se desgarra
Gayo y preferiría sufrir mil azotes.
El que ni vomites por las mañanas, Cóndilo, ni te comas un coño,
¿no lo prefieres a ser tres veces tu propio Gayo?

93

AL COPERO CATACISO[271]

¿Por qué tardas en servir, muchacho, el falerno inmarcesible?
Pon el doble de tres ciatos del tonel más añejo.
Ahora dime: ¿cuál de los dioses será, Cataciso,
al que yo te ordeno que le escancies seis ciatos? «Será César».[272]
Que rosas entrelazadas ciñan diez veces mis cabellos para que sea

---

267 Cf. V 78, 29.

268 Es decir, Gayo es un cliente.

269 Por II 44, 8, y VI 17 se puede deducir que se trata de banqueros o usureros.

270 Que va a extraerle confesión; cf. JUVENAL, XIV 21-22 (KER, II, pág. 140).

271 Tema del brindis por la persona amada; cf. I 71 n.

272 *Caesar*, en latín, tiene seis letras (cf. I 71, 1 n.).

el que levantó el magnífico edificio de su sagrada estirpe.[273]
Ahora dame diez besos para que se forme ese
nombre que el dios trajo del mundo odrisio.[274]

94

SOBRE HIPÓCRATES, QUE PIDE VINO MULSO A CAMBIO DE AJENJO

Hipócrates me ha dado una pócima preparada con cabezuelas
de santónico[275] y me pide —¡tendrá cara!— vino mulso.
Nunca hubo nadie tan imbécil ni siquiera, creo yo, tú, Glauco,
que le habías dado *bronce* a quien te daba *oro*.[276]
¿Pide alguien un regalo dulce a cambio de un regalo amargo?
Que lo tenga con tal de que se lo beba con eléboro.[277]

95

SOBRE EL NOMBRE DE ATENÁGORAS

Atenágoras fue antes Alfio: ha empezado a ser
Olfio ahora que se ha casado.[278]

---

[273] El templo de la familia Flavia; cf. IX 1.

[274] *Germanicus* (diez letras), uno de los nombres de Domiciano, adoptado tras sus triunfos sobre los sármatas (comp. con IX 101, 20). Sobre «odrisio», cf. X 7, 2.

[275] Una bebida amarga, probablemente la absenta.

[276] En griego, en el original. Se refiere al troyano Glauco, al que Júpiter hizo perder la razón y que cambió con Diomedes sus armas de oro por otras de bronce; cf. HOMERO, *Ilíada* VI 232-235 (cf. FRIEDLÄNDER, pág. 101).

[277] Con el que se creía que se curaba la locura (cf. KER, II, pág. 143).

[278] El sentido es dudoso, pero la mejor interpretación es la de Calderini: Olfio = *cunnilingus*, a partir de la misma raíz que *olfacere* «oler» (S. BAILEY, II, pág. 314).

95b

SOBRE LO MISMO[279]

Me preguntas, Calístrato, el verdadero nombre de Atenágoras.
Que me aspen si sé quién es Atenágoras.
Pero piensa, Calístrato, que yo digo el nombre verdadero:
no soy yo sino tu amigo Atenágoras quien se equivoca.

96

SOBRE HERODES, MÉDICO LADRÓN

El médico Herodes le había robado una venencia a un enfermo.
Al ser sorprendido le dijo: «Imbécil, ¿por qué bebes entonces?».

97

A JULIO, SOBRE UN ENVIDIOSO[280]

Revienta de envidia uno, queridísimo Julio,
porque Roma me lee,[281] revienta de envidia.
Revienta de envidia porque en cualquier concurrencia
soy señalado con la mano, revienta de envidia.
Revienta de envidia porque uno y otro César me han concedido
el derecho de los tres hijos,[282] revienta de envidia.
Revienta de envidia porque tengo una finca amena al pie de la ciudad[283]

---

[279] Cf. I *epist.* n.

[280] Sobre el motivo de la envidia, cf. I 115 n.; sobre la repetición de la misma estructura, cf. I 77 n.

[281] Comp. con VIII 61, 3-5.

[282] Cf. II 91, 6 n.

[283] Cf. VIII 61, 6.

y una pequeña casa en la ciudad, revienta de envidia.
Revienta de envidia porque soy encantador para mis amigos,
porque recibo muchas invitaciones, revienta de envidia.
Revienta de envidia porque soy querido y porque soy elogiado:
que revienten[284] a cualquiera que revienta de envidia.

98

A OVIDIO, SOBRE EL TABERNERO CORANO[285]

No en todas partes se ha perdido la cosecha
de la uva, Ovidio; la lluvia abundante fue provechosa.
Corano ha recogido cien ánforas de agua.

99

A ÁTICO, SOBRE MARCO ANTONIO, A QUIEN GUSTABAN LOS LIBROS DE MARCIAL

A Marco Antonio le encanta mi poesía, Ático,
al menos si su carta de felicitación dice la verdad:
Marco —gloria indiscutible de la Tolosa
de Palas—[286], al que engendró la Placidez, hija de la Paz.[287]
Tú, libro, que eres capaz de soportar largas demoras de los viajes,
ve en prenda de una amistad en la distancia;
poco valdrías, lo confieso, si fuera un comprador quien ahora te enviara;
tu gran valor como regalo lo constituye el que te envíe tu autor:[288]

---

[284] Es decir, «que le vayan dando»; Marcial juega con un doble sentido del verbo latino; cf. X 79, 10.

[285] Sobre el tema de los taberneros que aguaban el vino, cf. I 56 n.

[286] Se trata de Toulouse, en Francia.

[287] Cf. X 23.

[288] Cf. IX 84, 10.

hay mucha diferencia, créeme, entre beber del agua que mana
de una fuente o de la que está inmóvil en una balsa estancada.

100

CONTRA EL AVARO BASO

Por tres denarios me engatusas y me ordenas, Baso, que por la mañana,
con la toga puesta, vigile tu zaguán,
luego, que me pegue a tu lado, que marche delante de tu silla de manos,[289]
que vaya contigo a casa de más o menos diez viudas.[290]
La verdad es que tengo una toguilla usada, barata y vieja:
sin embargo, no la contrato, Baso, por tres denarios.[291]

101

ADULACIÓN DE DOMICIANO, VENERADO EN LA VÍA APIA BAJO LA IMAGEN DE HÉRCULES[292]

Vía Apia, a la que inmortaliza César, venerable bajo un trasunto
de Hércules, gloria suprema de los caminos ausonios:
si deseas saber las hazañas del primer Alcida,
entérate: domeñó al libio, se llevó las manzanas de oro,
despojó del cinturón escítico a la amazona armada con una pelta,
sumó la piel del león al jabalí arcadio,
eliminó de los bosques al ciervo de pezuñas de bronce, de los cielos
a las aves del Estinfalo, volvió de la laguna estigia con el perro,

---

[289] Cf. IX 22, 10.

[290] Y ricas y viejas, a las que pretende heredar (cf. II 32, 6). Sobre la vida del cliente, cf. VIII 44.

[291] Que, por otra parte, era el doble de los cien cuadrantes de la espórtula; cf. I 59 (Ker, II, pág. 147).

[292] Que se encontraba en el templo de Hércules; cf. IX 64 y 65.

impidió —con repetidas muertes— que la prolífica hidra se reprodujera,
bañó en el río etrusco a las vacas hesperias.[293]
Esto, el Alcida menos importante: escucha lo que hizo el más importante,[294]
al que reverencia el sexto miliar a partir de la ciudadela albana.[295]
Aseguró al Palacio imperial, ocupado por funestas tiranías,
aún muchacho libró en defensa de su Júpiter sus primeros combates;[296]
a pesar de que ya en solitario tiraba de las riendas Julias,
las entregó y ocupó el tercer lugar en un mundo que había sido suyo;[297]
tres veces aplastó los cuernos[298] traidores del Histro sarmático,
tres veces bañó a su caballo sudoroso en la nieve gética;[299]
reacio a encabezar los triunfos varias veces rehusados,
desde el mundo hiperbóreo se trajo, vencedor, un nombre;[300]
regaló templos a los dioses,[301] normas de conducta a las gentes,[302] paz a las armas,
estrellas a los suyos, astros al cielo, guirnaldas a Júpiter.
La divinidad hercúlea no es suficiente para tan grandes gestas:
que este dios preste sus rasgos al padre de Tarpeya.[303]

---

[293] En los últimos siete vv. se han relatado, aunque no en orden cronológico, la mayoría de los trabajos de Hércules: la victoria sobre Anteo, previa a las manzanas de oro de las Hespérides (v. 4), el cinturón de Hipólita (v. 5), el león de Nemea y el jabalí del Erimanto (v. 6), la cierva de Cerinía (v. 7), las aves del Estinfalo (vv. 7-8), el Cérbero (v. 8), la hidra de Lerna (v. y el rebaño de Gerión (v. 10).

[294] Cf. IX 64, 6.

[295] Recuérdese (IX 64, 4) que el templo de Hércules estaba a ocho millas de Roma y, por tanto, a seis del monte Albano (Friedländer, pág. 104).

[296] Cf. Suetonio, *Domiciano* 1, 2.

[297] *Ibidem*, 13, 1.

[298] Los ríos, como divinidades, eran representados con cuernos; el aplastamiento de estos era un símbolo de su derrota (S. Bailey, II, pág. 79).

[299] *Ibidem*, 6, 1.

[300] *Ibidem*, 13, 3. Cf. IX 93, 8.

[301] Cf. IX 3.

[302] Cf. Suetonio, *Domiciano*, 7 y 8.

[303] A Júpiter Capitolino; cf. IX 86, 7.

102

AL PRESTAMISTA FEBO[304]

Me devuelves, Febo, el pagaré de cuatrocientos mil sestercios:
mejor, Febo, préstame cien mil.
Busca otro ante el que pavonearte por un regalo tan vacuo:
lo que no puedo pagarte, Febo, mío es.[305]

103

SOBRE UNOS HERMANOS GEMELOS, DE QUIENES DICE QUE SON IGUALES A CÁSTOR Y PÓLUX Y MÁS HERMOSOS QUE LA PROPIA HELENA

¿Qué nueva Leda te ha dado unos criados tan parecidos?
¿Qué lacedemonia desnuda ha sido seducida por otro cisne?[306]
Pólux le presta su cara a Híero, Cástor se la presta a Asilo,
y en uno y otro rostro brilla su hermana, la hija de Tindáreo.[307]
Si hubiera existido una belleza tal en Amiclas de Terapnas[308]
cuando regalos de menor importancia superaron a las dos diosas,
te habrías quedado, Helena, y al frigio Ida habría regresado
el dardanio Paris con estos Ganímedes gemelos.[309]

---

[304] Cf. I 75; VIII 37.

[305] Cf. II 3 y VIII 37.

[306] Comparación con la seducción de Leda por Júpiter transformado en cisne; de su unión nacieron Cástor y Pólux.

[307] Helena, hija de Tindáreo y Leda.

[308] Amiclas es una ciudad de Esparta, una de las residencias de Tindáreo, rey de Esparta. Terapnas es otra ciudad de la misma zona; por extensión indica Esparta, para diferenciar esta Amiclas de la que se encontraba en el Lacio (cf. XIII 115, 1).

[309] Referencia al famoso Juicio de Paris. este, que vivía como pastor en el monte Ida, tuvo que decidir cuál de las tres diosas —Juno, Minerva o Venus— era la más hermosa; venció Venus, que lo había sobornado prometiéndole la mujer más hermosa del mundo (Helena).

LIBRO X

1

EN MUCHAS OCASIONES EL LIBRO SE RESUME EN UNA PÁGINA[1]

Si te parezco que soy un libro desmesurado y prolijo,
con un colofón lejano, lee unos pocos epigramas: seré un librito.
En muchas ocasiones acaba con un pequeño poema
una página mía: hazme tú mismo todo lo breve que se te antoje.[2]

2

AL LECTOR, PARA QUE SEA BENÉVOLO CON ESTE LIBRO QUE EDITÓ CON PRISAS Y LUEGO CORRIGIÓ[3]

El resultado de mi décimo librito —realizado con prisas en anterior [ocasión—
me ha rememorado ahora esa obra que se me escapó de las manos.

---

[1] El libro comienza con un ciclo de cinco epigramas literarios sobre distintos asuntos; en este, sobre la brevedad del género; cf. I 110 n.

[2] Cf. XIV 2, 1.

[3] Estructura bimembre: vv. 1-6, sobre las circunstancias del libro; vv. 7-12, sobre la pervivencia del mismo.

Leerás algunos epigramas ya conocidos pero pulidos con nueva lima;
inédita será su mayor parte;[4] lector, sé benévolo con una y otra,
lector,[5] mi bien: que cuando Roma te entregó a mí
dijo: «No tengo nada mejor que darte.
Gracias a este escaparás de la inexorable corriente de la desagradable Lete[6]
y sobrevivirás en lo mejor de ti mismo.
El cabrahígo agrieta los mármoles de Mesala[7] y, petulante,
el muletero se ríe de los caballos truncos de Crispo:[8]
mas a los escritos no les dañan los robos y les beneficia el paso del tiempo,
y son estos los únicos monumentos que no conocen la muerte».

3

A PRISCO, CONTRA UN POETA ANÓNIMO QUE, BAJO EL NOMBRE DE MARCIAL, PROPALABA POEMAS DIFAMANTES[9]

Chismorreos de esclavos —lenguas viperinas—
y horribles denuestos de bocas charlatanas,
que ni a cambio de una pajuela sulfurosa aceptaría
un representante de vasos vatinios[10] rotos,
los propala un poeta anónimo

---

[4] Este libro X fue editado por primera vez en el año 95, y corregido y aumentado en el 98, que es la edición que ha subsistido; cf. vol. I, Introducción general, pág. 9.

[5] Cf. Kay, pág. 101.

[6] Una de las lagunas del infierno, cuyas aguas hacían olvidar el pasado.

[7] Cf. VIII 3, 5 n.

[8] Gayo Pasieno Crispo, que fue cónsul por segunda vez en 44 p. C.; sobre su tumba había una estatua de él montado en un carro, cuyos caballos están ahora destrozados (cf. Izaac, II 2, pág. 273).

[9] Cf. I *epist.* n.; 29 n; 53 n.

[10] Se trata de unos vasos con cuatro bocas, que se decían hechos a imitación de la nariz de Vatinio (cf. XIV 96), un zapatero de Benevento de tiempos de Nerón (cf. Juvenal, V 46-47). Sobre la venta de vasos rotos, cf. I 41, 3-4 (Ker, II, pág. 154).

y pretende que se tomen por míos. ¿Te lo puedes creer, Prisco?
¿Que un loro hable con voz de codorniz y que Cano[11] anhele ser gaitero?
Váyase esa oscura reputación lejos de mis libritos,
a los que una brillante acogida encumbra con alas blancas:
¿por qué voy yo a esforzarme en ser conocido con tan malas artes cuando
el silencio puede salirme gratis?

4

AL LECTOR: SUS EPIGRAMAS SON MÁS ÚTILES QUE TODAS LAS LEYENDAS[12]

Tú que lees[13] sobre Edipo y el oscurecedor Tiestes[14]
y mujeres de la Cólquide y Escilas, ¿qué lees sino portentos?
¿De qué te servirá a ti el rapto de Hilas, de qué Partenopeo
y Atis, de qué el dormilón de Endimión,[15]
o el niño despojado de sus alas deslizantes,[16] o
Hermafrodito, que odia las aguas que lo aman?
¿Por qué te deleitan las caricaturas sin sentido de un miserable papel?
Lee eso de lo que la vida pueda decir «mío es».[17]
Aquí no encontrarás centauros ni górgonas
y harpías: a ser humano saben mis páginas.
Pero no quieres, Mamurra, contemplar tus propias costumbres
ni conocerte a ti mismo: puedes leer los *Aitia* de Calímaco.[18]

---

[11] Cf. IV 5, 8 n.

[12] Epigrama en defensa del género; cf. I 107 n. y IV 49.

[13] La mayoría de las leyendas que siguen ya han sido citadas anteriormente.

[14] Cf. III 45, 1 n. Se dice que el sol se eclipsó para no ver tal horror.

[15] Hijo de Aetlio y Cálice y de extraordinaria belleza, la Luna se enamoró de él; al concederle Zeus lo que le pidiera, eligió permanecer siempre dormido, ser inmortal y eternamente joven.

[16] Ícaro, hijo de Dédalo, a quien su padre construyó unas alas de cera y plumas para que pudiera escapar del laberinto de Creta.

[17] Cf. VIII 3, 20.

[18] Que era un poema épico.

5

CONTRA UN POETA INJURIOSO, AL QUE MALDICE[19]

Todo aquel que, despreciando la estola y la púrpura,[20]
ha dañado con irreverentes versos a quienes debe respetar,
que vague por la ciudad proscrito de los puentes y de las costanillas,[21]
y, el último entre los roncos pedigüeños,
implore perrunos bocados de pan basto.
Que a ese un largo diciembre y una invernada húmeda
y el cerramiento de una arcada le alarguen un frío desconsolador:
que llame afortunados y proclame felices
a los que son trasladados en las andas orcivianas.[22]
Mas cuando llegue el desenlace de la última hora
y el día inacabable, que sienta la pelea de los perros
y tenga que espantar a las aves carroñeras agitando sus harapos.
Y que no acaben sus castigos con la muerte sin más,[23]
sino que, ora desgarrado por los látigos del implacable Éaco,[24]
ahora aplastado por el peñasco del atormentado Sísifo,[25]
ahora deshidratado en medio de las aguas del viejo bocazas,[26]
tenga que sufrir en sus carnes todas las consejas de los poetas:
y, que, cuando la Furia[27] le exhorte a confesar la verdad,
a instancias de su mala conciencia, grite: «Yo lo escribí».

---

[19] Cf. I *epist.* n.; 29 n.; 53 n.

[20] Esto es, a las señoras y a los dignatarios.

[21] Alojamiento habitual de pordioseros; cf. XII 32, 10, 25.

[22] Comunes, las de los pobres (cf. VIII 75, 9-14). Orco era antiguamente el dios de la muerte entre los romanos (IZAAC, II 2, pág. 274).

[23] Cf. S. BAILEY, «Corrections...», pág. 285.

[24] Uno de los tres jueces de los infiernos.

[25] Condenado a empujar incesantemente en los Infiernos una gran piedra hasta lo alto de una montaña por haber revelado el rapto de Egina por Zeus.

[26] Condenado a ser devorado permanentemente por la sed en los Infiernos a pesar de estar rodeado de agua por haber divulgado los secretos de los dioses.

[27] Eran tres, encargadas de castigar sobre todo a los parricidas.

6

SOBRE LA LLEGADA DEL CÉSAR TRAJANO DESDE GERMANIA[28]

Afortunados aquellos a los que el sorteo ha deparado contemplar a nuestro [caudillo
relampagueante de soles y estrellas árticos.[29]
¿Cuándo llegará ese día en el que el llano y el árbol y todo
ventanal relucirá engalanado de jóvenes latinas?
¿cuándo las dulces esperas y la larga polvareda tras César
y el espectáculo de toda Roma en la calle Flaminia?
¿cuándo, caballeros y moros abigarrados[30] por vuestras túnicas del Nilo,
desfilaréis y la única voz del pueblo será: «Ya llega»?

7

AL RIN, SOBRE LO MISMO

Rin, padre de las ninfas y de todos los ríos
que beben de las escarchas odrisias:[31]
que disfrutes siempre de tus aguas cristalinas
y no te holle, pisoteándote, la bárbara
rueda de un boyero desaprensivo;
que, tanto con tus dorados cuernos[32] reconquistados
como romano en una y otra orilla, fluyas,
con tal de que les devuelvas a su gente y a su ciudad
a Trajano: te lo pide el Tíber, tu señor.

[28] Trajano se convirtió en emperador mientras se encontraba en Renania y no llegó a Roma hasta año y medio después.

[29] Comp. con la imagen de Domiciano en VIII 65, 3-4.

[30] Los caballeros de la escolta y los masilos (cf. IZAAC, II 1, pág. 78).

[31] Metonimia por norteñas; cf. IX 93, 8.

[32] Cf. IX 101, 17 n.

8

SOBRE LA VIEJA PAULA[33]

Paula desea casarse conmigo, yo no quiero a Paula
por esposa: es vieja. La querría si fuera más vieja.

9

SOBRE ÉL MISMO[34]

Por mis versos de once pies y once sílabas[35]
y por mi mucho salero —aunque no desvergonzado—
conocido por las naciones yo, el famoso Marcial,
y conocido por las gentes —¿por qué me envidiáis?—[36],
no soy más conocido que el caballo Andremón.[37]

10

CONTRA PAULO, CÓNSUL Y SALUDADOR[38]

Si tú, que empiezas el año con los fasces lauríferos,[39]
pisoteas cada mañana mil umbrales para dar los buenos días,
¿qué voy a hacer yo entonces?, ¿qué nos dejas, Paulo, a nosotros,
los que pertenecemos a la chusma de Numa y a la turbamulta?

---

[33] Cf. I 10 n.

[34] Cf. I 1.

[35] El dístico elegíaco y el faléceo.

[36] Cf. I 115 n.

[37] Un famoso caballo de carreras.

[38] Sobre la vida del cliente, cf. VIII 44.

[39] Cf. VIII 66, 4.

¿Voy a llamar señor y rey[40] a quien se digne mirarme?
Eso —¡pero con cuánta mayor zalamería!— tú mismo lo haces.
¿Voy a acompañar a una litera o una silla de manos? Ni a portearlas te [niegas,
y pugnas por ir el primero por medio del barro.
¿Me voy a poner muchas veces de pie ante el que recita poemas? Tú ya lo [estás,
y al mismo tiempo extiendes las dos manos hacia su cara.[41]
¿Qué hará un pobre que no puede ser cliente?
Vuestra púrpura ha dejado sin trabajo a nuestras togas.

11

CONTRA CALIODORO: NADIE PUEDE PARECER AMIGO VERDADERO A FUERZA DE REGALOS[42]

No hablas más que de Teseo y Pirítoo
y te crees que eres, Caliodoro, igual a Pílades.[43]
Que me aspen si eres digno tú de alargarle una escupidera
a Pílades o de apacentar los cerdos de Pirítoo.
«Sin embargo», dices, «le he regalado cinco mil sestercios a un amigo
y una toga lavada, a lo sumo, tres o cuatro veces».
¿Y qué, si Pílades no le regaló nunca nada a Orestes?
El que hace regalos, por muchos que sean, más niega.

---

[40] Cf. I 112, 1 n.

[41] Una forma de aplaudir (cf. JUVENAL, III 106), o quizás aluda a la manera de tirar besos (cf. I 3, 7); KER, II, pág. 160.

[42] Inicia aquí un pequeño ciclo sobre los regalos, que se extiende por los epigrs. 15 (14), 17 (16), 18 (17) y 19 (18).

[43] Dos ejemplos de amistad legendaria; el primero, entre Teseo, rey de Atenas, y Pirítoo, rey de los lápitas; el segundo, entre Orestes, hijo de Agamenón y Clitemnestra, y su primo Pílades, hijo de Estrofio; cf. VI 11 y VII 24.

12

A DOMICIO, A QUIEN DESEA FELIZ VIAJE Y REGRESO

Tú que te diriges hacia los pueblos de la vía Emilia y a Vercelas
la de Apolo y los labrantíos del Po de Faetón:[44]
que no viva yo si no te dejo marchar de buen grado, Domicio,
aunque sin tu presencia ningún día me sea grato.
Pero vale la pena mi añoranza con tal de que, aunque solo sea durante una [mies,
puedas liberar tu cuello despellejado por el yugo urbano.
Ve, te lo ruego, y absorbe por tu piel codiciosa todos los rayos del sol.
¡Oh qué hermoso mientras andes de viaje!
Y volverás irreconocible para tus blanquecinos[45] amigos
y la gente, descolorida, envidiará tus mejillas.
Pero Roma te arrebatará enseguida el color que te hayan dado los caminos,
aunque retomes con la tez renegrida de un egipcio.

13 (20)

A MANIO, DE QUIEN DICE QUE ES LA CAUSA DE QUE ÉL VUELVA A SU PATRIA[46]

Que el celtíbero Jalón me arrastre hacia sus auríferas orillas,
que me apetezca ir a ver los inclinados tejados de mi país,
tú, Manio, a quien aprecio desde los años candorosos
y trato con tierna amistad,
tú lo consigues; en las tierras iberas no hay nadie más adorable

---

[44] Es decir, a la actual Lombardía. La vía Emilia iba desde Piacenza hasta Rímini; Vercelas estaba junto al lago de Como (aquí aludiría al culto que allí recibía Apolo; cf. FRIEDLÄNDER, pág. 114); en el Po (o Erídano) murió Faetón, hijo del Sol, al estrellarse con la cuadriga de su padre.

[45] Cf. III 58, 24 n.

[46] Primera referencia al deseo de regresar a su tierra.

que tú ni más merecedor de un amor sincero.
A tu lado yo podría amar, como huésped, incluso los getulos
aduares de los sequerosos púnicos y las chozas escíticas.
Si sientes lo mismo, si nuestro cariño es mutuo,
en cualquier lugar los dos tendremos una Roma.

14 (13)

A COTA, CUYA DESGRACIA DICE QUE SE DEBE A SUS BIENES

Aunque un faetón traslade a tus acicalados criados
y tu palafrenero libio sude en medio de una larga polvareda,
y la disposición de tus triclinios no se bañe solo en Bayas[47]
y Tetis pierda su color al impregnarse de tus perfumes,
trasiegos de Setia llenen a reventar tus diáfanas copas de cristal,
y no duerma Venus en plumas más blandas,
te pasas las noches tumbado ante el umbral de una adúltera desdeñosa
y se empapa ¡ay! con tus lágrimas su puerta insensible,
y los sollozos no dejan de atizar tu corazón acongojado.
¿Quieres que te diga por qué fracasas, Cota? Tienes éxito.

15 (14)

A CRISPO, AMIGO DE PALABRA Y NO DE HECHOS[48]

Dices que tú no le vas a la zaga a ninguno de mis amigos.
Pero, para que eso sea verdad, ¿qué haces —te pregunto— Crispo?
Cuando te pedí prestados cinco mil sestercios, me los negaste,
pese a que tus arcas repletas no podían atesorar tus monedas.

---

[47] Esto es, tenía más de una finca de recreo al mismo borde del mar; Tetis (en el v. sig.), es metonimia por mar.

[48] Cf. X 11.

¿Cuándo me has regalado un moyo de habas o de trigo,
pese a que un aparcero egipcio labra tus campos?
¿cuándo me fue enviada una toga corta en pleno rigor de la invernada?
¿cuándo me llegó un plato de media libra de plata?[49]
Nada alcanzo a ver por lo que considerarte amigo
salvo el hecho de que acostumbras, Crispo, a peerte delante de mí.

16 (15)

SOBRE APRO, QUE MATÓ A SU ESPOSA[50]

A su esposa, de rica dote, le atravesó Apro el corazón con una flecha [aguzada,
pero fue jugando: Apro sabe jugar.

17 (16)

CONTRA GAYO, QUE HACE VANAS PROMESAS[51]

Si regalar llamas a prometer y no dar, Gayo,
te superaré con mis regalos y presentes.
Recibe todo lo que el ástur extrae en los labrantíos galaicos,
todo lo que posee la aurífera corriente del rico Tajo,
todo lo que el renegrido indo encuentra en las algas eritreas[52]
y todo lo que el ave singular acumula en su nido,[53]
todo lo que la desenfrenada Tiro acopia en la caldera de Agénor.[54]
Lo que poseen todos recíbelo tal como lo das.[55]

---

[49] Cf. Kay, págs. 283-284.

[50] Cf. I 10 n.

[51] Cf. X 11 y 15 (14).

[52] Las perlas; cf. VIII 26, 8 n. y 28, 14.

[53] El ave Fénix, que al aproximarse su muerte se construye un nido con maderas impregnadas de sustancias aromáticas; cf. VI 55.

[54] La púrpura. Agénor es el fundador de Tiro, famosa por su lujo y cuna de la púrpura.

[55] Es decir, no recibiendo nada.

18 (17)

A LA MUSA, SOBRE MACRO

Intentas en vano, Musa, substraerle a Macro
su tributo saturnal:[56] no te es posible; él mismo lo reclama;
pide las chanzas habituales y no poemas amargos
y se queja de que mis fruslerías han enmudecido.
Pero ahora él dedica el tiempo a prolijos informes de los peritos.
Vía Apia,[57] ¿qué harás si Macro lee estos versos?

19 (18)

SOBRE MARIO, PATRÓN POBRE[58]

Mario ni invita a cenar ni envía regalos
ni avala ni quiere prestar, pero tampoco tiene.
Sin embargo, no falta gente que le dé coba a un amigo inservible.
¡Ay, Roma, qué majaderas son tus togas!

20 (19)

LE ENVÍA SU LIBRO A PLINIO[59]

Este librito, no muy sabio y poco serio
pero, por lo demás, no del todo zafio,
ve y llévaselo, Talía mía, al elocuente
Plinio:[60] breve es el esfuerzo de coronar

---

[56] El regalo con motivo de las fiestas saturnales.

[57] Macro, al parecer, era el responsable de mantenimiento de la vía Apia (Ker, II, pág. 165).

[58] Finaliza aquí el pequeño ciclo sobre los regalos que comenzó en X 11.

[59] Cf. I 70 n.

[60] Plinio el Joven.

el empinado sendero que atraviesa la Subura.
Allí verás en seguida a un Orfeo
que mana en lo alto de sus empapados espectadores
y a las fieras embobadas[61] y al ave reina[62]
que llevó hasta el Tonante al frigio raptado;
allí la pequeña casa de tu querido Pedón[63]
está adornada con relieves menores de alas de águila.
Pero, en tu embriaguez, procura no llamar a la diestra
puerta en un momento que no te corresponde:
dedica los días enteros a la taciturna Minerva
mientras —para los oídos de los centúnviros— se afana
en algo que las generaciones venideras puedan
comparar incluso con los escritos de Arpino.[64]
Será más seguro que vayas ya bien entrada la noche:
esa es tu hora, cuando Lieo está en trance,
cuando reina la rosa, cuando los cabellos están rociados de perfume:[65]
que me lean entonces incluso los circunspectos Catones.[66]

21

A SEXTO, CUYOS ESCRITOS ERAN OSCUROS

Escribir cosas que apenas si comprende el propio Modesto
y apenas Clarano,[67] ¿por qué —te pregunto, Sexto— te divierte?

---

[61] Es decir, una fuente en la que aparecían representados Orfeo y los animales que encantó con su música. Para otra interpretación, cf. FRIEDLÄNDER, pág. 118.

[62] El águila que raptó a Ganímedes.

[63] El poeta Albinovano Pedón, que vivió en época de Augusto.

[64] Alusión a la profesión de abogado de Plinio, cuyos discursos forenses —perdidos— compara con los de Cicerón, nacido en Arpino. Minerva es la patrona de los oradores (cf. I 76, 5), y los centúnviros formaban una modalidad de jurado que entendía, sobre todo, de pleitos de herencias.

[65] Cf. IX 61, 11-18.

[66] Cf. I *epist.*

[67] Se trata de críticos literarios.

Tus libros no necesitan un lector sino un Apolo:[68]
según tú, Cinna[69] fue más importante que Marón.[70]
Entonces, que tus poemas sean simplemente alabados: que los míos, Sexto,
agraden a los hermeneutas, aunque no precisen de hermeneutas.

22

CONTRA EL REPUGNANTE FILINO

¿Por qué salgo a menudo con la barbilla emplastada
y mis labios —sanos— están pintados de blanco albayalde,
me preguntas, Filino? No quiero besarte.[71]

23

SOBRE ANTONIO PRIMO, A QUIEN FELICITA POR SU VIDA DICHOSA

Antonio Primo,[72] dichoso en la serenidad de su edad,
cuenta ya quince olimpíadas cumplidas,[73]
y revisa las fechas pasadas y los años ya a salvo
y no teme las aguas del Lete[74] cada vez más cercano.
Al recordarlos, ningún día le resulta desagradable ni fastidioso;
ninguno hubo del que no quiera acordarse.

---

[68] Como dios intérprete de los oráculos.

[69] Amigo de Catulo, que escribió un largo y oscuro poema épico llamado *Zmyrna;* cf. Catulo, 95 (Ker, II, pág. 169).

[70] Virgilio.

[71] Cf. XI 98.

[72] Cf. IX 99.

[73] Setenta y cinco años; para Marcial una olimpíada constaba de cinco años (cf. IV 45, 3-4). Sobre el significado, cf. X 24, 9.

[74] Cf. X 2, 7 n.

El hombre cabal aumenta la duración de su existencia; en esto consiste vivir dos veces: en poder disfrutar de la vida transcurrida.

24

A LAS CALENDAS DE MARZO, EN LAS QUE NACIÓ

Calendas de marzo, mi cumpleaños,
día más hermoso que todas las calendas,
en el que me envían regalos incluso las muchachas:[75]
pasteles quincuagésimos y este séptimo
incensario añado yo a vuestros fóculos.
A ellos añadidle vosotras —si, con todo, conviene
a mis ruegos— dieciocho años,[76] por favor,
para que, sin estar aún impedido por una vejez excesiva
sino después de cumplir tres intervalos de la vida,[77]
me dirija yo a los sagrados bosques de la joven elisia.[78]
Tras igualar así a Néstor,[79] ni una jornada más suplicaré.

25

SOBRE MUCIO, QUE SE QUEMA LA MANO[80]

Si Mucio, al que contemplaste una mañana reciente,
en la arena, el que puso sus brazos en el fuego,

[75] Cf. IX 90, 15 n.

[76] Es decir, que llegue a cumplir setenta y cinco años.

[77] El círculo completo de la vida (100 años) estaba dividido en cuatro partes iguales (cf. MANILIO, II 844-855); a Marcial, que cumplía 57 años, le faltaban 18 para completar la tercera (KER, II, pág. 171).

[78] Prosérpina, la reina del Infierno.

[79] Cf. II 64, 3.

[80] El nombre del artista evoca el episodio de Mucio Escévola; cf. I 21 y VIII 30.

te parece fuerte, duro y valiente,
es que tienes las entendederas de las gentes abderitanas.[81]
Pues cuando se dice —estando al lado la hopa de los condenados—
«Quema tu mano», es mejor decir «No lo hago».

26

SOBRE VARO, MUERTO EN EGIPTO

Varo, hace poco conocido en las ciudades egipcias por el sarmiento
latino e inolvidable jefe para tus cien hombres,[82]
sin embargo ahora —incumplida promesa al Quirino ausonio—[83]
yaces como alma en pena de la costa de los Lagos.[84]
No me fue posible regar con mis lágrimas tu rostro gélido
ni añadir denso incienso a tu pira desconsoladora.
Pero se te está dando un nombre que pervivirá en un poema imperecedero:
¿o es que también esto, Nilo traicionero, me lo puedes negar?

27

A DIODORO, PLEBEYO PERO RICO

En tu cumpleaños, Diodoro, el senado se sienta invitado
a tu mesa y son pocos los caballeros que no asisten,
y tu espórtula prodiga treinta sestercios por cabeza.[85]
Sin embargo, Diodoro, nadie cree que hayas nacido.[86]

---

[81] Los habitantes de Abdera, en Tracia, eran, como los beocios, famosos por su estupidez (KER, II, pág. 172).

[82] Varo era un centurión, cuyo distintivo consistía en una vara de sarmiento.

[83] Esto es, regresar a Roma.

[84] De Egipto; los Lagos forman la dinastía que arranca de Ptolomeo I (s. IV-III a. C.), hijo de Lago.

[85] Casi cinco veces lo normal; cf. I 59.

[86] Cf. VIII 64, 18 n.; KAY, pág. 94.

28

A JANO, PARA QUE CONCEDA LA PAZ

Tú, el más hermoso procreador de los años y del resplandeciente universo,
a quien en primer lugar invocan las promesas y ruegos públicos,[87]
antes, abierto de par en par, habitabas una reducida casa,
por cuyo interior Roma pasaba en masa.
Ahora, con los regalos cesáreos, tus umbrales están vallados
y cuentas tantos foros, Jano, como caras ostentas.[88]
Mas tú, venerable padre, en agradecimiento por tan grandes dones,
refuerza tus cerrojos de hierro con una tranca eterna.[89]

29

A SEXTILIANO, ENAMORADO

El plato que me enviabas el día de Saturno
se lo has enviado, Sextiliano, a tu fulana;
y con el dinero de la toga que me regalabas por las calendas que de Marte
reciben el nombre,[90] le has comprado un conjunto verdinegro de noche.
Las mujeres empiezan ya a salirte gratis:
follas, Sextiliano, a costa de mis regalos.

---

[87] Cf. VIII 4 n.

[88] El antiguo templo de Jano estaba cerca del Foro Romano y representaba a Jano con dos caras (Jano Gémino o Bifronte); Domiciano construyó un nuevo templo otorgándole a Jano cuatro caras (Jano Cuadrifronte), en el Foro Transitorio (cf. VIII 2); los otros tres foros eran el Foro Romano, el Julio y el de Augusto (KER, II, pág. 174).

[89] Que la puerta del templo de Jano estuviera cerrada indicaba que había paz.

[90] Por su cumpleaños; cf. X 24.

30

SOBRE LA COSTA DE FORMIAS[91]

¡Oh costa deliciosa de la templada Formias!
A ti —cuando se escapa de la ciudad del riguroso Marte
y, agotado, se libera de las turbadoras preocupaciones—
Apolinar te prefiere a todos los lugares,
Ni a la deliciosa Tívoli de su adorable esposa,
ni a los retiros tusculanos o del Álgido,
ni a Preneste ni a Anzio los admira él tanto;
ni a la cautivadora Circe o a la Gaeta dárdana[92]
las añora, ni a Marica ni al Liris
ni a Sálmacis que se baña en el manantial del Lucrino.[93]
Aquí la superficie de Tetis[94] es rizada por un suave viento;
pero el agua no está en calma, sino que la vivaz quietud del ponto
lleva a la colorida barca con la ayuda de la brisa,
de la misma forma que, al agitarse el vestido de púrpura de la joven
que no gusta del calor, llega un agradable fresco.
Y el sedal no busca su presa en un mar distante,
sino que el pez, divisado desde lo alto, tira de la tanza
que se ha lanzado desde la cama o el catre.
Si alguna vez Nereo experimenta la opresión de Éolo,[95]
la mesa, asegurada con lo que allí dispone, se ríe de las tormentas:
un vivero cría rodaballos y róbalos nacidos allí.

---

[91] Estaba situada en la costa sur de Roma, entre Gaeta y la desembocadura del Liris (cf. n. al v. 10).

[92] Cf. V 1, 5 n.

[93] En los últimos seis vv. ha aludido Marcial a diversos y afamados lugares de recreo, casi todos ellos en el Lacio; primero, a tres localidades (Tívoli, Túsculo, Preneste) y un monte (el Álgido) del interior, situados al E y SE de Roma, y luego a cinco lugares costeros al de Roma: Anzio, Circeyos, Gaeta, el río Liris (en cuya desembocadura tenía un templo la ninfa Marica) y el lago Lucrino (ya en Campania, donde parece situar la leyenda de la ninfa Sálmacis y Hermafrodito).

[94] Cf. X 14(13), 3 n.

[95] Metonimias por mar y viento, respectivamente.

la mimada morena acude nadando hacia su guarda,
el esclavo llama por su nombre al mújol que conoce
y los salmonetes viejos, al ordenárseles que vengan, se aproximan.
Pero, ¿cuándo permites, Roma, disfrutar de todo esto?
¿cuántos días en Formias concede el año
a quien está atrapado por los absorbentes asuntos de la ciudad?
¡Oh afortunados porteros y capataces!
Todo esto se tiene a punto para los señores: a vuestra disposición está.

31

CONTRA EL GLOTÓN CALIODORO

Ayer traspasaste un esclavo por mil doscientos sestercios[96]
para, por una vez, darte una buena cena, Caliodoro.
Y no cenaste bien: un salmonete de cuatro libras
que compraste constituyó el menú y el plato principal de la cena.
Sienta bien gritarte: «Esto no es, manirroto, no es
un pescado, es un hombre ;[97] a un hombre, Caliodoro, te estás zampando».

32

A CEDICIANO, SOBRE UN CUADRO DE MARCO ANTONIO PRIMO[98]

Este retrato que engalano con violetas y rosas,
¿de quién son los rasgos que evoca, me preguntas, Cediciano?
Así era Marco Antonio Primo en la plenitud
de su vida: en este rostro el anciano puede verse en su juventud.
¡Ojalá pudiera el arte reproducir la personalidad y el carácter!
No habría en la tierra un cuadro más hermoso.

---

96 Es decir, por muy poco dinero (cf. IZAAC, II 2, pág. 276).

97 Comparar, en otro contexto, con IX 41, 10.

98 Sobre el personaje, cf. IX 99 y X 23; sobre el tema. cf. IX 74 y 76.

33

A MUNACIO GALO, PARA QUE DEFIENDA SUS POEMAS[99]

Munacio Galo, más sencillo que los sabinos de antaño,[100]
que superas en bondad al viejo de Cecropia:[101]
que la casta Venus, mediante el indisoluble matrimonio de tu hija,
te conceda perpetuar el ilustre linaje de tu consuegro
con tal de que tú, si por un azar una malévola envidia dijera que son míos
unos versos emponzoñados de mala baba,[102]
la apartes de mí —tal como sueles hacer— y alegues que nadie
cuya obra se lee escribe poemas así.
Mis libritos han sabido atenerse a la siguiente norma:
respetar a las personas, hablar de sus defectos.

34

A TRAJANO, SOBRE LOS DERECHOS RESTITUIDOS A LOS PATRONOS

Que los dioses te concedan, César Trajano, todo lo que te has ganado
y quieran ratificarte de por vida lo que ya te han otorgado:
tú que repones en sus derechos al patrón expoliado
—no será ya un desterrado para sus libertos—
mereces poder conservar al pueblo como cliente tuyo,
tal como —sólo con que se te permita demostrar que esto es verdad— puedes.[103]

[99] Cf. I *epist.* n.

[100] Cf. I 62, 2 n.

[101] De Atenas (cf. IX 11, 2 n.). Se trataría de Epicuro o de Sócrates (Friedländer, pág. 127).

[102] Cf. X 5 n.

[103] Trajano había prohibido a clientes y libertos emprender acusaciones contra sus patronos (cf. Plinio, *Panegírico* 42, 3); Marcial aboga ahora por los clientes (Ker, II, pág. 179).

35

SOBRE SULPICIA, CUYOS VERSOS SOBRE EL AMOR DE LOS ESPOSOS ALABA

Que lean a Sulpicia todas las amantes
que deseen contentar solo a su hombre;
que lean a Sulpicia todos los maridos
que deseen contentar solo a su esposa.
No sostiene ella el desvarío de la mujer de la Cólquide,
ni refiere los manjares del despiadado Tiestes,[104]
ni cree que hayan existido Escila[105] ni Biblis,[106]
sino que expone amores puros y limpios,
retozos, caricias y coqueteos,
Quien tuviera buena opinión de sus poemas
diría que no hubo ninguna mujer más picardeada,
diría que no hubo ninguna mujer más recatada.
Así creería yo que fueron los devaneos
de Egeria en la húmeda gruta de Numa.[107]
Con tal condiscípula o con tal maestra
hubieras sido, Safo, más sabia y pudorosa:
pero, de haberla visto a tu lado y al mismo tiempo,
el insensible Faón[108] hubiera amado a Sulpicia.
Nada de eso: pues ella ni como esposa del Tonante
ni como amante de Baco ni de Apolo
hubiera sobrevivido si le hubiera sido arrebatado Caleno.[109]

---

[104] Cf. III 45, 1 n.

[105] Cf. X 4, 1-2.

[106] Ninfa enamorada de su hermano gemelo Cauno y que acabó convertida en fuente.

[107] Cf. T. Livio, I 19, 5 y 21, 3.

[108] Del que, según Ovidio, *Heroidas* XV, estaba enamorada Safo.

[109] El esposo de Sulpicia; cf. X 38.

36

CONTRA MUNA, SOBRE EL PÉSIMO VINO DE MARSELLA

Todo lo que almacenan los desaprensivos sahumerios de Marsella,
todo barril que se ensolera por medio del fuego,[110]
de ti procede, Muna: a tus desgraciados amigos les envías tú,
a través de los mares, a través de largos caminos, tósigos implacables;
y no por un precio irrisorio sino por uno con el que se contentaría un
[ánfora
de falerno o Setia, apreciada por sus bodegas.
De por qué no vienes a Roma desde hace tantísimo tiempo
creo que la razón es esta: para no beber tus propios vinos.[111]

37

A MATERNO, JURISCONSULTO Y PAISANO SUYO[112]

Tú, el más respetado experto del derecho y de las leyes justas,
que con voz verídica diriges el foro latino,[113]
si tienes, Materno, algún encargo en el océano galaico
para tu paisano y viejo amigote,[114]
¿o es que crees que es mejor sacar un copo de repugnantes ranas
y escuálidas agujas en la costa de Laurento
que devolver a sus rocas a un salmonete capturado
por parecerte que pesa menos de tres libras?

---

[110] Parece que este proceso era exagerado en Marsella; cf. III 82, 23.

[111] El último dístico es «escommático»; cf. I 5 n.

[112] Segunda alusión, tras X 13 (20), a un posible regreso del poeta a su tierra.

[113] Al parecer, Materno se encontraba entre los jurisconsultos a los que el emperador había encomendado el *ius publice respondendi* (cf. FRIEDLÄNDER, pág. 129), es decir, el derecho de publicar sus opiniones sobre puntos conflictivos de las leyes (cf. IZAAC, II 2, pág. 277).

[114] A continuación los dísticos establecen una comparación entre Roma e Hispania.

¿O cenar —como plato principal— un insípido ostión
y lo que recubre con liviana concha un pequeño molusco
en vez de unas ostras que no envidian a los crustáceos de Bayas
y que devorarían los esclavos sin que se lo prohibiese el amo?
Aquí ojearás a gritos hacia las redes a la apestosa raposa
y la asquerosa presa morderá a tus perros:
allí el trasmallo, apenas recién sacado de las profundidades llenas de peces, enredará, aún húmedo, a mis liebres.[115]
Mientras hablo, he aquí que vuelve el pescador con su cesto vacío, que el cazador llega orgulloso del tejón que ha capturado:
toda tu cena junto al mar procede del mercado de la ciudad.[116]
Si tienes algún encargo en el océano galaico.

38

A CALENO, SOBRE LOS DICHOSOS AÑOS QUE VIVIÓ JUNTO A SU ESPOSA SULPICIA[117]

¡Oh tus maravillosos quince años de matrimonio
que el dios te ha dispensado, Caleno,
y completado junto a tu querida Sulpicia!
¡Oh noches y horas todas, que fueron marcadas
con piedras preciosas de la costa índica[118]
¡Oh qué combates, qué batallas por ambos bandos
ha contemplado, dichoso, vuestro lecho y vuestra lámpara
embriagada de efluvios de Níceros![119]
Has vivido, oh Caleno, tres lustros:
esta es toda la vida que tú computas
y solo de tu tiempo de casado llevas la cuenta.

---

115 Que, por su abundancia, andan por la costa.

116 Comp. con X 30, 20.

117 Cf. X 35.

118 Cf. X 17 (16), 5.

119 Un famoso perfumista (cf. VI 55, 3).

Si de este Átropo,[120] después de muchos ruegos,
te devolviera incluso un solo día,
lo preferirías a cuatro veces la vejez del de Pilos.[121]

39

CONTRA LA VIEJA LESBIA

En lo que juras, Lesbia, que tú naciste en el consulado de Bruto,[122]
mientes. ¿Naciste, Lesbia, en el reinado de Numa?
También mientes en esto. Pues, según cuentan tus generaciones,
se dice de ti que fuiste formada con el barro de Prometeo.[123]

40

A LUPO, SOBRE POLA

Como se me decía que mi amiga Pola se veía
siempre a solas con un maricón,
entré de golpe, Lupo. No era un maricón.

41

CONTRA PROCULEYA, QUE SE SEPARÓ
DE SU MARIDO POR AVARICIA

En el mes inaugural[124] de Jano, Proculeya, a tu viejo marido
abandonas y le exiges que haga separación de bienes.[125]

---

[120] Una de las Parcas.

[121] Cf. II 64, 3.

[122] El primer cónsul de la república romana.

[123] Cf. IX 45, 8 n.

[124] Cf. VIII 8, 1. También a comienzo de año tomaban posesión los nuevos cargos públicos.

[125] La expresión latina *res sibi habere suas* se corresponde con la fórmula legal del divorcio (cf. FRIEDLÄNDER, pág. 132).

¿Qué, pregunto, qué ha pasado? ¿Cuál es la razón de este inesperado [arrebato?
¿No me contestas nada? Yo te lo diré: era pretor.
Su toga de púrpura para los juegos Megalenses le habría costado cien mil
sestercios aun ofreciendo espectáculos muy baratos,
y el festival popular se habría llevado veinte mil.[126]
Esto no es un divorcio, Proculeya: es un negocio.

42

A DÍNDIMO, ATRACTIVO JOVEN

Tan incierto es el vello de tu cara, tan suave, que lo
deshace el aliento y el brillo del sol y una brisa ligera.
Con parecida pelusa se recubren los membrillos en agraz
que brillan al ser deslustrados por el pulgar de una muchacha.
Cada vez que te estampo cinco besos demasiado ardientes
me convierto en barbudo, Díndimo, por culpa de tus labios.

43

A FÍLEROS, SOBRE SUS SIETE ESPOSAS FALLECIDAS[127]

Ya es la séptima esposa que entierras en tu campo, Fíleros.
A nadie le rinde el campo más que a ti, Fíleros.

---

[126] Los juegos Megalenses se celebraban en honor de Cibeles (Mégale es uno de sus sobrenombres) en el mes de abril; el festival popular incluía el banquete de Júpiter y los juegos Plebeyos y se celebraba del 4 al 17 de noviembre; ambos estaban a cargo de los pretores.

[127] Cf. VIII 43; IX 15 y 78.

44

A QUINTO OVIDIO. QUE SE VA A BRITANIA

Quinto Ovidio,[128] que estás a punto de visitar a los britanos caledonios
y a la verde Tetis y al padre Océano:[129]
¿abandonas, entonces, las colinas de Numa y los recreos
de Nomento y, en tu vejez, no te retienen ni tu finca ni tu hogar?
Tú demoras el solaz pero, por un lado, Átropos[130] no
demora los estambres y, por otro, se te registran todas tus horas.
Habrás demostrado a un amigo querido —¿quién no lo alabaría?—
que la palabra dada es para ti más importante que la vida;[131]
con todo, que seas devuelto a tu tierra sabina[132] para permanecer al fin allí
y te cuentes entre tus amistades.

45

CONTRA EL LECTOR ESCRUPULOSO

Si mis libritos dicen algo agradable y dulce,
si mi página, sugerente, emite algún son ennoblecedor,
tú lo consideras basto y prefieres roer una costilla
cuando yo te ofrezco un cuarto de jabalí de Laurento.[133]
Bebe vaticano, si te deleitas con vinagre:[134]
mi botella no está hecha para tu estómago.[135]

---

[128] Cf. VII 44.

[129] De Tetis y Océano nacieron tres mil ríos y tres mil Oceánides.

[130] Cf. X 38, 12.

[131] Cf. X 26, 3.

[132] Cf. S. Bailey, «More corrections...», pág. 140.

[133] Cf. IX 48, 5.

[134] Cf. VI 92, 3 n.

[135] Cf. III 77.

46

CONTRA MATÓN, ABOGADO INCAPAZ[136]

Todo quieres decirlo primorosamente, Matón. Dilo
también bien alguna vez; dilo regular; dilo mal alguna vez.

47

A JULIO MARCIAL, SOBRE LAS COSAS NECESARIAS PARA UNA VIDA FELIZ[137]

Las cosas que hacen la vida más feliz,
mi muy entrañable Marcial, son estas:
una hacienda conseguida no a fuerza de trabajar, sino por herencia;
un campo no desagradecido, un fuego perenne;
nunca un pleito, pocas veces las formalidades, una mente tranquila;
unas fuerzas innatas, un cuerpo sano;
una sencillez discreta, unos amigos del mismo carácter;
unos ágapes frugales, una mesa sin afectación;
una noche sin embriaguez, pero libre de preocupaciones;
un lecho no mustio y, sin embargo, recatado;
un sueño que haga fugaces las tinieblas:
querer ser lo que se es y no preferir nada;
ni temer ni anhelar el último día.

---

[136] Cf. II 7; sobre el modelo, cf. I 16.

[137] Uno de los poemas más famosos de Marcial, elogio de la vida retirada (cf. I 55 n.).

48

PREPARACIÓN DE UN BANQUETE[138]

Su séquito le anuncia a la novilla de Faros[139] que es la una de la tarde,
y ya se retira la cohorte armada y llega su relevo.[140]
Esta hora atempera las termas, la anterior exhala demasiados
vapores y las once abrasan sobremanera en las de Nerón.
Estela, Nepote,[141] Canio, Cerial, Flaco, ¿venís?
Mi triclinio semicircular tiene siete plazas; somos seis: añade a Lupo.
Mi casera me ha traído unas malvas que aligerarán
el vientre y los diversos tesoros que posee la huerta,
entre los que están la escarola y los tallos de puerro,
y no falta la menta flatulenta ni la hierba afrodisíaca;
tiras de huevo recubrirán caballas aliñadas con ruda
y habrá vulva de cerda macerada en salmuera de atún.
Hasta aquí los entremeses; la cenita se servirá de una sola vez:
un cabrito salvado de las garras de un lobo feroz,[142]
y chuletillas que no necesitan el cuchillo del trinchante
y las habas de los menestrales y verduras crudas;
a esto se añadirá un pollo y un jamón que ha sobrevivido ya a tres
cenas. Aunque hartos, os daré frutas dulces,
vino sin madres de una botella de Nomento
que tenía seis años en el consulado de Frontino.
Seguirán chanzas sin hiel y una franqueza que no ha de ser temida

---

138 *Vocatio ad cenam*, sobre el género, modelo y estructura, cf. V 78 n.

139 Isis, elevada por los egipcios a la categoría de diosa bajo la figura de una novilla; Faros equivale a Egipto (cf. IX 35, 7 n.). Después del mediodía, los sacerdotes del templo de Isis, en el Campo de Marte, le anunciaban la hora a la diosa, la saludaban y cerraban las puertas (cf. IZAAC, II 2, págs. 277-278).

140 En el palacio imperial.

141 Cf. VI 27.

142 En mal estado y, por tanto, más barato; pero la carne de un animal que había sido atacado por un lobo u otro animal salvaje se consideraba más tierna; cf. III 47, 11 (KER, II, pág. 191).

a la mañana siguiente[143] y nada que se quiera ocultar:
hable mi invitado de los verdes[144] y de Escorpo,[145]
y no la tomen mis copas con nadie.

49

CONTRA COTA, CONVIDADOR MEZQUINO[146]

Aunque bebes en copas guarnecidas de amatistas
y te empapas de oscuro opimiano,[147]
me ofreces un sabino[148] recién embotellado
y me dices, Cota: «¿Lo quieres en copa de oro?».
¿Quiere alguien vinos plomizos en copas de oro?

50

SOBRE ESCORPO, FORMIDABLE AURIGA CUYA MUERTE LLORA[149]

Rompa la Victoria, apesadumbrada, sus palmas idumeas,[150]
golpea, Favor, con mano inmisericorde tu pecho desnudo;
troque el Honor su indumentaria, y a las inclementes llamas, como regalo,
envía tú, Gloria afligida, tu cabellera coronada.
¡Ay, qué atrocidad! Defraudado de los albores de tu juventud, Escorpo,
mueres y con tanta premura unces los negros caballos.

[143] Cf. I 27, 7.
[144] Cf. VI 46 n.
[145] Cf. X 50; 53 y XI 1, 16 n.
[146] Cf. I 20 n. y IV 85, 1 n.
[147] Cf. IX 87, 1 n.
[148] Un vino malo.
[149] Cf. X 53.
[150] Idumea, al S de Judea, era famosa por sus palmeras (Ker, II, pág. 193).

Aquella meta, siempre rápida y fugaz al paso de tu carro,
¿por qué estuvo también tan cercana en tu vida?

51

A FAUSTINO, SOBRE LA PRIMAVERA[151]

El toro tirio ya ve a sus espaldas la constelación del cordero
de Frixo y el invierno ya huye de Cástor o de su hermano.[152]
Ríe el campo, se viste la tierra, se viste también el árbol,
la amante ática llora a su Itis del Ísmaro.[153]
¡Qué días, Faustino, qué magníficos días †en Ravena† te ha arrebatado
Roma![154] ¡oh soles, oh tranquilidad de una túnica![155]
¡oh bosque, oh fuentes y firme costa de húmeda
arena y Ánxur[156] reluciente en las aguas marinas,
y el lecho que contempla no un único oleaje,
que ve desde aquí los barcos de la ría,[157] desde allí los del mar!
Pero allí no están los teatros de Marcelo y de Pompeyo ni
las triples termas[158] ni los cuatro foros unidos[159]
ni el augusto santuario del Tonante capitolino
y el templo que brilla cerca de su propio cielo.[160]

---

[151] Este epigrama hay que ponerlo en relación con X 13 (20); 30 y 47; es un elogio de la vida retirada y menosprecio de la ciudad, que refuerza sutilmente su deseo de abandonar Roma.

[152] Son, respectivamente, las constelaciones de Tauro (abril), Aries (marzo) y Géminis (mayo).

[153] Filomela dio muerte a Itis, hijo de Tereo, rey de Tracia, en venganza por haberla violado; Filomela fue metamorfoseada en golondrina, que es el significado que aquí tiene; el Ísmaro es un monte de Tracia y equivale a esta región.

[154] Cf. X 30, 26-27.

[155] Cf. X 47, 5.

[156] En la costa del Lacio, entre Circeyos y Gaeta.

[157] El canal que discurría junto a la vía Apia (cf. Friedländer, pág. 139).

[158] Las de Agripa, Nerón y Tito (Friedländer, pág. 139).

[159] Cf. X 28, 6 n.

[160] Cf. IX 1.

¡La de veces que imagino que tú, agotado, le dices a Quirino:
«Lo que es tuyo, quédatelo; lo que es mío, devuélvemelo»!

52

SOBRE UN EUNUCO AFEMINADO

Había visto al eunuco Telis en toga.
Numa aseguró que era una adúltera condenada.[161]

53

EPITAFIO DE ESCORPO, FORMIDABLE AURIGA[162]

Yo soy el famoso Escorpo, la gloria del circo desgañitado,
tu aplauso, Roma, y tu júbilo momentáneo,
a quien la envidiosa Láquesis —[163]tras arrebatarme a los veintisiete años—
al contar las palmas de mis victorias tomó por un anciano.

54

CONTRA OLO, TORPE CONVIDADOR[164]

Pones magníficas mesas, Olo, pero las pones cubiertas.
Es ridículo: así las puedo yo tener magníficas.

[161] Cf. II 39, 2 n., y S. Bailey, «Corrections...», pág. 286.
[162] Cf. X 50.
[163] Cf. IX 86, 8 n.
[164] Cf. X 49.

55

CONTRA MARULA, EXPERTA EN PENES

Cada vez que Marula sopesa con sus dedos
un pene empalmado y se toma su tiempo en medirlo,
dice sus libras, onzas y gramos.
Cuando ese mismo, después del trabajo y del deporte,
cuelga igual que una correa floja,
dice Marula cuánto pesa menos.
Por tanto, esto no es una mano sino una balanza.

56

CONTRA GALO, SOBRE LA AVARICIA DE LOS PATRONOS

Todo el día me pides, Galo,[165] que te sirva
y que camine una y otra vez a lo largo de tu Aventino.
Cascelio extrae o recompone un diente picado;
cauterizas, Higino, los pelos que infectan los ojos;
Fanio no extirpa sino que arranca una campanilla que supura;
Eros hace desaparecer los afrentosos estigmas †de las rocas†;[166]
Hermes es considerado el Podalirio[167] de las hernias:
dime, Galo, ¿quién hay que cure a los que revientan?[168]

[165] Cf. I 108.

[166] Quizás mejor «de los esclavos»; cf. VIII 75, 9.

[167] El médico del campamento griego en Troya (KER, II, pág. 197).

[168] Cf. IX 97, 12.

57

A SEXTO, SOBRE LA MENGUA DE SUS REGALOS[169]

Me enviabas una libra de plata; se ha convertido en media,
pero de pimienta. Tan cara no compro la pimienta, Sexto.

58

A FRONTINO, A QUIEN PIDE EXCUSAS POR NO ESCRIBIRLE[170]

Los relajantes retiros de la marítima Ánxur, Frontino,
y la más cercana Bayas y la casa de la costa,
y el bosque que no descubrieron las inclementes chicharras
en el apogeo de la ardentía, y los lagos de la ría:[171]
mientras los frecuentaba tenía tiempo para cultivar contigo las sabias
piérides; ahora la inmensa Roma nos extenúa.
¿Cuándo dispongo aquí de un día para mí solo? Zozobro en las
[profundidades
de la ciudad y la vida fenece entre estériles trabajos,
mientras mantengo unas yertas fanegas de un campo al pie a la ciudad
y una mansión próxima a ti,[172] sagrado Quirino.
Pero no solo ama el que noche y día ronda
unos umbrales, ni tal dispendio conviene a un poeta.
Por la religión de las musas —que para mí es sagrada—, por todos
los dioses, te juro: te amo, y no por obligación.

---

[169] Cf. VIII 71.

[170] Cf. X 51 n.

[171] Cf. X 51, 10 n.

[172] Cf. IX 18, 1-2.

59

CONTRA UN LECTOR EXQUISITO[173]

Si se emplea toda una página en un solo epigrama, te la saltas,
y los poemas que te gustan son los más breves,[174] no los mejores.
Se te ha preparado una cena opípara y aderezada
con todo tipo de viandas del mercado, pero a ti solo te agradan las [gollerías.
Yo no necesito un lector demasiado sibarita;
prefiero al que no se harta sin pan.[175]

60

SOBRE MUNNA, MAESTRO DE PACOTILLA

Al César le ha pedido el derecho de los tres discípulos[176]
Munna, que está acostumbrado a enseñar siempre a dos.

61

EPITAFIO DE EROCIÓN[177]

Aquí, en prematuras tinieblas, descansa Eroción,
con la que acabó, por una tropelía del destino, su sexto invierno.
Quienquiera que seas después de mí el amo de mi campillo,
págales a sus diminutos manes su tributo anual:[178]

---

173 Cf. I 110 n.

174 Cf. X 1.

175 Cf. X 45.

176 Ironía sobre el derecho de los tres hijos (cf. II 91, 6 n.).

177 Cf. I 88 n. Se trata de la pequeña esclava de Marcial; cf. V 34 y 37.

178 Cf. X 92.

a cambio, mientras tu hogar se perpetúa, mientras tu gente goza de salud,
que solo esta lápida provoque el llanto en tus tierras.

62

A UN MAESTRO DE ESCUELA, PARA QUE EN VERANO DEJE DE PEGAR A SUS ALUMNOS

Maestro de escuela, ten consideración con tu cándida turbamulta:
a cambio, que te escuchen en masa los cabelludos[179]
y te aprecien los que atienden tu exquisita mesa,
y ningún contable ni amanuense veloz
tenga a su alrededor una concurrencia más importante.
Los días claros arden con las llamas del León[180]
y el abrasador julio madura las mieses resecas.
Que la piel del escita,[181] erizada en terribles correas, con la que fue azotado [Marsias de Celenas,[182]
y las desconsoladoras férulas —cetro de los pedagogos—
se detengan y duerman hasta los idus de octubre:
con que los niños tengan buena salud en verano, ya aprenden bastante.[183]

---

179 Los niños en edad escolar (cf. IX 29, 7); sobre el paso a la adultez, cf. IX 16, 2 n.

180 La constelación de Leo, i. e., el mes de agosto.

181 Según Izaac (II 2, pág. 280), se trata de la *scutica*, especie de gato de nueve colas con que se castigaban las faltas más graves, quedando reservada la férula a las más leves.

182 Sátiro frigio que se atrevió a competir con Apolo en el arte musical y fue despellejado por este (cf. Ovidio, *Metamorfosis*, VI 383-400). Celenas es una ciudad de Frigia.

183 Para otra razón de este deseo de Marcial, cf. IX 68.

63

EPITAFIO DE UNA NOBLE SEÑORA[184]

Estás leyendo, viajero, un mármol ciertamente pequeño
pero que no le irá a la zaga a las piedras de Mausolo[185] y de las
[pirámides.
Mi vida ha sido reconocida dos veces en el Tarento romano[186]
y no sufrió ninguna pérdida antes de la pira final:
Juno[187] me dio cinco hijos y otras tantas hijas,
las manos de todos ellos cerraron mis ojos.
Me tocó en suerte una inusitada gloria del tálamo y fue
una sola polla la que conoció el tesoro de mi virtud.

64

A POLA, ESPOSA DE LUCANO, PARA QUE SOBRELLEVE LOS EPIGRAMAS OBSCENOS

Pola,[188] mi reina, si hojeas mis libritos
no acojas con ceño fruncido mis chanzas.
Aquel poeta tuyo, la gloria de nuestro Helicón,
aunque cantaba feroces batallas con la trompeta pieria,
no se avergonzó sin embargo de decir en verso procaz:
«Si ni por culo me dan, ¿qué hago aquí, Cota?».[189]

---

[184] Cf. I 88 n.

[185] El famosísimo mausoleo o tumba de Mausolo, rey de Caria.

[186] Se trata de un lugar en el Campo de Marte donde se celebraron (en 47 por Claudio y 88 por Domiciano) los Juegos Seculares, en los que tomaron parte damas nobles que probablemente fueron puestas como ejemplo de vida virtuosa (cf. FRIEDLÄNDER, pág. 144, y KER, II, pág. 203).

[187] Era la diosa de los nacimientos.

[188] Cf. VII 21, 2 n.

[189] No se conserva este verso entre la obra de Lucano.

65

CONTRA EL AFEMINADO CARMENIÓN

Si presumes de que eres paisano de los bronces
corintios, Carmenión, sin que nadie lo niegue,
¿por qué me llamas hermano a mí, que he nacido
de iberos y celtas y soy vecino del Tajo?
¿O es que damos la impresión de parecernos en la cara?
Tú deambulas radiante, con el cabello ondulado,
yo, incorregible con mis pelos hispanos;
tú, terso por el depilatorio de cada día,
yo, con mis piernas y mejillas peludas;
tu boca es premiosa y tu expresión débil,
más alto que yo hablará †fulanita†:[190]
no es tan distinta la paloma al águila
ni la asustadiza gacela al impertérrito león.
Por tanto, deja de llamarme hermano
no vaya a ser, Carmenión, que te llame hermana.[191]

66

SOBRE TEOPOMPO, HERMOSO MUCHACHO CONVERTIDO EN COCINERO[192]

¿Quién —pregunto— fue ese tan desalmado, quién tan arrogante
que te ordenó hacerte cocinero, Teopompo?
Esta cara ¿es capaz alguien de ultrajarla en una cocina
ennegrecida? Estas guedejas ¿las envilece con el fuego pringoso?,
¿quién sostendrá mejor las jarras o quién las copas de cristal?,
¿preparados con qué mano sabrán mejor los falernos?

---

[190] Cf. S. Bailey, «More corrections...», pág. 143.

[191] Cf. II 4, 3.

[192] Una variante del tema de IX 25.

Si este es el final que aguarda a los criados angelicales,
que Júpiter emplee desde ahora a Ganímedes como cocinero.

67

EPITAFIO DE UNA VIEJA LIBIDINOSA[193]

Hija de Pirra, madrastra de Néstor,
a quien una Níobe joven vio canosa,
un Laertes viejo llamó abuela,
Príamo ama, Tiestes suegra,[194]
sobreviviente ya a todas las cornejas,[195]
enterrada al fin en este sepulcro, se pone cachonda
Plucia con el calvo Melantión.

68

CONTRA LA DESVERGONZADA LELIA

A pesar de que tu casa no es Éfeso ni Rodas o Mitilene,
sino que está en el barrio Patricio,[196] Lelia,
y de que tu madre —sin darse jamás un afeite— procede de los bronceados [etruscos,
de la parte de Aricia[197] tu rudo padre,

---

[193] Cf. I 100 n.

[194] Personajes todos muy antiguos, la mayor parte de ellos ya citados; Pirra era la esposa de Deucalión, sobrevivientes ambos de diluvio desencadenado por Júpiter; Laertes era el padre de Ulises; sobre Tiestes, cf. III 45, 1 n.

[195] Se decía que las cornejas sobrevivían a nueve —o al menos a cinco— generaciones de hombres (KER, II, pág. 205).

[196] Cf. VII 73, 2 n.

[197] Situada cerca de Roma, al S.

con «dueño mío, cariño mío, alma mía»[198] me abrumas sin cesar
—¡qué vergüenza!— tú, una paisana de Hersilia y Egeria[199]
Que esas expresiones las escuche una cama, pero no cualquier cama,
sino la que su amante le ha preparado a un hombre incontinente.
¿Deseas saber de qué forma puedes hablar como una señora honrada?
¿Acaso puede haber algo más excitante que el meneo?
Aunque aprendas al dedillo y remedes punto por punto las maneras de [Corinto,
sin embargo, Lelia, no serás del todo una Lais.[200]

69

SOBRE POLA, DUEÑA DE SU MARIDO

Le pones, Pola, vigilantes a tu marido: tú misma no los admites.
Eso es, Pola, tomar a tu marido por mujer.[201]

70

A POTITO, SOBRE SUS OCUPACIONES EN LA CIUDAD[202]

Porque apenas si en un año entero se elabora un solo libro mío,
soy para ti, sabio Potito, reo de holgazanería.
Pero con cuánta más razón te admirarías de que se elabore uno solo,
teniendo en cuenta que con frecuencia se me van los días enteros.
Aún de noche voy a ver a amigos que no me devuelven el saludo,
también cumplimento a muchos: a mí, Potito, nadie.

---

[198] En griego en el original.

[199] Hersilia era la esposa de Rómulo; sobre Egeria, cf. X 35, 14 n.

[200] Hubo dos famosas cortesanas del mismo nombre, una de Sicilia y otra de Corinto, a la que se refiere Marcial (Kay, pág. 282).

[201] Cf. VIII 12.

[202] Sobre el mismo asunto, cf. VIII 44; IX 100; X 10.

Ya mi sello pone su rúbrica[203] en el templo de Diana la lucífera,[204]
ya las seis, ya las diez de la mañana me arrastran con ellas.
Ya un cónsul o un pretor —o su séquito de regreso— me entretienen,
a menudo tengo que escuchar a un poeta un día entero.
Mas no podrías decirle impunemente que no a un picapleitos
ni si un rétor o un gramático te reclaman:
después de las tres de la tarde mi agotamiento busca los baños y los cien
cuadrantes.[205] ¿Cuándo, Potito, se hará el libro?

71

SOBRE RABIRIO, CUYO CARIÑO HACIA SUS PADRES MUERTOS ALABA

Todo el que anhela un dichoso y tardío final para sus
padres, que aprecie el escueto epitafio de este mármol.
En esta tierra sepultó Rabirio a sus queridas almas;
no hay ancianos que reposen con más radiante fortuna:
una apacible y postrera noche puso fin a doce lustros de matrimonio,
en una misma hoguera ardieron dos cadáveres.
Con todo, trata de encontrarlos como si se los hubieran arrebatado en años [tempranos.
No puede haber nada más injustificado que este llanto.[206]

---

[203] En calidad de testigo, en documentos como testamentos, manumisiones (cf. IX 87, 3-6) y capitulaciones matrimoniales; por lo general se llevaba a cabo en un templo, en cuyos archivos se guardaba el documento; cf. Izaac, II 2, págs. 67 y 280.

[204] D. Estefanía (*Marcial. Epigramas Completos*, Madrid, 1991, pág. 398), interpreta «al amanecer».

[205] Cf. I 59, 1 n. y III 7, 3 n.

[206] La explicación está en los vv. 1, 4 y 5.

72

ALABANZA DE TRAJANO,[207] BAJO EL QUE AFIRMA QUE YA NO HAY LUGAR PARA LA ADULACIÓN

En vano acudís a mí, Lisonjas,
lastimosas con vuestros ajados labios:
no tengo intención de decir Señor y dios.[208]
En esta ciudad ya no hay lugar para vosotras;
marchad lejos, a los partos de turbante,
y, rastreras, serviles y pedigüeñas,
besad los pies de abigarrados reyes.
No hay aquí Señor sino jefe máximo,
sino el más justo de todos los senadores,
por quien de la mansión estigia ha sido devuelta
la Verdad natural con sus cabellos sin perfumar.
Bajo este príncipe —si tienes cabeza— guárdate,
Roma, de expresarte con palabras de antaño.

73

A MARCO, DEL QUE ALABA LA CARTA Y LA TOGA QUE LE HA ENVIADO[209]

Una carta de un elocuente amigo me ha traído una agradable
prenda: el regalo de una toga ausonia, Severo,
que no habría querido utilizar Fabricio pero que habría querido Apicio,[210]
habría querido Mecenas, el caballero cesariano.[211]

---

[207] Según S. Bailey (cf. Índice), se trata de Nerva.

[208] Cf. V 8, 2 n.

[209] Cf. IX 49.

[210] El supuesto autor de un libro de gastronomía; era ejemplo de refinamiento (cf. II 89, 5), al igual que Mecenas. Sobre Fabricio, cf. IX 28, 4 n.

[211] Cf. VIII 55 (56), 9.

Con otro remitente me hubiera resultado más vulgar;
una víctima sacrificada por cualquier mano no ofrece buenos augurios:
llega remitida por ti: si yo no pudiera apreciar tu presente,
Marco, podría apreciar mi nombre.[212]
Pero más agradable que este presente y que el propio nombre
es la deferencia y la estima de un hombre sabio.

74

A ROMA: SE QUEJA DE QUE LOS AURIGAS CONSIGAN MÁS RECOMPENSAS QUE LOS CLIENTES[213]

Deja ya en paz, Roma, al agotado cumplimentero,
al agotado cliente. ¿Durante cuánto tiempo yo, viniendo a saludar
entre lacayos y clientezuelos,[214]
estaré ganando cien cuadrantes[215] en todo un día
mientras Escorpo[216] en una sola hora se lleva con su victoria
quince sacos repletos de oro calentito?
Como recompensa por mis libritos yo no
querría —¿qué merecen, entonces?— las campiñas pullesas;
ni Hibla ni el Nilo granado de espigas me cautivan
ni la dulce uva que desde la cima de los alcores de Setia
contempla las lagunas del Pomptino.[217]
¿Preguntas, entonces, qué es lo que anhelo? Dormir.[218]

---

[212] El nombre de Marcial estaba quizás bordado en la toga; o Marcial pretende decir que valora un regalo que procede de otro Marco (Ker, II, pág. 211); o el nombre se refiere al encabezamiento de la carta que acompaña al regalo (cf. S. Bailey, «Corrections...», pág. 287).

[213] Cf. X 76.

[214] Cf. X 70, 5-6.

[215] Cf. I 59, 1 n.

[216] Cf. X 50.

[217] Situadas al S de Roma, a ambos lados de la vía Apia (cf. XIII 112).

[218] Es decir, librarse de las obligaciones del cliente, descritas en X 70 y anteriores, y de los ruidos de Roma (cf. XII 57).

75

SOBRE LOS OFRECIMIENTOS DE LA FEA GALA[219]

Hace tiempo me exigió Gala veinte mil sestercios
y, lo reconozco, no era demasiado cara.
Pasó un año: «Me darás diez mil», dijo.
me pareció que me exigía más que la vez anterior.
Cuando al cabo de seis meses me exigía ya dos mil,
yo le ofrecía mil. No quiso aceptarlos.
Habían transcurrido dos o quizás tres calendas:
espontáneamente me pidió cuatro monedas de oro.
No se las di. Me solicitó que le enviara cien sestercios;
pero también me pareció esta cantidad demasiado elevada.
Una raquítica espórtula puso a mi alcance cien cuadrantes.[220]
La quiso: le dije que se la había dado a mi esclavo.
¿Acaso pudo rebajar aún más? Lo hizo.
Se ofrece gratis, Gala se me ofrece pagando:[221] le digo que no.

76

SOBRE MEVIO: SE QUEJA DE QUE LOS MULETEROS SE ENRIQUEZCAN Y SE DESPRECIE A LOS POETAS[222]

¿Te parece, Fortuna, que es justo esto?
Un ciudadano no de Siria o de Partia,
tampoco caballero oriundo de los mercados capadocios de esclavos,
sino indígena, de la gente de Remo y Numa,
amigo encantador, cabal, sin tacha,
conocedor de una y otra lengua, cuyo único

219 Cf. I 100 n.

220 Cf. I 59, 1 n.

221 Cf. S. BAILEY, «Corrections...», págs. 287-288.

222 Cf. IX 73 y X 74.

—pero gran— defecto es que es poeta:
Mevio se hiela bajo un capuz oscuro,
el muletero Incitato[223] resplandece con paños escarlatas.

77

SOBRE EL MÉDICO CARO, MUERTO DE UNA FIEBRE REPENTINA[224]

Por parte de Caro nunca se hizo nada más malévolo, Máximo,
que morir de fiebre: también esta hizo una barbaridad.
¡Cruel fiebre dañina, si al menos hubieras sido una cuartana!
El se debió reservar para su médico.

78

A MACRO, SOBRE LA ALEGRÍA DE DALMACIA, A LA QUE VA A GOBERNAR

Te irás, Macro, a la costera Salona.[225]
Se irá la lealtad que ya escasea y el amor a la rectitud
y el poder que, cuando lleva de acompañante
a la vergüenza, vuelve siempre más pobre.
Tú, afortunado campesino de una tierra aurífera,[226]
despedirás a un gobernante con los bolsillos vacíos
y desearás que se demore, y al partir,
dálmata, lo seguirás con llanto y gozo.

---

[223] En XI 1, 16 aparece como auriga.

[224] Cf. I 30 n.

[225] La capital de Damalcia, adonde Macro —quizás el mismo responsable de la vía Apia de X 18(17)— marcha como gobernador (cf. Ker, pág. 215).

[226] Según Plinio (*Historia natural,* XXXIII 4, 67), Dalmacia producía oro (Izaac, II 2, pág. 281).

Yo me dirigiré, Macro, a los celtas y a los tremendos
iberos con la compañía de tu añoranza.[227]
Mas, a pesar de todo, cualquier página mía
que salga de allí escrita con cálamo del Tajo
abundante en peces invocará el nombre de Macro;
a cambio, que sea yo leído junto a los antiguos poetas,
y no pongas a muchos por delante de mí,
sino que sea yo a tus ojos inferior solo a Catulo.

79

SOBRE EL POBRE OTACILIO, QUE EMULABA AL RICO TORCUATO[228]

Junto al cuarto miliar tiene Torcuato un palacete;
junto al cuarto, una finca diminuta ha comprado Otacilio.
Torcuato construyó unas resplandecientes termas de mármol
gateado; un lavadero se ha hecho Otacilio.
enjardinó Torcuato un lauredal en su terreno;
cien castaños ha sembrado Otacilio.
Cuando Torcuato fue cónsul, él era alcalde de barrio,[229]
sin creerse inferior en tamaño cargo.
Lo mismo que en cierta ocasión un enorme buey reventó a una minúscula [rana,
así —creo— Torcuato hará reventar[230] a Otacilio.

---

[227] Vuelve a insistir en la idea ya expuesta en X 13 (20) y 37.

[228] Sobre la misma estructura en cada dístico, cf. I 77 n.

[229] Según Suetonio (*Augusto*, 30), este había dividido Roma en distritos, poniendo al frente de cada uno a un alcalde escogido entre el vecindario (cf. Friedländer, pág. 154).

[230] Cf. IX 97, 12 n.

80

SOBRE EROS, QUE ANHELA BIENES CAROS

Llora Eros cuantas veces detiene su mirada en las copas de ágata
jaspeada o en los esclavos o las mesas de cedro[231] sin igual,
y saca un sollozo del fondo de su corazón porque no
puede —pobre de él— comprar la Septa[232] entera y llevársela a su casa.
¡Cuantísimos hacen lo que Eros, pero con los ojos secos!
La mayoría le pone buena cara a sus lágrimas y las suelta en su interior.[233]

81

SOBRE LA PUTA FILIS

Habiendo ido por la mañana dos hombres a casa de Filis a follar
y pretendiendo uno y otro tomarla el primero desnuda,
prometió Filis que se entregaría al mismo tiempo a uno y otro,
y se entregó: uno le levantó el pie, el otro la túnica.[234]

82

A GALO, A QUIEN SOLICITA EL EMPLEO DE ACOMPAÑANTE[235]

Si mi sufrimiento supone un incremento de tu hacienda,
por la mañana o desde media noche me pondré la toga
y aguantaré los silbantes soplos del cortante aquilón

[231] Cf. IX 59, 10 n.

[232] Cf. II 14, 5 n.

[233] Como Mamurra, en IX 59.

[234] Para penetrarla uno por delante (cf. XI 71, 8) y otro por detrás (cf. KAY, pág. 224). Para otra interpretación, cf. S. BAILEY, «Corrections...», pág. 288.

[235] Cf. I 108.

y soportaré las tormentas y padeceré las nevadas.
Pero si no aumentas tu riqueza en un cuadrante
gracias a mis sollozos y al tormento de un hombre libre,
ten piedad —por favor— de mi cansancio y pon fin a un esfuerzo inútil,
que a ti no te beneficia y a mí. Galo, me hace polvo.

83

A MARINO, CUYA CALVA RIDICULIZA[236]

Recoges tus pocos pelos de un lado y de otro
y el extenso descampado de tu reluciente calva,
Marino, lo encubres con las melenas de tus sienes;
pero removidos a instancias del viento se vuelven
y quedan como estaban, y a tu cabeza desnuda
la rodean con enormes greñas por aquí y por allí:
en medio de Espendóforo y Telésforo[237]
se creerá que se alza el Hérmeros de Cidas.[238]
¿Quieres tú —con más naturalidad— reconocerte viejo
para que por fin parezcas ser una sola persona?
No hay nada más grotesco que un calvo melenudo.[239]

84

A CEDICIANO, SOBRE AFRO Y SU MUJER

¿Te sorprendes de que Afro no se vaya a dormir?
Estás viendo, Cediciano, con qué mujer comparte el triclinio.

---

236 Cf. I 87 n. y V 49.

237 Jóvenes apuestos; cf. IX 56 y XI 26.

238 Persona desconocida; se trataría de un hijo o esclavo de Cidas famoso por su calvicie o de una estatua, de las mismas características, obra de Cidas, que sería entonces escultor (cf. FRIEDLÄNDER, pág. 156).

239 Cf. I 72, 8.

85

SOBRE EL MARINERO LADÓN

Ya en su vejez Ladón, marinero de una barca del Tíber.
adquirió una finca colindante con sus queridas aguas.
Al cubrírsela más de una vez el errático Tíber con su corriente
torrencial y destrozarle los sembrados con las marismas del invierno,
a la nave licenciada, que estaba varada en lo alto de la ribera,
la llenó de piedras y la puso de barrera contra la crecida.
De esta forma rechazó la avenida de las aguas. ¿Quién podría creerlo?
La barca hundida prestó ayuda a su dueño.

86

SOBRE LAURO, OTRORA MAGNÍFICO JUGADOR DE PELOTA

Nadie ha ardido tanto en el fuego de una nueva amante
como se abrasó Lauro con su pasión por la pelota.
Mas quien era el mejor jugador mientras tuvo edad para ello,
ahora que ha dejado de jugar se ha quedado completamente en pelota.[240]

87

SOBRE EL CUMPLEAÑOS DE RESTITUTO, ILUSTRE ABOGADO[241]

¡Venga! Que la cumplidora Roma se dé cuenta
de las calendas de octubre del elocuente Restituto:[242]

---

240 El juego de palabras en latín se establece entre *pila* «pelota» del v. 2 y *prima pila,* el pelele que se arrojaba al toro para que se enfureciera; cf. II 43, 4.

241 Cf. I 111 n.

242 Quizás se trate del abogado Claudio Restituto citado por PLINIO EL JOVEN en *Epístolas*, VI 17 (cf. FRIEDLÄNDER, pág. 156).

felicitadle con todas vuestras palabras y deseos;
celebramos su cumpleaños: callad, pleitos.
Váyase lejos el cirio del cliente pobretón
y que los inútiles trípticos y las minúsculas servilletas
aguarden a los regocijos del helado diciembre.[243]
Compitan en regalos los más ricos:
que el estirado comerciante de Agripa[244]
le lleve mantos paisanos de Cadmo;[245]
que el acusado de desorden y embriaguez nocturna
le envíe trajes de noche a su asesor legal;
una joven acusada en falso le ha ganado a su marido:
que le entregue —pero personalmente— auténticas sardónices;
que el anciano nostálgico de los viejos antepasados
le regale vasos de plata cincelados por Fidias;
que el cazador una liebre, que el granjero un cabrito,
que el pescador le lleve el botín de los mares.
Si cada uno te envía lo que le es propio, ¿qué crees,
Restituto, que te va a enviar un poeta?

88

A COTA, PARDILLO

Pones por escrito todas las citaciones de los pretores, Cota;
y aceptas tablitas de cera. Eres un hombre cumplidor.[246]

---

[243] Por las Saturnales (cf. V 84).

[244] De los Septa; cf. II 14, 5 n.

[245] De púrpura tiria; Cadmo era hijo de Agénor (cf. X 17 (16), 7 n.).

[246] Porque tras realizar tan ímprobo trabajo recibes una recompensa tan nimia; cf. S. Bailey, «Corrections...», pág. 288.

89

SOBRE UNA EXTRAORDINARIA ESTATUA DE JUNO

Esta Juno, Policleto, obra y afortunado timbre de gloria tuyos,
que las manos de Fidias habrían deseado merecer,
resplandece con tal belleza que hubiera vencido en el Ida
a las tres diosas juntas sin que dudara el juez.[247]
Si su hermano, Policleto, no hubiera amado a su Juno,[248]
ese hermano podría amar a tu Juno.

90

CONTRA LA VIEJA LIGEYA[249]

¿Por qué, Ligeya, mesas tu decrépito coño?
¿Por qué atizas los rescoldos de tus propios despojos?
Tales primores están bien en las jóvenes;
pero tú ya ni vieja puedes parecer.
Eso, créeme, Ligeya, no resulta bonito
que lo haga la madre de Héctor, sino su esposa.[250]
Te equivocas si te parece este un coño:
la polla ha dejado de interesarse por él.
Por tanto, Ligeya, si tienes vergüenza, no pretendas
mesarle la barba a un león muerto.

---

247 Cf. IX 103, 8 n.

248 Júpiter y Juno eran hermanos y esposos.

249 Cf. I 100 n.

250 Cf. XI 104, 14.

91

SOBRE EL IMPOTENTE ALMÓN[251]

Almón no posee más que eunucos y no consigue empalmarse:
y se queja de que su Pola no pare nada.

92

A MARRIO, A QUIEN MARCIAL, A PUNTO DE REGRESAR A HISPANIA, ENCOMIENDA SU FINCA[252]

Marrio, practicante y compañero de la vida serena,
de cuya vecindad se ufana la secular Atina:[253]
a ti te encomiendo[254] estos dos pinos gemelos
—gala del bosque salvaje— y las encinas de los faunos[255]
y los altares del Tonante y del rústico Silvano[256]
—levantados por la poca diestra mano de mi casero,
a los que muchas veces impregnó la sangre de un cordero o un cabrito—,
y la diosa virginal[257] dueña del templo sagrado,
y al que ves como huésped de su casta hermana
—Marte,[258] titular de mis calendas—,
y la espesura de laureles de la retozona Flora,
en la que se refugió cuando la perseguía Priapo.
A todas estas indulgentes divinidades de mi exiguo campillo
las aplacarás tú bien con sangre o bien con incienso;

[251] Cf. XII 86.
[252] Expresión aún más clara de lo expuesto en X 13 (20), 37 y 78.
[253] Ciudad del Lacio, al SE de Roma.
[254] Cf. X 61.
[255] Cf. IX 61, 14 n.
[256] Divinidad itálica de los bosques.
[257] Diana (cf. VIII 46, 3 n.).
[258] Marte y Diana eran hermanos de padre (Júpiter).

dirás: «Dondequiera que esté vuestro Marcial,
tened en cuenta que conmigo, con esta derecha, os hace sacrificios
como sacerdote ausente; pensad vosotros que está presente
y conceded a ambos todo lo que anhela uno de los dos».

93

A CLEMENTE, A QUIEN ENVÍA UNOS POEMAS INÉDITOS

Si eres el primero, Clemente, en ver las costas de los eugáneos de Helicaón
y los labrantíos embellecidos con pampanosos emparrados,
lleva a Sabina de Ateste[259] unos poemas aún no
publicados, pero recién engalanados con una envoltura de púrpura.[260]
Igual que deleita la rosa que nuestros dedos son los primeros en coger,
así complace la página flamante y no restregada aún por una barbilla.[261]

94

UN REGALO DE SUS POMARES[262]

Una serpiente masilia[263] no protege mis pomares
ni el vergel real de Alcínoo[264] está a mi disposición,
sino que mi huerta despunta tranquila con los frutales
de Nomento y mis manzanas de chicha y nabo no temen al ladrón.

---

[259] Toda la referencia es a la zona de los vénetos, cuyos primeros habitantes fueron los Eugáneos y en donde se encuentran las ciudades de Padua (cuyo fundador fue Anténor, padre de Helicaón; cf. I 76, 2 n.) y Ateste. Según FRIEDLÄNDER, pág. 159, Sabina sería la mujer de Clemente.

[260] Cf. I 66, 11 n.

[261] Cf. I 66, 8.

[262] Cf. IX 54.

[263] Como la que guardaba el jardín de las Hespérides (cf. FRIEDLÄNDER, pág. 160).

[264] Cf. VII 42, 6 y VIII 68, 1.

Por tanto, te envío estos frutos pajizos de mi otoñada
que acaban de nacer en medio de la Subura.[265]

95

A GALA, MAMONA[266]

Tu marido, Gala, te ha devuelto el niño, te lo ha devuelto tu amante.
Éstos, creo yo, afirman sin lugar a dudas que no te han follado.[267]

96

A AVITO: LOS CAMPOS HISPANOS SON PREFERIBLES A LOS ROMANOS[268]

A veces te sorprendes, Avito, de que yo hable sin cesar de pueblos
lejanos y de que —envejecido en la ciudad latina—
sienta sed del aurífero Tajo y de mi patrio Jalón
y añore los humildes predios de mi colmada casería.
Me gusta la tierra en la que un modesto pasar me hace
rico y se desbordan los bienes sencillos:
es sustentado el campo aquí, allí sustenta; el hogar se entibia
aquí con un fuego avaro, con un gran resplandor reluce allí;
aquí el hambre es cara y ruinoso el mercado,
la mesa allí está cargada con los tesoros de sus predios;
cuatro togas o más se gastan aquí en un verano,
durante cuatro otoños me cubre allí una sola.
Ve, Avito, rinde pleitesía a los patronos ahora que lo que no te procura
un amigo te lo puede procurar un lugar.

---

[265] Cf. VII 31, 12 n.

[266] Cf. I 5 n.

[267] Es decir, has practicado con ellos la felación.

[268] Sobre el elogio de la vida campestre, cf. I 55 n.; sobre su añoranza de Hispania, cf. X 13 (20), 37 (de estructura parecida), 78 y 92.

97

SOBRE NUMA, QUE RECOBRÓ LA SALUD TRAS NOMBRAR HEREDERO A MARCIAL

Mientras con papiros se aprestaba la pira que habría de arder ligera,
mientras su desconsolada esposa compraba mirra y canela,[269]
cuando estaban dispuestos ya la fosa, ya las andas, ya el embalsamador,
Numa me nombró su heredero: se ha puesto bueno.

98

CONTRA PUBLIO, QUE NO SOPORTA QUE MARCIAL MIRE A SUS HERMOSOS CRIADOS[270]

Cuando me sirve cécubo un criado
más amanerado que el garzón del Ida,[271]
cuya finura no la superan al sentarse a la mesa
ni tu hija ni tu esposa ni tu madre ni tu hermana,
¿pretendes que prefiera contemplar tus lámparas
o tu mesa de cedro antigua o tus marfiles índicos?[272]
Sin embargo, para que no me siente a la mesa bajo tus recelos,
ponme delante —de entre los rústicos ganapanes de tu finca—
a unos trasquilados, zafios, bastos, retacos
hijos de tu hediondo porquero.
Este reconcomio te perderá: no puedes, Publio,
tener esos escrúpulos y esos criados.

---

[269] Para embalsamarlo (IZAAC, II 2, pág. 282).

[270] Sobre el mismo tema, cf. IX 25.

[271] Ganímedes.

[272] Cf. IX 59, 10 n.

99

SOBRE LOS RASGOS DE SÓCRATES

Si este rostro de Sócrates hubiera sido romano, habría estado entre los sátiros, lo mismo que el que tiene Julio Rufo.[273]

100

CONTRA UNO QUE MEZCLA SUS VERSOS CON LOS DE MARCIAL[274]

¿Por qué mezclas, estúpido, tus versos con los míos?
¿Qué tienes tú que ver, desgraciado, con un libro que te denuncia?
¿Por qué pretendes juntar raposas
con leones y hacer a la lechuzas parejas a las águilas?
Aunque tengas uno de los pies de Ladas,[275]
imbécil, te será vano correr con una pata de palo.

101

SOBRE CAPITOLINO, CUYA FINA MORDACIDAD ALABA Y PREFIERE A LA DE GABA

Si por casualidad —devuelto de los campos elíseos— regresara aquel viejo Gaba[276] al que tan bien le iba con su César,

---

[273] Que se parecía a una de las estatuas de sátiros del Pórtico de Octavia (cf. S. Bailey, «Corrections...», págs. 288-289). Otros creen que se puede referir a un retrato de Julio Rufo, tan feo como Sócrates, en la primera página de sus Sátiras (cf. Friedländer, pág. 162).

[274] Cf. I 29 n. y 53 n.

[275] Cf. II 86, 7 n.

[276] Cf. I 41, 17 n.

quien oyera a Capitolino[277] y a Gaba soltar bufonadas
a la par, diría: «Gaba, basto, cállate».

102

SOBRE LA INCAPACIDAD DE FILINO Y GADITANO

¿Preguntas de qué manera ha sido
padre Filino, que nunca echó un polvo?
Que te lo diga Gaditano, Avito,
que no escribe nada y, sin embargo, es poeta.[278]

103

A SUS PAISANOS DE BÍLBILIS[279]

Paisanos míos, a los que Bílbilis Augusta engendra
en el abrupto monte que baña el Jalón con sus rápidas aguas,
¿no os causa algún contento la radiante gloria de vuestro poeta?
Pues soy la prez y la reputación y la estima vuestras,
y su Verona natal no le debe más al sutil Catulo
y estaría esta no menos dispuesta a que yo fuera llamado suyo.
Han transcurrido ya el trigésimo verano más cuatro cosechas[280]
desde que, sin mí, le ofrecéis a Ceres los rústicos pasteles,
mientras he estado habitando las hermosísimas murallas de la señorial Roma:
los reinos ítalos han encanecido mis cabellos.
Si acogéis con buena voluntad al que regresa, iré;
si tenéis el corazón hosco,[281] me puedo volver.

[277] El bufón de Trajano (FRIEDLÄNDER, pág. 163).

[278] La crítica puede ser doble: Gaditano, además de plagiario, es el amante de la mujer de Filino.

[279] Este epigrama y el siguiente son la culminación de la idea iniciada en X 13 (20) y desarrollada en 37, 78, 92 y 96.

[280] Cf. X 104, 10.

[281] Cf. XII *epist*.

104

AL LIBRO, QUE VA A ACOMPAÑAR A FLACO EN SU VIAJE A HISPANIA[282]

Ve en compañía de mi amigo Flavo, ve, librito,
por el ancho mar —pero de olas favorables—,
y con feliz travesía y vientos propicios
dirígete a las alturas de la hispana Tarragona.
Desde allí te llevará un carro y, a mata caballo,
quizás tras cinco jornadas, divisarás
la encumbrada Bílbilis y tu querido Jalón.
¿Qué te encargo, me preguntas? Que a los amigotes
—pocos pero viejos, y a quienes dejé de ver
hace treinta y cuatro inviernos—[283]
los saludes tan pronto como llegues,
y le recuerdes una y otra vez a mi amigo Flavo
que me compre a buen precio un recreo
risueño y nada trabajoso
que haga indolente a tu progenitor.
Nada más. Ya está llamando el arrogante capitán
y te reprocha el retraso, y una brisa más intensa
ha abierto el puerto. Adiós, librito:
a la nave —creo que lo sabes— no la retrasa un solo pasajero.

282 Cf. I 70 n. y X 103 n.

283 Cf. X 103, 7.

LIBRO XI

1

AL LIBRO, A PUNTO DE PUBLICARSE, Y AL QUE PIDE QUE NO ACUDA A LOS PALACIOS[1]

¿Adónde te diriges tú, adónde, libro desocupado,
adornado con una púrpura sidonia nada corriente?[2]
¿Acaso a ver a Partenio? Claro que sí:
ve y vuelve sin haber sido desenrollado.
Libros no lee él sino librotes,[3]
y no tiene tiempo para la musas, o lo tendría para las suyas.
¿No te consideras bastante afortunado
si unas manos más humildes te tocan en suerte?
Busca ahí al lado el pórtico de Quirino:[4]

---

[1] Sobre el modelo de epigrama dirigido al propio libro, cf. I 70 n.; en este la estructura es bipartita: los ocho primeros versos se corresponden con los ocho restantes y enfrentan a los posibles destinatarios del libro: Partenio (v. 3), el personaje distinguido y cargado de trabajo, y la masa desocupada (v. que responde a las mismas condiciones del libro (v. 1).

[2] Cf. I 66, 11 n.

[3] En realidad, memoriales, informes oficiales; traduzco así para conservar la oposición *libros/libellos* que abre y cierra el verso. Recuérdese que Partenio era el secretario del palacio imperial (cf. IV 45, 2).

[4] El que rodeaba al templo de Quirino, cerca de la casa de Marcial (cf. X 58, 10).

no tiene un gentío más desocupado
Pompeyo o la hija de Agénor,
o el infiel capitán del primer navío.[5]
Allí hay dos o tres que desenrollarían
las polillas[6] de mis frivolidades,
pero siempre que las apuestas o las manidas chácharas
sobre Escorpo e Incitato hayan acabado.[7]

2

A LOS LECTORES CIRCUNSPECTOS, PARA QUE SE ALEJEN[8]

Fruncido ceño y desabrido semblante del rígido
Catón[9] e hija del labrador Fabricio[10]
e hipócrita arrogancia y reglamentación de costumbres
y todo lo que no somos en la intimidad: marchaos fuera.
Atended, que mis versos gritan: «¡Vivan las Saturnales!»:

---

[5] Los tres pórticos aludidos en los vv. 11-12 son, respectivamente, el de Pompeyo, Europa (la hija de Agénor) y los Argonautas (cf. II 14, 10, 3 y 6), cuyo jefe Jasón, capitán de la nave Argo (el primer gran navío que se construyó; cf. VII 19), es llamado infiel por el comportamiento que tuvo con su esposa Medea, a la que abandonó para prometerse con Glauce.

[6] *Paraprosdokían:* se esperaría «rollos» (cf. Kay, pág. 56).

[7] Escorpo e Incitato eran dos famosos aurigas (cf. Kay, págs. 56-57), si bien el segundo aparece como muletero en X 76, 9. La falsa humildad del final del epigrama contrasta, entre otros varios casos, con XI 3, 1-5.

[8] Otra estructura bipartita de igual número de vv.: en los cuatro primeros se relaciona todo lo que debe alejarse del jolgorio y la espontaneidad de las fiestas saturnales y, por extensión, de la lectura del libro de Marcial, cuyo tono anuncia. Para otros ejemplos, cf. Petronio, 132, 15; *Priapeos* 49; Estratón, *A. P.* 12, 2; Kay, págs. 57-60.

[9] Cf. I *epist.*

[10] Cf. IX 28, 4 n.; debido a su pobreza sus hijas fueron dotadas por el senado (cf. Friedländer, pág. 167).

no solo se nos permite sino que, con tu guarda, Nerva,[11] nos regocija.
Aprendeos de memoria, sombríos lectores, al enrevesado Santra;[12]
nada tengo yo que ver con vosotros: este libro es mío.[13]

3

SOBRE SUS LIBRITOS, DE LOS QUE DICE QUE SE LEEN EN TODAS PARTES PERO DE LOS QUE NO OBTIENE NINGUNA GANANCIA[14]

No solo se recrean con mis pimpleides[15] los sosiegos
de la ciudad, ni regalo estos poemas a oídos hueros,
sino que en las escarchas géticas, junto a marciales banderas,
es hojeado mi libro por el duro centurión,
y se dice que Britania recita mis versos.
¿Me sirve de algo? Mi bolsa lo desconoce.
Mas, ¡qué bien podría yo componer páginas imperecederas
y resonar cuán grandiosos combates con la trompeta pieria,
si las piadosas divinidades, una vez que han devuelto un Augusto[16] a las [tierras,
te dieran también a ti, Roma, un Mecenas![17]

---

[11] Primera alusión (con la salvedad, quizás, de X 28, 5y 60, 1; cf. S. Bailey, pág. 495, *s. v. Caesar)* a Nerva como emperador. Las dos anteriores (VIII 70; IX 26) lo habían sido como poeta. Marcial da por supuesto que no se va a oponer a la licenciosidad de su poesía (Kay, pág. 61).

[12] Investigador literario y poeta de la época de Cicerón, de estilo complicado y aburrido (Friedländer, pág. 168).

[13] Cf. VIII 1, 3-4.

[14] Este epigrama es una sutil variante de la *recusatio:* Marcial expone lo que necesitaría para escribir poesía épica (Kay, pág. 62).

[15] Es decir, «mis musas», por la fuente de Pimplea, en Pieria, a ellas consagrada.

[16] Título oficial de los emperadores, en este caso, de Nerva. A partir de aquí introduce Marcial un ciclo adulatorio sobre el emperador, que se va a extender por los epigramas 4, 5 y 7.

[17] Cf. VIII 55 (56), 5.

4

ORACIÓN A LOS DIOSES POR NERVA[18]

Reliquias y lares de los frigios, con los que el heredero de Troya prefirió
cargar en vez de con los tesoros de Laomedonte que habrían de arder,[19]
y tú, Júpiter, esculpido ahora por vez primera con oro indestructible,
y vosotras, hermana e hija exclusiva del padre supremo,[20]
y tú, Jano, que por tercera vez inscribes el nombre de Nerva
en los fastos purpúreos:[21] a vosotros os imploro con piadosa voz:
salvaguardad todos a este caudillo, salvaguardad al senado;
viva este con las normas del príncipe, con las suyas propias aquel.

5

ALABANZA DE NERVA[22]

Tienes una consideración tan grande, César, por la rectitud y la equidad
como la tenía Numa:[23] pero Numa era pobre.

---

[18] La estructura de esta oración es la tradicional: invocación a las divinidades (1-6) y petición que se les hace (7-8).

[19] La primera invocación es a Eneas, «el heredero de Troya», que prefirió llevarse los penates en vez de los tesoros de Laomedonte, legendario constructor de las murallas de esa ciudad; cf. PROPERCIO, II 14, 2.

[20] Alusión al templo de Júpiter Optimo Máximo Capitolino, en el que había una estatua de este en oro donada quizás por Domiciano (cf. JUVENAL, XI 116; SUETONIO, *Domiciano* 13), y que también estaba dedicado a Juno (hermana de Júpiter) y a Minerva (hija «exclusiva» de este porque había nacido de su cabeza después de haberse tragado a su madre, Metis, cuando esta se hallaba ya encinta); KAY, pág. 67; FRIEDLÄNDER, pág. 169.

[21] Referencia al tercer consulado («purpúreos» es el adjetivo habitual de los fastos; FRIEDLÄNDER, pág. 169) de Nerva en Enero de 97; lo había sido por primera vez en 71 con Vespasiano (KAY, pág. 67). Sobre los fastos, cf. VIII 2, 1 n.

[22] Para otros ejemplos de este tipo de alabanza, cf. LUCANO, VII 358- 360; ESTACIO, *Silvas*, I 1, 27-28; KAY, págs. 68-69.

[23] Segundo rey de Roma, famoso por su equidad, devoción y honestidad (cf. T. LIVIO, I 18, 1-4).

Cuestión peliaguda es esta: no subordinar las costumbres a las riquezas
y, aunque se haya superado a tantos Cresos,[24] ser un Numa.
Si volvieran los próceres de antaño —nombres imponentes—,
si fuera posible despoblar el bosque elisio,
a ti te veneraría Camilo—[25]el invicto en pro de la libertad—,
Fabricio[26] aceptaría el oro si tú se lo ofrecieras,
si tú fueras el caudillo se alegraría Bruto,[27] a ti te entregaría el poder
el sanguinario Sila cuando fuera a abdicarlo,[28]
y a ti te amaría el Magno[29] en compañía del simple ciudadano César,
y todas sus riquezas te regalaría Craso.[30]
Incluso el propio Catón, si se le otorgara acudir a la llamada
desde las infernales sombras de Dite, sería un cesariano.[31]

6

A ROMA Y A DÍNDIMO, SOBRE LA ALEGRÍA CON QUE DEBEN CELEBRARSE LAS SATURNALES[32]

En los orgiásticos días del viejo de la hoz,[33]
en los que campea soberano el cubilete de los dados,
permites —creo yo—, Roma encaperuzada,

---

[24] Creso fue el último rey de Lidia (a. 560-546 a. C.) y prototipo de persona rica.

[25] Cf. I 24, 3 n.

[26] Cf. IX 28, 4 n.

[27] Puede tratarse tanto del primer cónsul como del asesino de César.

[28] Cf. IX 43, 10.

[29] Pompeyo.

[30] El riquísimo componente del primer triunvirato, junto con César y Pompeyo.

[31] A Catón se le consideraba tradicionalmente como anticesariano (KAY, pág. 71). «Cesariano» significa aquí partidario de Nerva.

[32] Reanuda el poeta lo esbozado en el segundo epigrama. En la primera parte de este (1-8) reivindica la libertad de las Saturnales, y en la segunda (9-16) desarrolla una poesía simposíaca (KAY, pág. 72).

[33] Saturno, que con una hoz emasculó a su padre Urano.

que me guasee con versos nada pulidos.
Has sonreído; luego se me permite, no se me prohíbe.
Marchaos lejos de aquí, preocupaciones empalidecedoras;
Diga yo todo lo que se me ocurra
sin engorrosas cavilaciones.
Prepara medias copas, chaval,
como las que le ofrecía Pitágoras[34] a Nerón,
prepáralas, Díndimo, pero más numerosas:
sobrio, de nada soy capaz; si bebo,
me ayudarán quince poetas.
Dame ahora besos,[35] pero de los de Catulo:
que si son tantos como él dijo,
te regalaré un pájaro de Catulo.[36]

7

CONTRA LA ADÚLTERA PAULA[37]

La verdad es, Paula, que ya no le podrás decir al imbécil de tu marido
cada vez que te apetezca ir más lejos de la cuenta a ver a tu amante:
«El César me ha invitado a que acuda por la mañana a su villa albana,
a Circeyos,[38] el César». Una patraña tal está ya fuera de lugar.

---

[34] Liberto eunuco de Nerón, con quien simuló una boda (TÁCITO, *Anales* XV 37).

[35] Cf. VI 34.

[36] Tanto el v. 12 («de nada soy capaz») como este se prestan a interpretación. En el primer caso puede significar inspiración poética o vigor sexual; en el segundo, el pájaro de Catulo se puede referir a un pájaro sin más (regalo habitual), o a los famosos poemas eróticos de Catulo (FRIEDLÄNDER, pág. 171), o al miembro viril. Esta última parece la más apropiada; KAY, págs. 74-76; S. BAILEY, *Classical Philology,* 80 (1985), pág. 84.

[37] Epigrama contra la hipocresía, en este caso de una adúltera, con una *paraprosdokían* en los dos últimos versos.

[38] La villa albana del emperador (cf. V 1, 1) estaba situada más o menos en la actual Castelgandolfo; y Circeyos (cf. V 1, 5), a unos 90 km de Roma, en la costa del Lacio (KAY, págs. 78-79).

Puedes ser una Penélope en el reinado de Nerva:
pero te lo impiden tu calentura y tu inveterada querencia.
¿Qué harás, desgraciada? ¿Te inventarás una amiga enferma?
El esposo se pegará como una lapa a su mujer,
y te acompañará a ver al hermano y a la madre y al padre.
Entonces, ¿qué embustes estás preparando, listilla?
Quizás otra adúltera diría que ella, histérica,[39]
desea tomar las aguas en Sinuesa.[40]
¡Mucho mejor lo haces tú, que, cada vez que te entran ganas de ir a follar,
prefieres, Paula, decirle a tu esposo la verdad!

8

SOBRE LOS BESOS DE SU FAVORITO[41]

La tenue fragancia que exhalan las redomas de opobálsamo de la víspera,
la que el último efluvio que se desprende del chorro de azafrán;[42]
la que las frutas que maduran en cestos durante el invierno,
la que el campo exuberante de árboles en primavera;
la que las sedas de la emperatriz desde las calandrias palatinas,
la que las piezas de ámbar desheladas por mano de doncella;
la que un ánfora rota —pero a lo lejos— de oscuro falerno,
la que el jardín que cautiva a las abejas sicanas;
el aroma que esparcen los tarros de alabastro de Cosmo y los altares de [los dioses,
el que una corona recién caída de una cabellera distinguida.
¿Para qué decirlos uno por uno? No son suficientes; mézclalos todos:

---

[39] Sobre la connotación sexual de este término, cf. XI 71, 1-2.

[40] Las propiedades de las aguas termales de Sinuesa (los actuales Bagni di Mondragone) fueron muy alabadas en la antigüedad; Kay, pág. 80.

[41] Este epigrama sigue el esquema del «priamel» (cf. I 61), más una especie de estrambote final en el que Marcial relata una conversación con Sabino, según un modelo que se remonta a Teócrito; Kay, pág. 85-86. Del mismo tema es el III 65.

[42] Cf. VIII 33, 4 n.

a eso huelen los besos de mi favorito por la mañana.
¿Deseas saber su nombre? Si es por los besos, te lo diré.
Lo has jurado. Deseas saber demasiado, Sabino.

9

SOBRE LA ESTATUA DE MÉMOR, POETA TRÁGICO[43]

Famoso por la corona de Júpiter,[44] gloria de la tragedia romana,
Mémor vuelve a tener aliento gracias al arte de Apeles.[45]

10

SOBRE TURNO, POETA SATÍRICO

Turno[46] consagró a la sátira su poderosa inspiración.
¿Por qué no al género de Mémor? Era su hermano.

11

A SU ESCLAVO, PARA QUE RETIRE LAS COPAS BUENAS[47]

Llévate, esclavo, las copas cinceladas del cálido Nilo
y tráeme con mano despreocupada vasos desgastados

---

[43] Forma pareja con el siguiente. Se refiere este a un cuadro que representa al tragediógrafo Escevo Mémor con la corona de la victoria obtenida en el certamen anual de poesía instituido por Domiciano en honor de Minerva (cf. IV 1, 6 n.). El otro, al escritor de sátiras Turno Mémor, hermano del anterior.

[44] Cf. IV 1, 6 n.

[45] Es decir, a la pintura; Apeles fue el más famoso pintor griego, de renombrado realismo.

[46] Cf. VII 97, 8.

[47] Epigrama contra el lujo despilfarrador, con *paraprosdokían* final. Sobre el mismo asunto, cf. XII 74.

por labios de antepasados y sin labrar,[48] junto con un criado de pelo corto.
Restitúyase a las mesas la prestancia de antaño.
Beber en joyas cuadra contigo, que rompes un Mentor[49]
para hacerle, Sardanapalo,[50] una escupidera a tu querida.

12

CONTRA EL PLEBEYO ZOILO[51]

Que te reconozcan, Zoilo, los derechos de los hijos, incluso de siete,
con tal de que nadie te reconozca una madre, nadie un padre.[52]

13

EPITAFIO DEL ACTOR PARIS[53]

Viajero que hallas la vía Flaminia, quienquiera que seas,
no pases de largo ante este noble mármol.
El encanto de la ciudad y la gracia del Nilo,[54]
el arte y el ingenio, la alegría y el gozo,
la gloria y la pena del teatro romano
y todas las Venus y Cupidos
están enterrados en este sepulcro: en el de Paris.

---

[48] Cf. S. Bailey, «Corrections...», pág. 289.

[49] Cf. III 40, 1 n.

[50] Legendario rey de Asiria, prototipo del despilfarrador; Kay, págs. 91-92.

[51] Primer epigrama en este libro del ciclo contra Zoilo; los demás son 30, 37, 54, 85 y 92; cf. II 16 n.

[52] Es decir, eres un don nadie (cf. X 27, 4). Marcial le echa en cara al nuevo rico su origen servil (cf. XI 54, 6).

[53] Fue asesinado por orden de Domiciano en 82 ó 83, por creer que mantenía relaciones con su esposa Domicia Longina (cf. Kay, págs. 94-95, y Suetonio, *Domiciano* 3, 1 y 10, 1).

[54] Sobre la proverbial gracia egipcia, cf. IV 42, 3-4.

14

SOBRE EL PEQUEÑO AGRICULTOR

Herederos, no sepultéis al pequeño agricultor:
pues la tierra, por poca que sea, lo abruma.[55]

15

SOBRE SU LIBRO, DEL QUE AFIRMA QUE ES MÁS DESVERGONZADO QUE LOS OTROS[56]

Tengo escritos que la esposa de Catón[57]
y que las repelentes sabinas[58] podrían leer:
este, pretendo que sea en su totalidad un festivo librito
y más desvergonzado que todos mis libritos,
que se harte de vino y no se avergüence
de pringarse con churriento perfume de Cosmo,
retoce con los muchachos, ame a las muchachas,
y no se refiera con eufemismos a esa
de la que nacemos —la madre de todos—,
a la que el bendito Numa llamaba polla.
Sin embargo, ten tú en cuenta que estos
son versos saturnales, Apolinar:
no sigue mi pauta habitual este librito.

---

[55] Esto es, «siempre está preocupado por la tierra», si bien aquí juega con una variante mordaz del SIT TIBI TERRA LEVIS; cf. V 34, 10 n. y IX 29, 11-12.

[56] Reafirmación de lo anunciado en los epigramas 2 y 6. Los dos primeros versos y el último deben de referirse a los libros V y VIII.

[57] Cf. I *epist*.

[58] A las sabinas se las consideraba mujeres tanto de estricta moral como de descuidado aspecto; KAY, pág. 99.

16

A LOS LECTORES CIRCUNSPECTOS, PARA QUE SE ALEJEN[59]

Lector[60] que eres demasiado estricto, a partir de ahora puedes irte de aquí
adonde te plazca: dejo advertido esto para la gente de orden;
desde aquí mis páginas se encalabrinan con los versos de Lámpsaco[61]
y hacen sonar los crótalos con mano tartesia.[62]
¡Ay, qué de veces golpearás tu manto con la vena tiesa,
aunque seas más estricto que Curio[63] y que Fabricio![64]
También tú, muchacha, aunque seas de Padua,[65] leerás
—mojadita— las desvergüenzas y chanzas de mi librito.
Se puso colorada Lucrecia y dejó mi libro,
pero porque llegó Bruto;[66] Bruto, márchate: lo va a leer.

17

A SABINO: NO TODOS SUS VERSOS SON OBSCENOS

No todas las páginas de mi libro son para la noche:
encontrarás también, Sabino, lo que se puede leer por la mañana.

---

[59] Nueva advertencia, tras el epigr. 2, sobre el carácter predominante de este libro.

[60] Cf. KAY, pág. 101.

[61] Versos priapeos; Lámpsaco era la ciudad del Helesponto donde nació Priapo y donde recibía especial veneración.

[62] Gaditana, por extensión; cf. I 41, 12 n.

[63] Cf. I 24, 3 n.

[64] Cf. IX 24, 8 n.

[65] Famosa por su estricta moralidad (KAY, pág. 103); cf. VI 42, 4 n.

[66] Respectivamente, la esposa de Tarquinio Colatino (violada por Sexto Tarquinio y prototipo de la moralidad) y el primer cónsul de Roma (que la vengó).

18

CONTRA LUPO, SOBRE UNA FINQUILLA QUE LE HA REGALADO[67]

Me has regalado, Lupo, una finca al pie de la ciudad;
pero una finca más grande tengo yo en mi ventana.
¿A esto le puedes decir, llamar una finca?
En donde una ruda hace un bosque de Diana,[68]
que la tapa el ala de una penetrante chicharra,
que se la zampa una hormiga en un solo día,
para quien un pétalo de un capullo de rosa es una guirnalda;
en la que no se encuentra más hierba
que el pétalo de Cosmo o la pimienta verde;
en donde ni un pepino podría tumbarse
derecho ni cobijarse una serpiente entera.
El huerto da de comer a duras penas a una sola oruga,
fallece un mosquito al devorar un sauce,
y un topo es mi cavador y mi labrador.
Ni la seta puede hincharse, ni las brevas
esponjarse ni las violetas abrirse.
Un ratón arrasa sus linderos y es temido
por el agricultor lo mismo que el jabalí de Calidón,
y arrancadas por la uña de una Procne voladora
mis mieses están en el nido de una golondrina;
y aunque se alce sin hoz y sin polla,
ni para medio Priapo hay sitio.
El total de mi cosecha apenas si llena la concha de un caracol,
y guardo el mosto en una cáscara de nuez embreada.
Te has equivocado, Lupo, pero en una sola letra:

[67] El epigrama más largo de este libro, basado en la técnica de la *cumulatio* y rematado con un juego de palabras.

[68] Cf. V 1, 2 n. y VI 47, 3 n.

pues mientras que tú me has dado un henar,
yo hubiera preferido que me dieras de cenar.[69]

19

CONTRA GALA, DE LENGUA EXPERTA

¿Por qué no quiero casarme contigo, Gala, me preguntas? Eres una purista.
Mi polla suele cometer algún barbarismo.[70]

20

AL LECTOR CIRCUNSPECTO[71]

Tú, envidioso, que lees mohíno palabras latinas,[72] lee
seis procaces versos de Augusto César:[73]
«Porque Antonio se folló a Gláfira, Fulvia me ha impuesto
este castigo: que yo me la folle también a ella.
¿Que yo me folle a Fulvia? ¿Y si Manio me ruega
que le dé por culo? ¿Lo haría? Creo que no, si tengo cabeza.
'O follas o luchamos', me dice. ¿Qué hago, si siento más aprecio
por mi polla que por mi propia vida? ¡Que den la señal!».

---

[69] Las palabras que hacen juego en estos dos últimos versos son, en latín, *praedium* («finca») y *prandium* («almuerzo»).

[70] Creo que la clave del dístico reside en el doble sentido de la lengua o la boca como medio de expresión oral o de relaciones sexuales. Para mayor discusión, cf. KAY, págs. 109-110; S. BAILEY, app.

[71] Cierra el ciclo que comenzó en el epigrama 2.

[72] Para esta expresión, y para la que cierra el epigrama, cf. I *epist*. n. 4.

[73] Sobre la autenticidad de estos versos del emperador Augusto y la identidad de los personajes, cf. KAY, págs. 110-112. La historia, resumida, es que Fulvia está enfadada con su marido Antonio, uno de los miembros del segundo triunvirato, y se venga de él con Augusto (S. BAILEY, «Corrections...», pág. 289). Pero desconocemos los motivos de la alusión a Manio, un lugarteniente de Antonio. Se podría deducir que también tenía motivos para enfadarse con este.

Seguramente eres comprensivo con mis picantes libritos tú, Augusto,
que sabes expresarte con franqueza romana.

21

CONTRA LA HOLGURA DE LIDIA[74]

Es Lidia tan holgada como el culo de un jinete de bronce,
como el aro veloz que resuena con su estrepitoso cobre,
como la rueda atravesada tantas veces por el acróbata en sus saltos,[75]
como el zapato viejo empapado de agua fangosa,
como las ralas redes que acechan a los tordos errabundos,
como los toldos que se retiran con el noto en el teatro de Pompeyo,[76]
como la pulsera que se le ha caído a un maricón tísico,
como un colchón desprovisto de su lana de los léucones,[77]
como las bragas viejas de un britano pobre, y como
el buche deforme de un pelícano de Ravena.
Se dice de mí que me la follé en un estanque de agua salada.
No lo sé; creo que me follé al estanque.

22

CONTRA UN BUJARRÓN MASTURBADOR[78]

Que con tu áspera boca restriegues los suaves besos del níveo
Galesa, que te acuestes con un Ganímedes desnudo
—¿quién lo niega?—, es demasiado. Pero que eso sea todo. Al menos deja

---

[74] Otra vez la técnica de la *cumulatio* con final inesperado.

[75] El significado de este verso no es claro: cf. KAY, pág. 115.

[76] Cf. S. BAILEY, «Corrections...», págs. 289-290.

[77] Tribu gala famosa por la lana que producían sus ovejas.

[78] Crítica —quizás la única— de una forma de pederastia que anticipa la virilidad y hace perder a los muchachos su atractivo; cf. KAY, pág. 118.

de menearle sus partes con tu mano folladora.
Entre los jóvenes imberbes hace más daño esta que la polla,
y los dedos forman y anticipan la virilidad:
aparecen luego la sobaquina y los pelos repentinos y la barba que deja [absorta
a la madre, y no les gusta bañarse a la luz del día.[79]
La naturaleza ha dividido en dos mitades al varón: una está hecha
para las mujeres, la otra para los hombres. Utiliza la que te corresponde.

23

CONTRA LA REPUGNANTE SILA[80]

Sila está dispuesta a contraer matrimonio conmigo bajo cualquier condición;
pero yo no quiero casarme con Sila bajo ninguna condición.
Como, a pesar de todo, insistía, le dije: «Al prometerte me darás de dote
un millón de sestercios en oro». «¿Qué menos podría ser?».
«Ya casado, no follaré contigo ni siquiera la noche de bodas,
ni tendré yo que compartir la cama contigo;
y me seguiré viendo con mi querida, y tú no me lo impedirás,
y cuando te lo mande me enviarás a tu esclava.
Delante de ti me dará ardientes besos
un esclavo, bien el mío o bien el tuyo.
Asistirás a las cenas, pero te sentarás a una distancia tal
que mi vestido no llegue a ser tocado por el tuyo.
Me darás pocos besos, y no me los darás cuando tú quieras
ni me los darás como esposa sino como una anciana madre.
Si eres capaz de aguantar esto, si no te opones a soportar todo ello,
encontrarás, Sila, a quien quiera casarse contigo».

---

[79] Cf. I 23, 2 n.

[80] Parodia del ideal romano de la esposa sumisa y obediente; cf. KAY, págs. 23-24.

24

A LABULO, SOBRE LAS DIFICULTADES DEL ESCRITOR[81]

Mientras te acompaño y te llevo a tu casa,
mientras presto oídos a tu parloteo
y alabo todo lo que dices y haces,
¡cuántos versos, Labulo, podían nacer!
¿No te parece que es una desgracia,
si lo que Roma lee, solicita el extranjero,
no hace mofarse al caballero, se sabe el senador,
alaba el picapleitos, el poeta vapulea,
se pierde por tu culpa? ¿No es verdad esto, Labulo?
¿Quién lo soportaría? ¿Que la cantidad
de tus clientezuelos vaya en aumento,
la de mis libros vaya en descenso?
En estos casi treinta últimos días apenas
si he concluido una sola página. Eso pasa
cuando el poeta no quiere cenar en su casa.

25

CONTRA EL VERGONZANTE LINO[82]

Aquella polla tan salida y conocida por no pocas mujeres
ha dejado de ponérsele enhiesta a Lino. Prepárate, lengua.

---

[81] Otro epigrama sobre los inconvenientes que las obligaciones del cliente plantean a la producción literaria (cf. X 70), resumidos al final en las consecuencias de la manía romana de cenar en casa de otros (cf. I 27 n.).

[82] Sobre el tema de la impotencia, cf. VI 26; XI 46.

26

A TELÉSFORO, SEDUCTOR CRIADO[83]

¡Oh grato sosiego mío, oh dulce capricho, Telésforo,
como no ha habido antes otro en mis abrazos!
Dame besos, niño, impregnados de añoso falerno,
dame copas que hayan menguado en tus labios.
Si a esto añadieras los verdaderos placeres de Venus,
diría que Júpiter no se lo pasa mejor con Ganímedes.

27

A FLACO, SOBRE SU AMANTE[84]

Eres de hierro, Flaco, si tu polla es capaz de mantenerse enhiesta
cuando tu querida te ruega seis cuartillos de garo,
o te pide dos rodajas de atún o una fina caballa
y considera que ella merece más que un racimo de uvas entero;
le lleva su esclava risueña, en una bandeja roja,
los asientos del garo, pero que ella se zampa al instante;
o cuando se ha soltado el pelo[85] y perdido la timidez,
exige cinco vellones sin desgrasar para una mantilla.
Muy bien: que mi querida me solicite una libra de perfume de nardo,
o esmeraldas o un par de sardónices,
y que no quiera sedas sino las mejores de la calle Etrusca[86]
o que me pida cien monedas de oro como si fueran de cobre.

---

[83] Sobre los criados atractivos, cf. IX 25.

[84] Marcial se debate entre el deseo de tener una amante cara (cf. IV 29, 5) y la realidad de no disponer de suficientes recursos económicos para mantenerla; cf. KAY, pág. 130.

[85] La expresión latina correspondiente es «frotarse la frente».

[86] Era la calle que iba desde el Foro hasta el Velabro, famosa por sus muchas tiendas de lujo; cf. FRIEDLÄNDER, pág. 183, y KAY, pág. 133.

¿Consideras tú ahora que yo quiero regalarle esto a mi niña?
No quiero, pero quiero que mi niña se merezca esto.

28

SOBRE UN LOCO

Nasica, que estaba malo de la cabeza, se lanzó sobre el Hilas[87] de Eucto,
su médico, y se lo tiró. este, a mi entender, estaba bueno.[88]

29

A LA VIEJA FILIS[89]

Cuando, con tu decrépita diestra, empiezas a tocarme mi alicaído
miembro, me siento degollar, Filis, por tu pulgar.
Ya cuando me llamas «ratón», cuando «ojitos míos»,
creo que, con un esfuerzo, soy capaz de ponerme en forma en diez horas.
Ignoras el flirteo; dime: «Te daré cien mil sestercios
y te daré unas cuantas fanegas de tierra de Setia;[90]
acéptame vinos, una casa, esclavos, bandejas con oro engastado, mesas».
No hacen falta los dedos: menéamela así, Filis.

---

[87] Es decir, el ayudante de Eucto, como Hilas lo fue de Hércules durante la expedición de los Argonautas.

[88] En el doble sentido de esta expresión creo que radica la gracia del dístico.

[89] Es el caso contrario al expuesto en XI 26; sobre el mismo asunto, cf. I 100 n.

[90] Cf. IX 22, 3 n.

30

CONTRA ZOILO, MAMÓN[91]

Afirmas que les huele mal la boca a los picapleitos y a los poetas.
Pero, Zoilo, peor le huele al chupapollas.

31

CONTRA CECILIO, QUE LES SERVÍA A SUS INVITADOS PLATOS PREPARADOS solo CON CALABAZA[92]

Cecilio es el Atreo de las calabazas:
así, como a los hijos de Tiestes,[93] las
trocea y las parte en mil pedazos.
Enseguida, en los mismos entremeses, las comerás,
las servirá en el primer y en el segundo plato.
Te las volverá a poner en el tercer plato,
luego, las preparará como postre final.
Luego, el repostero las convierte en insípidos pasteles,
luego, fabrica no solo dulces de mil formas
sino también los dátiles característicos de los teatros.[94]
Luego, se hacen los diversos revueltos del cocinero,
luego, creerías que te han servido lentejas y habas;
imita las setas y las salchichas,
y la cola de atún y las minúsculas menas.
Luego, el confitero pone en práctica su oficio

---

[91] Nueva crítica de la felación (cf. II 12) y nueva invectiva contra Zoilo (cf. 11 16 n.)

[92] Crítica de un anfitrión pretencioso y mezquino; cf. I 20; 43.

[93] Cf. III 45, 1 n.

[94] Porque allí los repartían los emperadores entre el público, como cuenta SUETONIO (*Domiciano* 4, 5) o porque los compraban los espectadores para entretenerse (KAY, págs. 139-140).

para darse trazas en envolver las golosinas de Capelio[95]
de varios sabores en hojas de ruda.
Así llena gábatas y fuentes,
y bateas lisas y hondas escudillas.
A esto le llama distinción, a esto considera elegancia:
a dejarse un as en tantas viandas.

32

CONTRA EL POBRETÓN NÉSTOR

No tienes ni una toga ni un hogar ni una cama trillada
por las chinches ni una estera remendada de juncos absorbentes,
ni un esclavo —ni joven ni viejo, ni adulta ni niña—,
ni un cerrojo ni una llave ni un perro ni una copa.
Sin embargo, Néstor, tratas de ser llamado y parecer
un pobre y pretendes tener un lugar entre el pueblo.
Te engañas y te dejas embaucar por un falso honor.
No tener nada, Néstor, no es pobreza.[96]

33

SOBRE LAS VICTORIAS DE LOS VERDES, A LOS QUE FAVORECÍA NERÓN[97]

Después de la muerte de Nerón los verdes se llevan más a menudo
la palma y con su victoria consiguen muchos premios.

---

[95] Capelio fue, presumiblemente, el creador de este manjar con el que quizás se pretendía realzar el sabor del vino; KAY, pág. 140.

[96] Los pobres eran lo que hoy día se considera clase media o baja, mientras que los ricos lo eran en grado extremo; por debajo de los pobres estaban los mendigos (KAY, pág. 142).

[97] Seguramente, Domiciano; cf. KAY, págs. 144-145.

Ve ahora, envidia corrosiva, y di que te plegabas a Nerón:
la verdad es que no vencía Nerón, sino los verdes.[98]

34

SOBRE APRO, DE CUYA RUINOSA CASA SE RÍE

Apro se ha comprado una casa, pero tal que ni una lechuza querría
que fuera suya; tan umbrío y viejo es el tugurio.
Junto a ella posee Marón unos huertos lozanos.
Apro cenará —no vivirá— estupendamente[99]

35

A FABULO: CENAR CON DESCONOCIDOS ES CENAR SOLO

Aunque invitas a trescientos que no conozco,
te sorprendes y te quejas y porfías
porque no acudo a tu invitación.
No me gusta, Fabulo, cenar solo.[100]

36

SOBRE GAYO JULIO PRÓCULO, INESPERADAMENTE RECUPERADO[101]

Gayo Julio me marca este día con una piedra
blanca,[102] ¡albricias! ¡mirad, se ha recuperado gracias a mis promesas!

---

98 Cf. VI 46 n.

99 Porque intentará por todos los medios que el rico Marón lo invite.

100 Cf. XI 24 n.

101 Cf. VII 47 n.

102 Cf. VIII 45, 2.

Me alegro de haber desesperado como si ya se hubieran roto los hilos
de las hermanas;[103] menos disfrutan los que nada han temido.
Hipno, holgazán, ¿a qué esperas? Escancia falerno
inmortal; unas promesas tales exigen una jarra de vino viejo.
Bebamos cuatro copas y cinco y siete[104]
para que se complete Gayo, Julio y Próculo.[105]

37

CONTRA EL PRESUNTUOSO ZOILO

Zoilo, ¿por qué te gusta engastar una piedra preciosa en toda una libra
de oro y echar a perder una pobre sardónice?
Hace poco un anillo así estaba a la medida de tus tobillos:[106]
el mismo peso no les viene bien a tus dedos.

38

SOBRE UN COCHERO SORDO

Un cochero ha sido vendido hace poco en veinte mil sertercios, Aulo.
¿Te sorprende un precio tan elevado? Era sordo.[107]

---

[103] Las Parcas.

[104] En latín, cinco, seis y ocho, respectivamente, que se corresponden con *Gaius*, *Iulius* y *Proculus*.

[105] Cf. I 71, 1 n.

[106] Alusión a los grillos que atenazaban a los esclavos fugitivos, de lo que se acusa a Zoilo en III 29 y XI 54 (Kay, págs. 151-152).

[107] Y no podía, en consecuencia, oír las conversaciones de los pasajeros; cf. XII 24.

39

CONTRA CARIDEMO, LIBERTO DEL QUE, SIENDO ADULTO, TODAVÍA SE QUEJA[108]

Fuiste, Caridemo, el mecedor de mi cuna
y mi niñero y mi ayo permanente.
Los pañuelos se me ennegrecen ya con el afeitado de mi barba
y mi amiga se queja de que se pincha con mis labios;
pero, para ti, no he crecido; ante ti se espanta mi casero,
ante ti mi administrador, ante ti mi propia casa se aterra.
Tú no me permites ni que juegue ni que ame;
pretendes que a mí nada me esté permitido y pretendes que a ti todo.
Me reprendes, me vigilas, te quejas, lanzas suspiros,
y tu cólera tiene que hacer esfuerzos para no coger la palmeta.
Si me he puesto un vestido púrpura o me he perfumado los cabellos,
exclamas: «Tu padre nunca hizo eso»;
y con el ceño fruncido llevas la cuenta de las copas que bebo,
como si esa jarra fuera de tu bodega.
Déjalo; no puedo soportar como liberto a un Catón.[109]
Mi amante te dirá que yo ya soy un hombre.

40

SOBRE LUPERCO, IRRUMADOR[110]

Ama Luperco a la hermosa Glícera
y él solo la tiene y él solo manda en ella.
Cuando, apenado, se quejaba de que
no se la había follado en todo un mes

---

[108] Crítica algo enojada del pedagogo que se niega a creer que el niño al que educó y cuidó se ha hecho ya un hombre.

[109] Cf. I *epist.*

[110] Cf. II 28; VI 26; XI 25.

y, al preguntarle Eliano, quiso contarle la razón,
le dijo que a Glícera le dolían los dientes.

41

SOBRE AMINTAS, CON CUYA DESGRACIA ADVIERTE A LIGDO QUE NO SE SUBA A LOS ÁRBOLES[111]

Mientras el pastor Amintas se regodeaba en exceso con su ganado
y se regocijaba con la buena fama y la opulencia de su rebaño,
abatió unas ramas que cedieron a su peso y las frondas
que se desplomaron, cayendo él también tras los tesoros que sacudía.
Su padre impidió que el maldito árbol sobreviviera a la mortal
caída y condenó a la hoguera a los troncos culpables.
Que tu vecino Yolas,[112] Ligdo, tenga cerdos rollizos:
a mí me basta con que tú cuentes el ganado.

42

CONTRA CECILIANO: LOS BUENOS POEMAS NO PUEDEN HACERSE SIN ARGUMENTO

Aunque me pides epigramas vívidos, me ofreces temas
mortecinos.[113] ¿Cómo es posible, Ceciliano?
¡Exiges que para ti se críe la miel de Hibla o del Himeto
y le ofreces a la abeja de Cécrope tomillo de Córcega![114]

---

[111] Inusual epigrama que comienza con evidente tono pastoril, describe una muerte poco corriente (con precedentes griegos, como, p. ej., *A. P.* VII 622) y acaba, en una pedestre moraleja, descubriendo que el ganado y los tesoros no son sino cerdos y bellotas. Quizás la explicación radique en el siguiente epigrama: el del presente sería un tema mortecino (Kay, págs. 158- 159).

[112] Tanto Amintas como Yolas son nombres habituales en la poesía pastoril; cf., p. ej., Virgilio, Églogas 2 y 3.

[113] Cf. XI 41 n.

[114] Sucesión de epítetos: la mejor miel y las mejores abejas eran las de la ciu-

43

CONTRA UNA ESPOSA CELOSA[115]

Al sorprenderme con un muchacho, esposa, me increpas con desabridas
voces y me espetas que tú también tienes un culo.
¡Qué de veces le dijo lo mismo Juno al incontinente Tonante!
Sin embargo, se sigue acostando este con el ya crecidito Ganímedes.
El tirintio, tras dejar su arco, combaba a Hilas:[116]
¿crees tú que Mégara[117] no tenía nalgas?
Dafne,[118] con sus huidas, atormentaba a Febo: pero el muchacho
de Ébalo[119] dispuso que aquellos fuegos desaparecieran.
Aunque Briseida se acostaba muchas veces dándole la espalda,
más cerca del Eácida se ponía su amante barbilampiño.[120]
Deja, pues, de darles nombres masculinos a tus cosas
y hazte a la idea, esposa, de que tú tienes dos coños.[121]

dad de Hibla, en Sicilia, y las del monte Himeto, cerca de Atenas (cf. VII 88, 8; sobre Cécrope, cf. IX 11, 2 n.), y las peores, las de Córcega.

[115] La estructura de este epigrama es clara: vv. 1-2: apóstrofe a la esposa con introducción del tema; vv. 3-10: ejemplos mitológicos para demostrar lo contrario; vv. 11-12: nueva apóstrofe a la esposa con la conclusión (KAY, pág. 165).

[116] Cf. VII 15, 2 n.

[117] Mégara era la esposa de Hércules, el tirintio, por haber sido criado en Tirinto.

[118] De quien se enamoró Febo (Apolo) y que se transformó en laurel cuando este la perseguía.

[119] Jacinto, amado por Apolo y natural de Laconia, uno de cuyos reyes había sido Ébalo.

[120] Briseida (Hipodamía, llamada así por ser hija de Brises) era la esclava favorita de Aquiles (el Eácida, por ser nieto de Éaco); el barbilampiño es Patroclo.

[121] Es decir, el sexo anal no es igual con un hombre que con una mujer; cf. XII 96.

44

A UN VIEJO SIN HIJOS. PARA QUE NO CREA QUE LOS CAPTADORES DE HERENCIAS SON AMIGOS VERDADEROS[122]

Eres hombre sin hijos y rico y nacido en el consulado de Bruto:[123]
¿crees que tus amistades son sinceras?
Son sinceras, pero las que de joven, las que de pobre tenías.
Los nuevos amigos son los que aprecian tu muerte.

45

CONTRA EL PUTERO CÁNTARO

Cada vez que traspasas el umbral del cuartucho de un burdel
—sea un jovencito, sea una jovencita quien te gustó—,
no te contentas con las puertas y la cortina y el cerrojo,
y exiges disponer de una mayor intimidad:
si existe la más mínima sospecha de una rendija, se tapa,
y los agujeritos que se horadan con rijosos alfileres.[124]
Con tan remilgado y tan estricto pudor no hay nadie
que o dé por culo, Cántaro, o folle.[125]

---

[122] Poema contra los cazaherencias (cf. I 10).

[123] El primer cónsul de Roma, en 509 a. C.

[124] Para un caso contrario, cf. I 34.

[125] Y, por tanto, Cántaro realiza alguna práctica vergonzante; cf. KAY, pág. 45.

46

CONTRA EL IMPOTENTE MEVIO[126]

Ya no te empalmas sino cuando duermes y tu verga,
Mevio, empieza a vaciarse entre tus pies,
tu arrugada polla es meneada hasta el cansancio por tus dedos
y, a pesar del empeño, no levanta su mustia cabeza.
¿Por qué provocas en vano —defraudándolos— a coños y culos?
Busca más arriba: allí revive una polla vieja.

47

CONTRA LÁTARA, CUNNILINGUS[127]

¿A cuenta de qué rehúye Látara todos los baños[128] favoritos
de las huestes femeninas? Para no follar.
¿Por qué ni pasea tranquilo a la sombra pompeyana[129]
ni busca los umbrales de la hija de Ínaco?[130] Para no follar.
¿Por qué sumerge en la helada Virgen[131] su cuerpo
untado de ceroma lacedemonio? Para no follar.
Si evita así el contacto con el sexo femenino,
¿por qué Látara chupa coños? Para no follar.

---

[126] Epigrama contra la impotencia producida por la edad, y su solución; cf. IV 50.

[127] Sobre el tema y la estructura, cf. I 77.

[128] Cf. I 23, 2 n.

[129] El pórtico de Pompeyo.

[130] Se trata del templo de Isis, en el campo de Marte (cf. II 14, 8 n.), lugar frecuentado por prostitutas, de acuerdo con JUVENAL, VI 489 (KER, II, pág. 272). La hija de Inaco era en realidad Ío, confundida con Isis por la figura de vaca que a ambas se le atribuía (cf. XIV 85, 2 n. y X 48, 1 n.).

[131] Cf. V 20, 9 n.

48

SOBRE SILIO ITÁLICO

A este sepulcro del gran Marón le rinde culto Silio,
que posee unas fanegas de tierra del elocuente Cicerón.[132]
Como heredero de su tumba o dueño de su mansión,
a ningún otro preferirían ni Marón ni Cicerón.

49 (50)

CONTRA FILIS, QUE SIEMPRE LE ESTÁ PIDIENDO ALGO[133]

No hay para ti momento alguno, Filis, en que, aprovechando mi pasión,
no me desvalijes: con tan gran habilidad rapiñas.
Ora tu mentirosa esclava gimotea porque se ha olvidado un espejo,
o un anillo se te cae del dedo o un pendiente de la oreja;
ora unos vestidos de seda robados están reclamando un buen negocio,
ora se me presenta un frasco de ónice vacío de Cosmo;
ora se me pide un ánfora agrietada de negro falerno
para que una curandera charlatana conjure tus sueños;
ora que compre o un róbalo enorme o un salmonete de dos libras:
una amiga rica se te ha invitado a cenar.
Ten por fin moderación y consideración por la verdad y la equidad:
no te niego nada, Filis; no me niegues nada, Filis.

---

[132] Sobre la compra por parte del poeta Silio Itálico del terreno donde se hallaba la tumba de Virgilio y de una finca que había pertenecido a Cicerón, cf. KAY, págs. 173-175.

[133] Epigrama sobre la proverbial avaricia de las amantes; cf. XI 27.

50 (49)

SOBRE SILIO, QUE VELA POR VIRGILIO[134]

Para velar por las ya casi abandonadas cenizas y el sagrado
nombre de Marón había una sola persona, y pobre.
Silio ha decidido ir en ayuda de la desamparada sombra,
y él mismo —poeta nada inferior— vela por el poeta.

51

SOBRE TICIO, TAN BIEN DOTADO[135]

La columna que le cuelga a Ticio es tan grande
como la que veneran las muchachas de Lámpsaco.[136]
Sin nadie que lo acompañe ni moleste,
en unas termas enormes y suyas, se baña él.
Sin embargo, entre apreturas se baña Ticio.

52

A JULIO CERIAL, AL QUE INVITA A CENAR[137]

Cenarás estupendamente, Julio Cerial, en mi casa;
si no tienes una propuesta mejor, ven.
Podrás dedicarle a partir de las dos de la tarde; nos bañaremos juntos:
sabes qué cerca de mi casa están los baños de Estéfano.[138]

---

[134] Cf. XI 48.

[135] Sobre el mismo asunto, cf. VI 36; IX 33; XI 72.

[136] Cf. XI 16, 3 n.

[137] Sobre el género, los modelos y la estructura de esta *vocatio ad cenam*, cf. V 78 n.

[138] Lógicamente, debían de estar cerca de la casa de Marcial, en el Quirinal (KAY, pág. 182).

De entrada se te servirá lechuga, buena para limpiar
el estómago, y tallos cortados de sus propios puerros,[139]
luego, un atuncito pasado y mayor que una raquítica caballa,
pero que lo cubran unos huevos con hojas de ruda;
no faltarán otros huevos cocidos en débiles ascuas,
y queso cuajado al fuego del Velabro,[140]
y aceitunas que sintieron el frío del Piceno.[141]
Hasta aquí, los entremeses. ¿Deseas saber lo demás?
Te mentiré para que vengas: pescados, albóndigas, mamas de cerda,
y aves cebadas del corral y de la charca,[142]
que ni Estela[143] suele poner de cenar sino raras veces.
Yo te prometo más: no te voy a recitar nada
aunque tú mismo me vuelvas a leer de un tirón tus Gigantes
o tus Geórgicas rayanas con el imperecedero Virgilio.[144]

53

SOBRE CLAUDIA RUFINA, NACIDA EN BRITANIA

Aunque Claudia Rufina es oriunda de los azulados
britanos,[145] ¡qué corazón tiene de gente latina!
¡Qué nobleza de aspecto! Las madres itálicas pueden
considerarla romana, las atenienses, que es de las suyas.

---

[139] Sobre las dos maneras que tenían los romanos de preparar los puerros, cf. XIII 18 y 19.

[140] Cf. XIII 32.

[141] Cf. XIII 36.

[142] S. Bailey (cf. app.), basándose en X 48, 19 ss., sugiere que aquí falta un dístico sobre los vinos.

[143] Cf. I 7.

[144] Sobre la actividad poética de Julio Cerial, cf. Kay, pág. 185; acerca de la manía de recitar, cf. I 63 n.

[145] Kay (págs. 185-186) sugiere que era descendiente de los rehenes y esclavos que Julio César trajo consigo de sus expediciones a Britania. El epíteto «azulados» alude a la costumbre britana de tintar la piel de ese color.

Loados sean los dioses porque —en su fecundidad— le ha dado hijos a su
[noble esposo,
porque —aún joven— espera yernos y nueras.
Que siga siendo grata a las divinidades para que sea feliz con un solo
[marido
y sea ella feliz siempre con tres hijos.

54

CONTRA EL LADRÓN ZOILO[146]

Los perfumes y la casia y la mirra que huele a entierro
y el incienso a medio quemar de en medio de la pira
y la canela que robaste del lecho estigio,
sácatelos, despreciable Zoilo, de tu asqueroso bolsillo.
De tus pies han aprendido a delinquir tus aviesas manos.
No me sorprende que seas un ladrón tú que fuiste un esclavo fugitivo.[147]

55

A ÚRBICO, PARA QUE ENGAÑE AL HEREDÍPETA LUPO[148]

Lupo te anima, Úrbico,[149] a que seas padre: precisamente por eso,
no lo creas; nada hay que él desee menos.
La técnica de los cazaherencias consiste en aparentar que se desea lo que
[no se desea;
pretende que no hagas lo que te ruega que hagas.
Tu Cosconia solo tiene que decir que ella está embarazada:

---

[146] Otro epigrama contra Zoilo; cf. II 16 n.

[147] El dístico final forma un quiasmo conceptual: los pies del esclavo fugitivo y las manos del ladrón.

[148] Cf. I 10.

[149] Cf. VII 51.

Lupo se pondrá más lívido que una mujer que está pariendo.
En cuanto a ti, para que aparentes que has seguido el consejo de tu amigo,
muérete de tal forma que se convenza de que eres padre.

56

CONTRA QUEREMÓN, QUE ALABABA LA MUERTE NO POR CONVENCIMIENTO SINO POR SU POBREZA[150]

Porque encomias sobremanera la muerte, estoico Queremón,
¿pretendes que admire y me asombre de tu entereza?
Esta virtud te la procura un cántaro con el asa rota,
y un sombrío hogar que no se calienta con fuego alguno,
y una manta y una chinche y el armazón de un camastro desnudo,
y una toga, corta y la misma de noche y de día.
¡Oh, qué gran hombre eres, que puedes privarte de los posos
de rojo vinagre y de los cardos y del pan negro!
¡Ea! Que tu colchón esté relleno de lana de los Léucones[151]
y que una púrpura flamante recubra tu lecho,
y que duerma contigo un esclavo que poco ha, mientras preparaba
el cécubo, había enardecido a los invitados con su boca de rosa:
¡Oh, cómo ansiarás tú vivir tres veces los años de Néstor[152]
y desearás no desperdiciar un solo momento de ningún día!
En un estado de necesidad es fácil despreciar la vida:
actúa con valor el que se puede permitir la miseria.[153]

---

[150] La estructura de este epigrama, en el que Marcial critica el poco mérito que tiene Queremón al despreciar la muerte siendo pobre (de acuerdo con la filosofía estoica; cf. Kay págs. 191-192) es perfecta: vv. 1-2, presentación del asunto; vv. 3-8, la fácil situación de Queremón: vv. 9-14, la situación contraria (con responsiones internas a la parte anterior e idéntico comienzo en los dos últimos versos de ambas); vv. 16-17, respuesta a la presentación y moraleja final.

[151] Cf. XI 21, 8 n.

[152] Cf. II 64, 3.

[153] Cf. XI 32, 8.

57

AL SABIO SEVERO[154]

¿Te sorprendes de que a un sabio le envío poemas, Severo,
cuando te invito, sabio Severo, a cenar?
Júpiter está ahíto de ambrosía y se alimenta de néctar;
sin embargo, nosotros le ofrecemos a Júpiter entrañas crudas y vino puro.
Puesto que te ha sido otorgado de todo por regalo de los dioses,
si no quieres lo que ya tienes, ¿qué aceptarás, entonces?

58

CONTRA TELÉSFORO, QUE SE APROVECHA DE SU ATRACTIVO[155]

Cuando ves que yo tengo ganas y me notas, Telésforo, erecto,
me pides mucho dinero —imagínate que yo quisiera negarme:
[¿podría?—,
y si no te digo bajo juramento «te lo daré», me apartas esas
nalgas que mucha preeminencia te conceden sobre mí.
¿Qué pasaría si mi barbero, cuando tiene la navaja desenvainada en el aire,
me pide entonces la libertad y una fortuna?
Se las prometería; pues en ese momento no me las pide un barbero:
me las pide un ladrón; el miedo es un asunto inapelable:
pero cuando la navaja esté ya resguardada en su curva funda,
le romperé al barbero las piernas y las manos a la vez.[156]
Mas a ti no te haré nada, pero, después de limpiarse con la lana,[157] mi polla
le dirá a tu codiciosa avaricia que se vaya a tomar por culo.[158]

---

[154] Otra *vocatio ad cenam* (cf. V 78), en este caso con un epigrama votivo (cf. I 111). Sobre la posible identificación de Severo, cf. Kay, pág. 196.

[155] Variante de los epigramas sobre la avaricia de los amantes (cf. XI 49), en este caso un muchacho.

[156] Sobre el tema de los barberos, cf. VIII 52 n.

[157] Para la explicación de este pasaje, cf. Kay, pág. 199.

[158] En griego en el original.

59

SOBRE CARINO, RICO PRESUNTUOSO

Carino lleva seis anillos en cada
dedo y no se los quita de noche
ni cuando se baña. ¿Preguntáis cuál es la razón?
No tiene joyero.[159]

60

SOBRE QUÍONE Y FLÓGIDE[160]

¿Preguntas quién es más apropiada para el amor, si Flógide o Quíone?
Quíone es más bella; pero Flógide tiene calentura;
tiene una calentura que podría poner tieso al pellejo arrugado de Príamo
y que no permitiría que el viejo Pelias siguiera siendo viejo;[161]
tiene la calentura que todos quieren que tenga su amante,
que puede curar un Critón, que una Higía no puede.[162]
Quíone, en cambio, no siente la faena ni colabora con palabra
alguna: se la creería ausente o de mármol.
Dioses, si fuera posible impetrar de vosotros tan grandes mercedes
y estuvierais dispuestos a conceder tan preciadas gracias,
haríais que Flógide tuviera el cuerpo que tiene
Quíone y Quíone la calentura que tiene Flógide.[163]

---

[159] No lo necesita porque nunca se va a quitar los anillos.

[160] Dos prostitutas de nombre griego, como era habitual; cf. I 34. 7 n.

[161] Cf. VI 71, 3-4.

[162] Critón e Higía son nombres característicos de médico y médica, respectivamente; Critón puede curar (e Higía no) la ninfomanía de Flógide porque es hombre, no porque es médico (KAY, pág. 202).

[163] Cf. I 57 n.

61

SOBRE EL CUNNILINGUS NANEYO[164]

Naneyo —marido por su lengua, adúltero por su boca,
más guarro que los morros del Sumemio;[165]
que cuando desde su ventana de la Subura lo ve
desnudo la putona Leda, cierra el prostíbulo[166]
y prefiere besarlo por los bajos en vez de por arriba;
el que hasta hace poco andaba por todos los conductos de las entrañas
y con voz segura y experta decía
si en el vientre de la madre había un niño o una niña
(alegraos, coños; vuestra misión está, de hecho, cumplida)—,
no puede empinar su lengua folladora.
Pues mientras estaba adherido en las profundidades de una vagina
[hinchada
y escuchaba dentro los vagidos del niño,
una enfermedad repugnante[167] le dejó floja su parte glotona.
Ahora no puede ser ni puro ni impuro.[168]

---

164 La clave de este epigrama radica en la identificación entre lengua y pene.

165 Las prostitutas que practicaban la felación (cf. II 28, 4); el Sumemio era el barrio de la prostitución barata; cf. I 34, 6-7 y III 82, 2.

166 La situación es la siguiente: Leda, una prostituta de nombre griego (cf. II 63, 2) que se exhibe desde la ventana de su prostíbulo, ve llegar a Naneyo, quien, evidentemente, no va con el cuerpo desnudo sino con la cara descubierta (o con la boca abierta); una vez que Naneyo ha entrado en el prostíbulo, Leda cierra la puerta porque, aun en su profesión, le da vergüenza que se sepa que tiene tal cliente (Kay, pág. 205).

167 Sobre la posible enfermedad, cf. Kay, pág. 207.

168 No puede ser puro por su enfermedad; no puede ser impuro porque esta le impide su práctica favorita (Kay, pág. 207).

62

SOBRE LESBIA, DADIVOSA[169]

Jura Lesbia que a ella nunca se la han follado gratis.
Es cierto. Cuando quiere que se la follen, suele pagar.

63

CONTRA FILOMUSO, MIRÓN[170]

Nos observas, Filomuso, cuando nos bañamos y quieres saber constantemente por qué mis barbilampiños esclavos están tan bien dotados. Contestaré claramente a tu pregunta:
les dan por el culo, Filomuso, a los mirones.

64

CONTRA FAUSTO

No sé por qué, Fausto, les escribes a tantísimas mujeres.
Lo que sé es que ninguna mujer te escribe a ti.[171]

---

[169] Cf. I 100.

[170] Sobre el mismo asunto, cf. I 23; 96.

[171] Sobre la carta como medio de seducción, cf. II 91; Ovidio, *Amores*, I. La razón por la que no le contestan puede ser porque no tiene éxito, porque es homosexual o porque sus prácticas eróticas son vergonzantes (Kay, pág. 210).

65

CONTRA JUSTINO, SOBRE SU BANQUETE DE CUMPLEAÑOS

Seiscientos invitados tuyos, Justino, cenan
para celebrar el día que fue para ti el primero.
Entre ellos —lo recuerdo— yo no solía ser el último,
y ese lugar no me causaba grima.
* [172]
Pero al día siguiente vuelves a dar ese tradicional banquete:
para seiscientos habrás nacido hoy, para mí, mañana.

66

CONTRA VACERRA, DEL QUE SE SORPRENDE QUE NO SEA RICO

No solo eres delator sino también calumniador,
no solo eres estafador sino también especulador.
no solo eres mamador sino también preparador de gladiadores. Me [pregunto
sorprendido, Vacerra, por qué no tienes un duro.[173]

67

CONTRA MARÓN, A QUIEN ESPERA HEREDAR

No me das nada en vida; dices que me lo darás cuando mueras.
Si no eres tonto, Marón, ya sabes qué es lo que deseo.[174]

---

172 S. Bailey («More corrections..., pág. 145), considera que aquí falta un dístico en el que el poeta contaría que no había sido invitado ese año, como en VII 86.

173 Dado que todos esos oficios eran, además de mal vistos, lucrativos (Kay, pág. 212).

174 Que te mueras (cf. VIII 27; XII 40, 5-6).

68

A MATÓN, PARA QUE LES PIDA POCO A LOS RICOS[175]

Les pides cosas pequeñas a los grandes; pero ni siquiera eso te dan los [grandes.
Para que sientas menos vergüenza, Matón, pídeles tú cosas grandes.

69

EPITAFIO DE LA PERRA LIDIA[176]

Yo, criada entre adiestradores del anfiteatro,
una perra de caza implacable en el campo, zalamera en la casa,
era llamada Lidia, la más fiel a mi amo Dextro,
que no hubiera preferido tener a la perra de Erígone[177]
ni al que, de la raza del Dicte, siguiendo a Céfalo
llegó en su compaña hasta los astros de la diosa lucífera.[178]

---

[175] Este dístico, de muy cuidada estructura, encuentra su explicación en XII 13 (KAY, págs. 214-215).

[176] Los epitafios de animales, que aparecen ya en la literatura griega, son frecuentes en la latina; cf., p. ej., CATULO, 3; OVIDIO, *Amores* II 6; ESTACIO, *Silvas* II 4; 5 (Kay, págs. 215-216).

[177] Se llamaba Mera. Icario, padre de Erígone, a quien Baco había enseñado el cultivo de la vid y la elaboración del vino, fue asesinado por unos pastores, que ocultaron su cadáver; su hija, que lo encontró gracias a Mera, se suicidó, y la perra también murió arrojándose a un pozo. Los tres fueron catasterizados por Zeus: Icario en el Boyero, Erígone en la Virgen y Mera en la Canícula (A. RUIZ DE ELVIRA, *Mitología Clásica*, pág. 474).

[178] Se llamaba Lélape. Había sido regalado por Zeus a Europa, por esta, a su hijo Minos, por este, a Procris, y por esta, a Céfalo. La Aurora («la diosa lucífera») se enamoró de Céfalo y lo raptó llevándoselo a los cielos (A. RUIZ DE ELVIRA. *Mitología clásica*, págs. 306-307, 484-485). Marcial altera el mito tradicional al suponer que el perro siguió a su amo a los cielos (KAY, pág. 218). El Dicte es un monte de Creta; los perros de caza cretenses eran los más famosos.

No me ha arrebatado el lento devenir de los días ni la inutilidad de la vejez,
tal como fue el destino del perro de Duliquio:[179]
he sido muerta por el colmillo relampagueante de un jabalí furioso,
tan grande como lo era el tuyo, Calidón, o el tuyo, Erimanto.[180]
Y no me quejo, a pesar de haber sido arrastrada de golpe bajo las sombras [del infierno.
No he podido sucumbir a un destino más glorioso.

70

CONTRA EL DESALMADO TUCA[181]

¿Eres capaz, Tuca, de vender a quienes compraste por cien mil sestercios?
¿A tus «dueños»[182] —a pesar de sus lágrimas— eres capaz, Tuca, de [venderlos?
¿Ni sus mimos ni sus palabras o sus quejas infantiles,
ni sus cuellos mordisqueados por tus dientes te conmueven?
¡Ay, qué injusticia! Al ser levantada su túnica por ambos lados, quedan al [descubierto sus partes,
y se puede observar su polla hecha a tus manos.[183]
Si te encanta el dinero contante y sonante, vende
la plata, las mesas, las copas múrrinas, las fincas, la casa;
vende los esclavos viejos —te perdonarán—, vende los de tu padre;
con tal de que no vendas los jóvenes, véndelo todo, desgraciado.

---

179 Duliquio es una isla del Mar Jonio, en los dominios de Ulises. El perro de este se llamaba Argos, y aguardó durante veinte años el regreso de su amo, muriendo en cuanto lo vio (cf. HOMERO, *Odisea* XVII 291-327).

180 Los dos jabalíes más famosos: el de la cacería de Meleagro y el que capturó Hércules en su cuarto trabajo en este monte de Arcadia.

181 Epigrama con comienzo elegíaco en el que se ataca a Tuca por vender a los esclavos que se han criado con él y que han compartido todas sus vicisitudes.

182 Cf. XII 66, 8; así llamaban a veces los amos a sus esclavos favoritos (cf. S. BAILEY, I, pág. 405).

183 Cf. XI 22, 6.

Es un despilfarro comprarlos —¿quién, de verdad, lo duda o lo niega?—,
pero venderlos es un despilfarro mucho mayor.[184]

71

SOBRE LA INSACIABLE LEDA[185]

Leda le había dicho al vejestorio de su marido que estaba
histérica, y se queja de que necesita que la follen;[186]
pero entre llantos y gemidos dice que su salud no vale tanto
y asegura que, antes bien, está resuelta a morir.
Su marido le insta a que viva y a que no abandone sus mejores años,
y le deja que le hagan lo que él ya no le hace.
Al punto llegan los médicos y se van las médicas,[187]
y se le levantan los pies.[188] ¡Oh fulminante remedio!

72

SOBRE NATA, MAMÓN[189]

Nata devora la minina de su jayán,
comparado con el cual Priapo es un capón.[190]

---

[184] Comprarlos era un despilfarro por su elevado precio; venderlos también lo es porque Tuca no puede vivir sin ellos (Kay, pág. 222).

[185] Epigrama sobre el manido asunto del marido viejo, impotente y tonto (cf. I 73).

[186] Egipcios y griegos ya consideraban que la histeria femenina se debía a la falta de actividad sexual (cf. Kay, págs. 222-223).

[187] Cf. XI 60, 6. Los maridos, por razones obvias, preferían que sus esposas fueran atendidas por una médica, sobre todo en cuestiones de ginecología; cf. VI 31 (Kay, pág. 224).

[188] Cf. X 81, 4 n.

[189] Otro epigrama sobre un pene descomunal; cf. VI 36; IX 33; XI 51.

[190] *Gallus* en latín: «gallo» y «galo» (cf. IX 2, 13 n.).

73

CONTRA EL DESCONSIDERADO LIGDO

Me juras, Ligdo, que vendrás siempre que te lo pida
y me fijas la hora y me fijas el lugar.
Cuando, erecto por la comezón, llevo, en vano, tendido un buen rato,
muchas veces me alivia, en vez de ti, mi izquierda.[191]
¿Qué podría desearles, mentiroso, a una solicitud y una conducta así?
Que le lleves la sombrilla, Ligdo, a una amante tuerta.[192]

74

SOBRE BÁCARA, CUYA INTEGRIDAD PELIGRA[193]

El rético Bácara ha confiado la curación de su pene
a un médico, rival suyo en amores. Bácara se convertirá en un galo.[194]

75

CONTRA CELIA, QUE SIMULA EL RECATO[195]

Tu esclavo, Celia, se baña contigo
tapado con una funda de bronce. ¿Para qué, pregunto,
si no es un citarista ni un flautista?
Según creo, no quieres verle la polla.
¿Por qué, entonces, te bañas con gente?

---

[191] Cf. IX 41, 1-2 y n.

[192] Para que se vea lo bajo que has caído. Esta es una de las formas habituales de Marcial para rematar los epigramas; cf., p. ej., II 34; XI 58.

[193] Cf. I 73 n.

[194] Cf. IX 2, 13 n.

[195] Cf. VII 35.

¿O es que, para ti, todos estamos castrados?
Entonces, para que no des la impresión de tener celos,
suéltale, Celia, el broche[196] a tu esclavo.

76

A PETO, ACREEDOR SUYO[197]

Me exiges, Peto, que te pague diez mil sestercios
porque Bucón te ha hecho perder doscientos mil.
Que no me perjudiquen a mí —te lo ruego— los errores que no son míos: [tú, que
puedes permitirte perder doscientos mil, pierde diez mil.

77

CONTRA VACERRA, GLOTÓN

El hecho de que Vacerra se pase las horas y esté sentado
el día entero en todas las letrinas,
significa que Vacerra tiene ganas de cenar, no de cagar.[198]

78

A VÍCTOR, QUE SE VA A CASAR[199]

Ve acostumbrándote a tomar a una mujer. Víctor, ve acostumbrándote,
y que tu polla vaya practicando una faena que ignora.

---

[196] Es decir, la fíbula; cf. VII 82, 1 n.

[197] Epigrama sobre dinero prestado; cf. I 75 n.

[198] Al no disponer las letrinas públicas de compartimentos individuales, eran un buen lugar de encuentro para solucionar la gran obsesión romana de ser invitado a cenar (cf. I 27 n.).

[199] Y, por tanto, debe dejar los juegos eróticos con sus favoritos (cf. XI 70, 56) para asumir las obligaciones del matrimonio.

Se están tejiendo los flámeos de tu prometida, ya se está ataviando la [doncella,
ya mismo la recién casada cortará el cabello a tus favoritos.[200]
Ella permitirá a su anhelante marido que le dé por el culo una sola vez,
mientras teme las primeras heridas de un arma que nunca experimentó.
Su nodriza y su madre te prohibirán que lo sigas haciendo
y te dirán: «Ésta es tu mujer, no tu favorito».
¡Ay, qué de sofocones y qué de sudores te costará
si un coño es para ti una cosa exótica!
Por tanto, entrégate como aprendiz a una profesional de la Subura.
Ella hará de ti un hombre; las doncellas no enseñan bien.

79

A PETO, DE CUYAS LENTÍSIMAS MULAS SE RÍE

Porque he llegado al primer miliar a las seis de la tarde, se me acusa del delito de lentitud y apatía.
La culpa de esto no es del camino, no es mía, sino que es tuya, Peto, que me enviaste tus mulas.

80

SOBRE LOS ATRACTIVOS DE BAYAS[201]

A la dorada costa de la dichosa Venus, a Bayas,
a Bayas, el fascinador regalo de la satisfecha Naturaleza,
aunque yo con mil versos, Flaco, exalte a Bayas,
a pesar de ello no exaltaré todo lo que se merece a Bayas.

---

[200] Cf. VII 29 y IX 16, 2 n.

[201] Cf. I 62 n. Cerca de Bayas existía un templo de Venus Lucrina, que, seguramente, era su diosa tutelar (Kay, págs. 236-237).

Pero, Flaco, prefiero a Marcial[202] antes que a Bayas.
Anhelo propio de desmesurados es pretender a la par a uno y otra.
Y si eso se me concede por merced de los dioses,
¡qué de gozos representan Marcial y Bayas![203]

81

SOBRE UN EUNUCO Y UN VIEJO

Díndimo, un castrado, se empeña en hacerlo con Egle a medias con un [viejo,[204]
y la muchacha se queda a dos velas en medio de la cama.
Ni el uno, por su capacidad, ni el otro, por sus años, sirven para la faena:
por tanto, el esfuerzo aumenta la calentura de uno y otro sin resultado.
Ella, entre súplicas, te ruega por su bien y el de los dos desgraciados
que al uno, Citerea,[205] lo hagas joven, al otro, hombre.[206]

82

SOBRE FILÓSTRATO, BORRACHO[207]

Filóstrato, que regresaba de un convite en el balneario
de Sinuesa[208] en busca de su casa de alquiler impelido por la anochecida,
estuvo a punto de matarse imitando el cruel final de Elpénor,[209]

---

[202] Julio Marcial, el gran amigo de nuestro poeta.

[203] Para la misma idea, cf. VIII 72.

[204] Cf. IX 32, 4.

[205] Venus; la isla de Citera, en el mar Egeo, estaba consagrada a ella.

[206] Para la misma idea, cf. XI 60, 11-12.

[207] En este epigrama se une la crítica a los borrachos (cf. I 11) con el tema del accidente (o muerte) inusual (cf. XI 41).

[208] Cf. XI 7, 12 n.

[209] Compañero de Ulises que se mató al caerse desde el tejado de Circe donde,

al caerse rodando de cabeza hasta el final de una larga escalera.
No habría corrido tan grave peligro, ninfas,
si, antes bien, hubiera él bebido vuestras aguas.

83

A SOSIBIANO, CAPTADOR DE HERENCIAS[210]

Nadie se aloja gratis en tu casa salvo los ricos y sin hijos.
Nadie alquila su casa, Sosibiano, tan cara.

84

A ANTÍOCO, TORPE BARBERO[211]

Quien no tiene aún deseos de bajar a las sombras estigias,
que huya —si tiene cabeza— del barbero Antíoco.
Menos desgarros de crueles cuchillos sufren los blanquecinos brazos
cuando el tropel poseso entra en trance al son de la música frigia;[212]
con más delicadeza corta Alconte[213] las hernias estranguladas
y recompone los huesos rotos con su experta mano.
Pele aquel a los cínicos pobretones[214] y las barbas de los estoicos
y despoje de su crin polvorienta a los cuellos de los caballos.
Rape aquel al desgraciado Prometeo al pie de la roca escítica:
a gritos llamará al ave carnicera ofreciéndole su pecho;[215]

borracho, se había quedado dormido (cf. HOMERO, *Odisea* X 552-560).

[210] Cf. I 10.

[211] Sobre los barberos, cf. VIII 52 n.

[212] Los seguidores de Belona (a veces confundidos con los de Cibeles [cf. IX 2, 13 n.]) se excitaban con el rítmico son de la música frigia y se hacían incisiones en su cuerpo para salpicar de sangre la estatua de la diosa (KAY, págs. 242-243).

[213] El médico que ya apareció en VI 70, 6.

[214] Cf. IV 53.

[215] Cf. IX 45, 8 n.

buscará Penteo refugio en su madre,[216] Orfeo, en las ménades,[217]
solo con que se oigan tintinear las sanguinarias armas de Antíoco.
Todas estas cicatrices que se cuentan en mi barba,
como las que quedan al cabo de los años en la frente de un pugilista,
no me las ha causado mi esposa encolerizada con sus uñas temibles:
son el hierro y la mano criminal de Antíoco.
De todos los animales, el macho cabrío es el único que tiene sentido común:
lleva barbas para no tener que sufrir a Antíoco.

85

CONTRA ZOILO, CUNNILINGUS[218]

Tu lengua, Zoilo, se ha visto afectada por una parálisis repentina[219]
mientras lamías. Al menos ahora, Zoilo, follas.

86

CONTRA PARTENOPEO, QUE SUFRE DE TOS GOLOSA[220]

Tu médico, Partenopeo, a fin de aliviar tu garganta,
a la que irrita una tos ronca y persistente,
ha prescrito que se te dé miel y nueces y pasteles dulces
y todo lo que no permite que los niños sean traviesos.
Mas tú no paras de toser el día entero.
Esto no es tos, Partenopeo, es gula.

---

[216] Penteo, rey de Tebas, fue despedazado por su madre Ágave y sus tías Ino y Autónoe quienes, en pleno trance orgiástico, lo confundieron con un animal (cf. A. Ruiz de Elvira, *Mitología clásica*, pág. 179).

[217] Las de Tracia, que lo despedazaron.

[218] Otro epigrama contra Zoilo; cf. II 16 n.

[219] Cf. una situación parecida en XI 61, 13.

[220] Sobre el mismo asunto del enfermo fingido, cf. II 40 (con el mismo final); XII 56.

87

A CARIDEMO, OBLIGADO A CAMBIAR DE COSTUMBRES[221]

En una ocasión fuiste rico: pero entonces eras un bujarrón
y durante mucho tiempo no llegaste a conocer a ninguna mujer.
Ahora andas tras las viejas. ¡Oh, a lo que obliga la pobreza!
Esta hace de ti, Caridemo, un follador.

88

SOBRE CARISIANO, MARICÓN

Lupo, dice Carisiano que lleva ya muchos
días sin poder dar por el culo.
Al preguntarle los amigotes hace poco la razón,
contestó que tenía el vientre suelto.[222]

89

A SU AMIGA POLA

¿Por qué me envías, Pola, coronas impolutas?
Prefiero tener rosas sobadas por ti.

---

[221] Tres temas de amplia tradición se unen en este epigrama: el del homosexual que anda tras una mujer (cf. MELEAGRO, *A. P.* XII 41), el del rico empobrecido (cf. MARCO ARGENTARIO, *A. P.* V 113) y el de la vieja ninfómana, presa fácil de los captadores de herencias (cf. PARMENIÓN *A. P.* XI 65); KAY, págs. 247-248.

[222] Es decir, descubre que es un bardaje.

90

CONTRA CRESTILO, PARTIDARIO DE LOS POETAS ANTIGUOS[223]

No das por bueno ningún poema que discurre por un plácido sendero
sino los que brincan por las breñas y las altas rocas,
y, para ti, más conseguido que la poesía de Meonia[224] es
«Aquí yace Metrófanes, la columnita de Lucilio»;[225]
y, con la boca abierta, lees «tierra mucho abastada»,[226]
y todo lo que largan Accio y Pacuvio.[227]
¿Quieres que imite, Crestilo, a tus poetas los antiguos?
Que me cuelguen si desconoces a qué sabe una polla.[228]

91

EPITAFIO DE CÁNACE, NIÑA DE SIETE AÑOS[229]

En este sepulcro yace enterrada Cánace, la hija de Eólide,
a la que, en su niñez, le llegó el último su séptimo invierno.
Viajero que te apresuras a clamar «¡qué injusticia, qué atrocidad!»,

---

[223] Marcial se alinea con quienes, a partir de Horacio, se oponían a la identificación de lo antiguo con lo bueno y lo nuevo con lo malo (KAY, págs. 250-251).

[224] La de Homero, al que se consideraba nacido en Quíos o Esmirna, ambas en Meonia (en Lidia), y que nunca fue tenido por arcaico.

[225] Pertenece a LUCILIO (probablemente al comienzo del libro XXII), y fue transmitida por DONATO en su comentario a TERENCIO, *Formión* II 1,57.

[226] *Terrai frugiferai*, en latín; es de ENNIO (239-169 a. C.), *Anales* 489. La traducción que doy pertenece al *Poema de Fernán González,* 148 a (ed. de J. Victorio, Madrid, 1990).

[227] Poetas latinos que vivieron, respectivamente, entre 170 y ca. 80 a.C. y entre el 220 y *ca.* 131 a. C.

[228] Cf. un final parecido en IX 27.

[229] Cf. I 88 n.

no vale quejarse aquí de la brevedad de la vida:
más deplorable que su óbito es la forma de su óbito: un espantoso tumor
se cebó en su rostro y se aposentó en su tierna boca,
y la cruel enfermedad acabó incluso con sus besos
y sus labios no fueron entregados intactos a la negra pira.
Si con tan fulminante vuelo tenían que venir
los hados, debieron venir por otro camino.
Pero la muerte se apresuró a cerrar la vía de su encantadora voz
para que su lengua no pudiera conmover a las implacables diosas.[230]

92

CONTRA ZOILO, VICIOSO[231]

Miente quien afirma, Zoilo, que tú eres un vicioso.
No eres un hombre vicioso, Zoilo, sino el vicio mismo.

93

SOBRE TEODORO, POETA MALO[232]

Las llamas han destruido la mansión pieria[233] del poeta
Teodoro. ¿Agrada esto a las musas y a ti, Febo?
¡Qué injusticia, qué gran atrocidad y desafuero de los dioses,
que no hayan ardido a la vez la residencia y el residente!

---

230 Las Parcas.

231 Último epigrama de este libro contra Zoilo; cf. II 16 n.

232 Tema tan antiguo como la misma literatura; en Roma, p. ej., cf. CATULO, 22, 36, 95).

233 «Pieria», por referencia a las musas o piérides.

94

CONTRA UN IMITADOR CIRCUNCISO[234]

Que envidies sobremanera mis libritos y por doquier
los minusvalores, te lo perdono: poeta circunciso, eres sabio.
Tampoco me preocupa el que, aunque vituperes mis poemas,
los plagies: también así, poeta circunciso, eres sabio.
Lo que me saca de quicio es que tú, natural de la misma Jerusalén,
le des por culo, poeta circunciso, a mi favorito.[235]
Ten en cuenta que me lo niegas jurándomelo por el templo del Tonante.
No te creo: júramelo, circunciso, por Anquíalo.[236]

95

A FLACO, SOBRE SUS BESOS ASQUEROSOS

Cada vez que te lías a besos con un chupapollas,
imagínate, Flaco, que estás metiendo la cabeza en un bidé.[237]

---

[234] Variante del tema anterior: un plagiario (cf. I 29). El poema repite la misma fórmula al final de los versos pares (cf. I 77 n.).

[235] La palabra latina que significa «circunciso» *(verpus)* aparece con frecuencia en contextos de homosexualidad, como el presente; Marcial puede estar jugando con el doble sentido (KAY, pág. 258).

[236] La ciudad de Cilicia donde estaba enterrado Sardanapalo; cf. S. BAILEY, «Corrections...», pág. 291, y «More corrections...», págs. 145-146.

[237] Que no solían cambiar sus aguas con demasiada frecuencia y que servía para cualquier tipo de lavado; cf. II 42; 70; VI 81. Sobre el tipo de sanitario, cf. KAY, pág. 261, y S. BAILEY, III, págs. 319-320.

96

A UN GERMANO, QUE DESPLAZÓ A UN ESCLAVO

La que aquí mana, germano, es el agua Marcia,[238] no la del Rin: ¿por qué
[te cuelas
y apartas a este esclavito del surtidor de este magnífico estanque?
Bárbaro, no está bien que, tras impedírselo a un criado romano,
el agua de los vencedores alivie la sed de un prisionero.

97

CONTRA LA REPUGNANTE TELESILA[239]

En una sola noche soy capaz de hacerlo cuatro veces: pero que me cuelguen
si en cuatro años soy capaz de hacerlo una sola vez contigo, Telesila.

98

A FLACO, SOBRE LOS BESUCONES DE LOS QUE NADIE SE LIBRA[240]

No es posible, Flaco, librarse de los besucones.
Te asedian, te paran; te persiguen, te salen al encuentro
por aquí y por allá, por todas partes, en cualquier parte.
Ni una llaga infectada o unas pústulas supurantes,
ni una barbilla nauseabunda o unos eczemas repugnantes,
ni unos labios untados con pringoso cerato,
ni el moqueo de una nariz resfriada te valdrán.
Te besan tanto cuando tienes calor como frío,

---

[238] Cf. VI 42, 18 n.

[239] Para el modelo, cf. FILODEMO, *A. P.* XI 30.

[240] Cf. II 10 (1 n.); 12; 21-23; VII 95; XII 59.

y cuando te estás reservando para el beso nupcial.
No te librarán la cabeza cubierta con un capuchón,
ni una litera protegida con velos de piel,
ni te salvará una silla cerrada con cortinas:
el besucón entrará por todas las rendijas.
Ni el mismo consulado ni el tribunado
o los doce fasces ni la soberbia vara
del estentóreo lictor espantará al besucón:
aunque tú estés sentado en lo alto del tribunal
y desde la silla curul impartas justicia a las gentes,
allí y allá subirá el besucón.
Te besará cuando tengas fiebre y cuando llores,
te dará besos cuando bosteces y cuando nades,
te los dará cuando cagues. El único remedio de este mal
es echarte un amigo a quien no se quiera besar.[241]

99

CONTRA LESBIA Y SUS ALMORRANAS[242]

Cada vez que te levantas de la silla —lo he advertido a menudo—,
    se te mete por el culo, Lesbia, tu infortunada túnica.
Cuando intentas con la derecha, intentas con la izquierda
    sacártela, te la arrancas entre lágrimas y gemidos:
tan apretada está por la doble Simplégade de tu culo
    y se introduce en tus excesivas y Cianeas[243] nalgas.
¿Deseas solucionar ese bochornoso inconveniente? Te diré cómo:
    en mi opinión. Lesbia, no debes levantarte ni sentarte.

---

241 Por ejemplo, el que aparece en XI 95.

242 Cf. VII 71.

243 Las Simplégades o Rocas Cianeas eran dos rocas a la entrada del Bósforo donde solían zozobrar los barcos (cf. VII 19, 4); KER, II, pág. 307.

100

A FLACO, SOBRE LAS AMANTES QUE PREFIERE[244]

No quiero, Flaco, tener una amante esquelética,
a cuyos brazos puedan abarcar mis anillos,
que arañe con su rabadilla a flor de piel y pinche con sus rodillas,
a la que le sobresale[245] una sierra en el torso, un punzón en el culo.
Pero tampoco quiero una amante de mil libras de peso.
Yo trajino con carnes, no trajino con grasas.

101

A FLACO, SOBRE LA CANIJA TAIS[246]

¿Pudiste ver, Flaco, a Tais, tan escuálida?
Me parece que tú, Flaco, puedes ver lo que no existe.

102

CONTRA LA TONTA LIDIA[247]

No me ha engañado quien me ha dicho que tú tienes
un cuerpo extraordinario, Lidia, no el porte.
Así es si te estás callada y te tumbas tan muda
como silencioso es un rostro en una mascarilla de cera y en un cuadro.

---

[244] Cf. I 57 n.

[245] El cambio de modo verbal se puede deber a que ahora hace referencia a su actual amante (cf. Kay, pág. 271), que quizás sea la Tais que aparece en el siguiente epigrama.

[246] Para el modelo, cf. Lucilio, *A. P.* XI 101.

[247] Este epigrama forma un pequeño ciclo con los dos anteriores; sobre el modelo, cf. *A. P.* XI 420; Catulo, 86.

Pero cada vez que hablas, estropeas también tu cuerpo, Lidia,
y a nadie perjudica más que a ti su propia lengua.
Procura que el edil no te oiga y te vea a la vez:
se produce un prodigio cada vez que una estatua se pone a hablar.[248]

103

A SAFRONIO, DEL QUE SE SORPRENDE QUE SEA PADRE

Tienes una pureza tan grande de alma y de aspecto, Safronio,
que me sorprendo de que hayas podido llegar a ser padre.

104

CONTRA UNA ESPOSA DEMASIADO RECATADA[249]

Esposa, déjame[250] o acostúmbrate a mi forma de ser:
yo no soy ni un Curio[251] ni un Numa[252] ni un Tacio.[253]
A mí me gustan las noches que se alargan entre jubilosas copas:
tú te apresuras a retirarte con el aburrimiento de haber bebido agua.
Tú te lo pasas bien en la oscuridad: a mí me gusta divertirme con un candil

---

[248] Los ediles tenían a su cargo registrar y comunicar todos los prodigios, como el que una estatua hablara (Ker, II, pág. 308).

[249] Mezcla y variación de los temas tratados en los epigramas 43 y 100- 102 de este mismo libro. La estructura es la siguiente: vv. 1-2: apóstrofe a la esposa y afirmación de su postura; vv. 3-10: contraposición alternada de los comportamientos de uno y otra; vv. 11-20: ejemplos legendarios, históricos y mitológicos; vv. 21-22: conclusión.

[250] Recuerda a la supuesta fórmula legal del divorcio (cf. Kay, pág. 277).

[251] Cf. I 24, 3 n.

[252] Cf. IX 5, 2 n.

[253] Tito Tacio, rey de la ciudad sabina de Cures, que tras el rapto de las sabinas compartió el poder con Rómulo. Su inclusión aquí puede deberse a su origen y antigüedad (Kay, pág. 277).

por testigo y echar los bofes cuando ya ha llegado el día.
A ti te tapan corpiños y túnicas y mantos opacos:
para mí, en cambio, ninguna mujer se acuesta lo suficientemente
[desnuda.
A mí me encantan los besos que imitan a las tiernas palomas:
tú me los das como se los sueles dar de mañana a tu abuela.
No te dignas alegrar la faena ni con meneos ni con palabras
ni con los dedos, lo mismo que si prepararas incienso o vino:
los esclavos frigios se masturbaban tras la puerta
cada vez que a Héctor lo montaba su esposa,[254]
y aunque roncase el de Ítaca,[255] la virtuosa Penélope
solía tener siempre su mano en el sitio.
Me prohíbes que te dé por culo: se lo permitía Cornelia a Graco,[256]
Julia a Pompeyo,[257] Porcia a ti, Bruto;[258]
cuando el criado dardanio[259] aún no le preparaba las dulces
copas, Juno hizo de Ganímedes para Júpiter.
Si te complace la continencia, puedes ser una Lucrecia[260]
a lo largo de todo el día: de noche quiero una Lais.[261]

[254] Andrómaca.

[255] Ulises.

[256] Cornelia, hija de Escipión Africano, y su marido Tiberio Sempronio Graco, padres de los famosos Gracos (KER, II, pág. 310).

[257] Julia, la hija de Julio César, y su esposo Neo Pompeyo Magno (KER, II, págs. 310-311).

[258] Cf. I 42.

[259] Ganímedes, descendiente de Dárdano, el constructor de Troya.

[260] Cf. XI 16, 10 n.

[261] Cf. X 68, 11 n.

105

A GÁRRICO, DEL QUE NO RECIBE LOS REGALOS QUE SOLÍA

Me regalabas un plato de una libra de plata, me lo regalas, Gárrico, de un [cuarto.
Págame al menos, Gárrico, media.[262]

106

A VIBIO MÁXIMO, PEREZOSO[263]

Vibio Máximo, si dispones de tiempo para un saludo,
lee solo esto: pues, a la vez, estás ocupado
y no eres demasiado trabajador.
¿Te saltas también estos cuatro versos? Has sido listo.

107

A SEPTICIANO, QUE LE HABÍA DEVUELTO SU LIBRO SIN LEERLO

Me devuelves, Septiciano, mi libro desenrollado
hasta el final[264] y como si lo hubieras leído entero.
Has leído todos los poemas. Me lo creo, lo sé, me alegro, es verdad.
Así he leído yo enteros tus cinco libros.

[262] Cf. VIII 71, 3-4.

[263] La idea dominante en los tres últimos epigramas es que el libro es demasiado largo y el lector tiene otras cosas que hacer (Kay, pág. 284).

[264] *Ad sua cornua*, en latín; cf. I 66, 11 n.

108

AL LECTOR: EL LIBRO SE PUEDE ALARGAR SI LE HACE REGALOS[265]

Aunque puedes estar harto de un librito tan extenso,
lector, todavía me pides unos pocos dísticos.
Pero Lupo me reclama su préstamo y mis esclavos su pitanza.[266]
Lector, paga. ¿Te callas y te haces el distraído? Adiós.

---

265 Sólo dos libros más, el I y el IV, contienen epigramas de cierre.

266 Cf. XI 3.

LIBRO XII

Valerio Marcial saluda a su amigo Prisco:[1]

Sé que debo una disculpa por mi incorregible vagancia de tres años; a pesar de ello, no se me debería perdonar ni aun teniendo en cuenta esas ocupaciones propias de la ciudad en las que más bien logramos dar la impresión de estar importunando en vez de cumpliendo con nuestra obligación; y menos aún en este aislamiento provinciano donde, salvo que uno se dedique al trabajo de forma incluso desaforada, me he retirado tanto sin consuelo como sin excusa. Entérate, pues, de los motivos. Entre estos, el principal y primero es que echo de menos el auditorio de la ciudad, cosa a la que me había acostumbrado, y tengo la impresión de que pleiteo en un tribunal extranjero; de hecho, lo que en mis libritos haya que tenga éxito me lo dictaron mis oyentes: esa finura de razonamientos, esa ocurrencia de asuntos a tratar, las bibliotecas, los teatros, las reuniones, en donde los buenos ratos no se aperciben de que están trabajando; en definitiva, todo lo que abandoné hastiado lo añoro como si me lo hubieran quitado. A esto se añade la cáustica maledicencia de mis paisanos, y la envidia[2] en vez del razonamiento, y uno o dos malnacidos —[3] demasiados en tan pequeño lugar—; frente a ello se hace complicado mantener todos los días una buena disposición: no te sorprendas, por tanto, de que haya

[1] Terencio Prisco; cf. VIII 45 n.

[2] Cf. I 115 n.

[3] Cf. X 103, 12.

descartado, por irritación, tareas que solía hacer con el mayor empeño. Con todo, para no negarte nada a ti, tanto porque llegas de Roma[4] como porque me lo reclamas —y no estoy correspondiendo contigo al darte solo lo que está dentro de mis posibilidades—, me he impuesto como obligación algo en lo que acostumbraba a solazarme, y me he dedicado al trabajo unos poquísimos días a fin de recibir a tus oídos —tan queridos para mí— con la bienvenida que merecen. Me gustaría que a estos poemas—[5]que solo junto a ti no corren peligro— no rehusaras juzgarlos con atención y examinarlos; y, lo que constituye tu mayor complicación, que emitas un veredicto sobre mis fruslerías dejando a un lado la amabilidad, no vaya a ser que envíe a Roma —si tu fallo es favorable— un libro no hecho en Hispania sino hispano.

1

A PRISCO, A QUIEN OFRECE SU LIBRO PARA QUE LO LEA EN SU TIEMPO LIBRE

Mientras reposan las redes y los molosos ladradores
y se aquieta el bosque al no haber ojeado a ningún jabalí,
podrás, Prisco, conceder tu tiempo libre a este breve librito.[6]
La hora ni se hace veraniega[7] ni la pierdes entera.

---

[4] Cf. XII 62.

[5] Esta epístola introductoria fue compuesta, probablemente, para una selección de epigramas que Marcial le regaló a su amigo Terencio Prisco a la llegada de este a Hispania a fines de 101, y que enseguida fue enviada a Roma (XII 2); a ello hacen referencia tanto los «poquísimos días» en que los compuso como el «breve librito» de XII 1, 3. El libro XII, tal como nos ha llegado, fue recopilado quizás tras la muerte de Marcial y ampliado con algunos epigr. anteriores (cf. FRIEDLÄNDER, pág. 218).

[6] Cf. la n. anterior.

[7] Es decir, más larga. Al dividir los romanos en doce partes iguales el tiempo de luz, las horas del verano eran más largas que las del invierno (FRIEDLÄNDER, pág. 220).

2 (3)

A SU LIBRO, AL QUE ENVÍA A ROMA[8]

Tú que hasta hace poco solías ser enviado desde la ciudad a la periferia,
irás —ahora como libro foráneo ¡qué alegría!— a Roma
desde el pueblo del aurífero Tajo y del esquivo Jalón,
ríos que una tierra enérgica me da como patrios.
Sin embargo, no serás un extraño ni te podrán llamar ya extranjero a ti,
de quien la excelsa morada de Remo tiene tantos hermanos.
Dirígete con todo derecho a los venerables umbrales del templo nuevo,
donde se le ha restituido su mansión al coro pierio.[9]
O, si lo prefieres, camina por la entrada de la Subura;
allí están los excelsos atrios de mi querido cónsul:
habita su laurífero hogar el elocuente Estela,
el egregio Estela ávido del agua de los Hiantes;[10]
allí una fuente Castalia presume de su manantial cristalino,
del que se dice que más de una vez bebieron nuestras nueve señoras:
él te dará a leer al pueblo y a los senadores y a los caballeros
y cuando acabe su propia lectura no tendrá las mejillas del todo secas.
¿Para qué reclamas el nombre del autor? Con que se lean dos o tres versos,
todos exclamarán que tú, libro, eres mío.

---

[8] Cf. I 70 n.

[9] Se trata del templo de Augusto en el Palatino (cf. IV 53, 2 n.), al que se le añadió una biblioteca dedicada a las musas (el «coro pierio», las «nueve señoras» del v. 14), eliminada por Domiciano y reconstruida por Trajano (FRIEDLÄNDER, págs. 221-222).

[10] Antiguo nombre de los beocios; en Beocia se hallaba el monte Helicón, consagrado a las musas.

3 (4)

A TERENCIO PRISCO, SU MECENAS

Lo que para Flaco y Vario y el supremo Marón[11] fue
Mecenas —el caballero descendiente de reyes ancestrales—,[12]
la fama y las páginas facundas les dirán con los años a los países
y gentes que fuiste tú, Terencio Prisco, para mí.
Tú procuras mi inspiración, tú, lo que parezca que puedo;
tú me ofreces el derecho a una legítima pereza.
¡Bravo por ese espíritu, que pocos tienen, y por esa forma de ser tuya,
que un Numa,[13] que un Catón[14] jovial podrían haber tenido!
Prodigar, amparar, acrecentar fortunas escasas
y ofrecer lo que apenas concedieron los dioses predispuestos,
es ahora posible y legal.[15] Pero tú, bajo un príncipe despiadado
y en tiempos difíciles,[16] te atreviste a ser bueno.

4 (5)

AL CÉSAR, SOBRE UNA ANTOLOGÍA DE SUS LIBROS[17]

El trabajo excesivamente prolijo de mi undécimo y décimo
libritos se ha condensado y, al reducirse, ha producido una obra breve.
Que los desocupados, a quienes has proporcionado la seguridad de su [ocio, lean con profusión:
tú, César, lee este; quizás leas también aquellos.

---

[11] Los poetas Quinto Horacio Flaco, Lucio Vario Rufo y Publio Virgilio Marón, respectivamente.

[12] Casi idéntico al famoso comienzo de HORACIO, *Odas* I 1, 1.

[13] Cf. IX 5, 2 n.

[14] Cf. I *epist*.

[15] Comp. con el deseo expresado en VIII 55 (56).

[16] Bajo Domiciano.

[17] Este epigrama parece ser la introducción de una selección de los lib. X y XI que Marcial había preparado para hacerla llegar a Nerva (cf. FRIEDLÄNDER, pág. 223); cf. XII 11 n.

5 (2 + 6, 1 – 6)

A SUS POEMAS, A LOS QUE ENVÍA A ROMA[18]

Poemas que hace poco ibais a la costera Pirgos,
    marchad por la vía Sagrada, ahora sin polvo.[19]
Al palacio ausonio le ha tocado en suerte Nerva, el más bondadoso
    de los gobernantes:[20] ahora es posible disfrutar de un Helicón seguro:
la inquebrantable lealtad, la jovial clemencia, el sabio poder
    retornan ya; los prolongados temores han huido.
Tus gentes y países, bendita Roma, ruegan esto:
    que tu caudillo sea siempre así, y larga vida a él.

(**6**) 7

SOBRE LA CALVA LIGEYA[21]

Si Ligeya tiene tantos años como pelos
lleva en toda su cabeza, es que tiene tres años.

8

EXALTACIÓN DE TRAJANO[22]

Roma, la diosa de las tierras y las naciones,
que no tiene nada igual ni nada semejante,

---

[18] Cf. I 70 n.

[19] El libro ha llegado por barco desde Hispania a la ciudad de Pirgos (en la costa N. de Roma) y ahora va a marchar por la vía Sagrada (céntrica calle de Roma que bordea al foro), que en diciembre no debe tener polvo (cf. Friedländer, pág. 220).

[20] Cf. VIII 70.

[21] Cf. X 90.

[22] Cf. X 7 y 72.

cuando hace poco calculaba, satisfecha,
los futuros años de Trajano por tantas generaciones,
y en un caudillo tan grandioso veía a un soldado
valeroso y joven y aguerrido,
ufana con tal valedor, dijo:
«Gobernantes de los partos y caudillos de los seres,[23]
tracios, sármatas, getas, britanos,
yo os puedo mostrar un César: venid».

9

AL CÉSAR, SOBRE LA PAZ EN HISPANIA

Palma[24] gobierna a mis iberos, bondadosísimo César,
y una Paz venida de fuera goza de su suave autoridad.
Contentos, por tanto, te damos gracias por tan gran don:
has enviado tu norma de conducta a mis tierras.

10

SOBRE EL AVARICIOSO AFRICANO

Africano tiene cien millones; a pesar de ello, está al acecho de más.
La fortuna da demasiado a muchos, suficiente, a ninguno.

---

[23] Pueblo del E. de la India; según otros, los chinos.

[24] Aulo Cornelio Palma, que fue cónsul en 99 y luego propretor en la Hispania Tarraconense (cf. FRIEDLÄNDER, pág. 225).

11

ENVÍA SU LIBRO A PARTENIO[25]

Saluda, musa, a nuestro común amigo Partenio:
pues, ¿quién bebe más copiosamente de la corriente aonia?
¿De quién es la lira que surge con más nitidez de la gruta pimplea?
¿A quién ama más Febo de entre la grey pieria?[26]
Y si por un azar —pero es casi una ilusión— dispone de tiempo,
ruégale que entregue en persona mis poemas a nuestro caudillo,
y que le recomiende este modesto y breve librito con solo
cuatro palabras: «Tu Roma lo lee».

12

CONTRA POLIÓN, QUE CUANDO ESTÁ BORRACHO LO PROMETE TODO[27]

Lo prometes todo cuando has estado bebiendo toda la noche;
por la mañana, no das nada. Bebe por la mañana, Polión.

13

A AUCTO, SOBRE LA CÓLERA DE LOS RICOS

Los ricos, Aucto, consideran a la cólera como una forma de ahorro:
resulta más barato odiar que regalar.[28]

---

[25] Secretario de palacio con Domiciano (cf. IV 45, 2 n.), fue asesinado por los pretorianos en 97. Por tanto, este poema es de los añadidos al lib. XII (cf. *epist.* n.) y sería con el que Marcial acompañó su antología de los lib. X y XII para que Partenio se la hiciera llegar a Nerva (cf. XII 4 n.).

[26] Cf. XII 2 (3), 8 n. y 12 n. Aonia es el nombre mitológico de Beocia; Pimpla es una fuente de Pieria consagrada a las musas.

[27] Para el caso contrario, cf. I 27.

[28] Cf. III 37, 2 n.

14

A PRISCO, PARA QUE EN LAS CACERÍAS NO SE DEJE LLEVAR POR EL ÍMPETU DE SU CORCEL

Te aconsejo que utilices con más tino a tu fogoso corcel,
Prisco, y no te lances con tanto ímpetu tras las liebres.
Muchas veces el cazador indemnizó a su presa y, volteado
por su arisco caballo, se cayó para no volver a montarlo.
Incluso un campo raso tiene sus trampas: aunque no haya ni foso
ni terraplén ni rocas, las llanuras suelen engañar.
No faltará quien te proporcione tan grandes sensaciones,
pero que sea ese quien caiga procurando menos odio hacia la fatalidad.
Si te gustan los riesgos intrépidos, acechemos
a los jabalíes etruscos —más a salvo está el valor—.
¿Por qué te agradan las cabalgadas alocadas? Más posibilidades
tienen estas. Prisco, de reventar[29] al jinete que a la liebre.

15

ALABANZA DE LA GENEROSIDAD DE TRAJANO

Todo lo que refulgía en el palacio Parrasio[30]
les ha sido dado a nuestros ojos y dioses.
Admira Júpiter los resplandores escíticos del oro
verdeante[31] y se queda atónito ante los refinamientos
y los apabullantes caprichos del altivo rey:
estas son las copas que cuadran con el Tonante,
estas son las que cuadran con el criado frigio.

---

[29] Cf. IX 97, 12.

[30] Cf. VII 56, 2 n.

[31] Se trata de esmeraldas (procedentes de Escitia; cf. IV 28, 4) engastadas en oro. Según KER, II, pág. 329, Trajano había dedicado las joyas imperiales a Júpiter Capitolino y otros dioses.

Ahora todos, junto con Júpiter, somos ricos;[32]
pero hace poco —da vergüenza, ¡ay!, da vergüenza reconocerlo—
todos, junto con Júpiter, éramos pobres.

16

CONTRA EL BUJARRÓN LABIENO[33]

Has vendido, Labieno, tres campillos;
has comprado, Labieno, tres bardajes;
les das por culo, Labieno, a tres campillos.

17

CONTRA LETINO, DE CUYA FIEBRE EXCESIVA SE RÍE[34]

Preguntas, Letino, por qué después de tantísimos
días no te desaparece la fiebre, y gimoteas sin parar.
Se pasea contigo al mismo tiempo y al mismo tiempo se baña;
cena setas, ostras, vulva de cerda, jabalí;
se embriaga con setia[35] muchas veces y muchas veces con falerno,
y no bebe cécubo salvo filtrado por nieve;
se sienta a la mesa ceñida de rosas y sombreada por el amomo,
y duerme en colchón de plumas y cama de púrpura.
Si le va tan ricamente, si vive tan a gusto en tu casa,
¿pretendes que tu fiebre prefiera irse con Dama?[36]

---

32 Cf. XII 3 (4), 9-11.

33 Comp. con IX 21.

34 Sobre el enfermo imaginario, cf. XII 56.

35 Cf. VI 86, 1.

36 Un esclavo (cf. Horacio, *Sátiras* II 5, 18) o un mendigo. Un epigrama griego (*A. P.* XI 403) contiene la misma idea que este último verso (Ker, II, pág. 331).

18

A JUVENAL, SOBRE LA TRANQUILIDAD DE LA QUE DISFRUTA EN BÍLBILIS[37]

Mientras quizás tú trajinas acuciado
por la vocinglera Subura, Juvenal,
o pateas la colina de Diana, nuestra señora,
mientras por los umbrales de los pudientes
tu sudorosa toga te orea y, en tu ajetreo,
te agotan el Celio mayor y el menor,[38]
a mí mi Bílbilis reencontrada tras muchos
diciembres, orgullosa de su oro y de su hierro,
me acoge y hace de mí un campesino.
Aquí, despreocupado, cultivo con agradable esfuerzo
Boterdo[39] y Plátea[40] —estos nombres
tan broncos tienen las tierras celtíberas—:
disfruto de un sueño profundo y desmedido,
al que, con frecuencia, no ponen fin ni las ocho de la mañana,
y me recupero ahora de todo
lo que he trasnochado en treinta años.[41]
No se usa la toga,[42] pero, si lo pido,
se me da el primer vestido que haya en una silla rota.
Al levantarme me recibe un fuego alimentado
por un espléndido montón de leña del encinar cercano,
al que la casera rodea con multitud de ollas.

---

[37] Realización de los deseos expresados en X 13 (20), 37, 78, 92 y 96. Fue escrito probablemente al poco de llegar Marcial a Hispania, y contrasta, en parte, con la *Epístola* y 68 de este libro.

[38] El monte Celio comprendía en realidad el Celio y el Celiolo, de menor altura (Ker, II, pág. 331). Comp. los vv. anteriores con VIII 44, 4-8.

[39] Cf. I 49, 7.

[40] Cf. IV 45, 13.

[41] Cf. X 74, 12.

[42] Cf. X 47, 5.

Llega luego el cazador, pero como el que tú
querrías tener en un bosque apartado;
El imberbe casero reparte la pitanza a los esclavos
y les pide que se corten sus largos cabellos.[43]
Me gusta vivir así, morir así.

19

SOBRE EL GLOTÓN EMILIO[44]

En las termas toma lechuga, huevos, caballa,
y asegura Emilio que él en casa no cena.

20

A FABULO, SOBRE EL INCONTINENTE TEMISONTE

¿Preguntas, Fabulo, por qué Temisonte
no tiene una esposa? Tiene una hermana.[45]

21

A MARCELA, CUYAS COSTUMBRES ALABA

¿Quién pensaría que tú, Marcela,[46] eres paisana del glacial
Jalón y quién natural de mi tierra?
Tan singular, tan atractiva es tu mente. El Palacio imperial dirá,

---

[43] Era la moda de la ciudad que los esclavos jóvenes llevaran el pelo largo (Izaac, II 2, pág. 289).

[44] Cf. I 27 n.

[45] Cf. II 4, 3.

[46] La protectora de Marcial a su regreso a Hispania; cf. XII 31.

sólo con que te oiga una sola vez, que eres suya;[47]
contigo no competirá ninguna, ni nacida en plena Subura
ni criada en las faldas del Capitolio;
ni aparecerá fácilmente una gloria de origen foráneo
a la que le cuadre tanto ser una nuera romana.[48]
Tú me instas a que mi añoranza de la ciudad sin par
se me haga más llevadera: tú sola conformas una Roma para mí.[49]

22

A FABULO, SOBRE LA REPUGNANTE FILENIS

¿Quieres que te diga brevemente, Fabulo,
cuán desagradable es la tuerta Filenis?
Ciega sería Filenis más agradable.

23

CONTRA LELIA, DESDENTADA Y CALVA[50]

Llevas —y no te avergüenzas— dientes[51] y cabellos comprados.[52]
¿Qué harás con el ojo, Lelia? No se puede comprar.

---

47 Comp. con XII 2 (3), 17-18.

48 Comp. con XI 53.

49 Cf. X 13 (20), 10.

50 Cf. I 100 n.

51 Cf. V 43.

52 Cf. I 72, 8 n., y V 68, 1 n.

24

A JUVATO, SOBRE EL CARRUAJE QUE HABÍA RECIBIDO DE ELIANO

¡Oh calesa, encantadora discreción,
regalo del elocuente Eliano que me
agrada más que una carruca y una berlina!
Aquí junto a mí, aquí puedes, Juvato, decir
todo lo que te venga a las mientes:
ni un palafrenero negro de un percherón líbico
ni un espolique aparejado nos precede;
por ninguna parte un cochero: los jacos no hablarán.
¡Oh, si Avito estuviera aquí compartiéndolo!
Yo no recelaría de un tercer oído.[53]
¡Qué bien se pasaría así todo un día!

25

CONTRA EL AVARO TELESINO

Cuando te pido dinero sin garantías, me dices «no tengo»:
el mismo que sí tienes si me avala mi campillo;
lo que no me fías a mí, tu viejo amigote, Telesino,
se lo fías a mis coles y árboles.
Mira: Caro[54] te ha hecho objeto de una denuncia: que te asista mi campillo.
Buscas un compañero para el destierro: que vaya mi campillo.[55]

---

53 El que representarían los personajes de los vv. 7-8, o bien el propio Avito, si es que el carruaje tiene capacidad para tres viajeros (cf. S. Bailey, «Corrections...», págs. 292-293).

54 Un conocido delator en tiempos de Domiciano; cf. Tácito, *Agrícola* 45, 1, y Juvenal, I 36.

55 Cf. VII 44 y 45; seguir a un amigo al destierro era la mayor prueba de amistad (Ker, pág. 335).

26 (27)

CONTRA SENIA

Aseguras, Senia, que has sido follada
por unos ladrones: pero los ladrones lo niegan.[56]

27 (28)

CONTRA EL BORRACHUZO CINNA

Yo bebo copas terciadas, tú las bebes, Cinna, colmadas:
¿y te quejas, Cinna, de que no tomemos el mismo vino?[57]

28 (29)

SOBRE EL LADRÓN HERMÓGENES[58]

Hermógenes[59] es tan gran ladrón de servilletas[60]
como, a mi entender, difícilmente lo fue Masa[61] de dineros;
por más que tú vigiles su derecha y agarres su izquierda,

[56] La explicación puede ser que ella esté ocultando (cf. IX 4, 4; XII 35, 4) algo vergonzoso, como lo expuesto en X 81 o 95.

[57] Comp. con X 49.

[58] Sobre el mismo tema, cf. VIII 59; sobre la estructura, cf. I 77 n.

[59] Hermes era el ladrón entre los dioses; Marcial inventa el nombre «nacido de Hermes» (KER, II, pág. 338).

[60] En el hexámetro falta el dáctilo del quinto pie, que correspondería al nombre de la persona a la que Marcial dirige el epigr.; según Aldo, en su edición veneciana de 1501, se trataría de Póntico. Sobre el robo de servilletas, cf. CATULO, 12.

[61] Probablemente, Bebio Masa, procónsul de la Bética en 93 y condenado por concusión (FRIEDLÄNDER, pág. 234).

hallará la forma de quitarte la servilleta:
el aliento de un ciervo absorbe así a una serpiente helada,[62]
arrastra así el Iris hacia lo alto a las aguas que habrán de caer.
Hace poco, cuando para Mírino—[63]herido— se solicitaba el perdón,[64]
cuatro servilletas sustrajo Hermógenes;
cuando el pretor pretendía lanzar su servilleta blanqueada,[65]
al pretor le robó la servilleta Hermógenes.
Nadie había llevado servilleta por temor a los hurtos:
el mantel de la mesa robó Hermógenes.
Si además falta este, en despojar los cobertores de los triclinios
y de[66] las patas de las mesas no tiene empacho Hermógenes.
Aunque los espectáculos ardan bajo un sol nada suave,
se retiran los toldos[67] cuando llega Hermógenes.
Los marineros, convulsos, se apresuran a recoger las velas
cada vez que por el puerto se presenta Hermógenes.
Los calvos vestidos de lino y el tropel del sistro[68] echan a correr
cuando entre sus fieles aparece Hermógenes.
A una cena no llevó nunca Hermógenes su servilleta,
de la cena se la llevó siempre Hermógenes.

---

[62] Según Lucrecio (VI 765-766) y Plinio (*Historia natural* VIII 50, 118), los ciervos hacían salir con su aspiración a las serpientes de sus madrigueras.

[63] Cf. *Espectáculos*, 23, 1.

[64] Cf. *Espectáculos*, 31, 1-3.

[65] Para dar la salida de una carrera en el circo (Friedländer, pág. 235).

[66] Lo que roba Hermógenes no son las patas de las mesas sino lo que recubría a estas.

[67] Cf. IX 38, 6, y XI 21, 6.

[68] Los adoradores de Isis (cf. IX 29, 6 n., y X 48, 1 n.), que, de acuerdo con Juvenal, VI 533, vestían con ropas de lino, llevaban el velo de la diosa y la cabeza afeitada (Ker, II, pág. 339).

29 (26)

CONTRA UN AMIGO AMBICIOSO[69]

Como tú, un senador, te pateas sesenta umbrales cada mañana,
te parezco que soy yo un caballero holgazán
porque no trajino por la ciudad desde primeras horas
y no vuelvo agotado a casa llevando miles de besos.[70]
Pero tu intención es darles nuevos nombres a los fastos purpúreos[71]
o gobernar a los pueblos de los nómadas o los capadocios:
en cambio yo, a quien obligas a interrumpir lo mejor de mi sueño
y a sufrir y padecer el barro de las mañanas,
¿qué busco? Cuando de mi zapato roto se me sale descarriado el pie
y me cae un repentino e intenso chaparrón de agua
y, aunque lo llame a gritos, no acude mi esclavo con el manto
que se ha llevado, se acerca el tuyo a mi oreja helada
y me dice: «Letorio te invita a cenar con él».
¿A veinte sestercios? Yo no voy: prefiero el hambre
a que la recompensa sea una cena para mí, una provincia para ti,
y a que hagamos lo mismo y no saquemos lo mismo.

30

CONTRA APRO: NO QUIERE UN AMIGO SOBRIO

Apro es sobrio, abstemio; ¿y a mí, qué?
A un esclavo así lo alabo yo, no a un amigo.[72]

---

[69] Cf. IX 100 y X 82.
[70] Comp. con VIII 44, 4-5.
[71] Cf. VIII 2, 1.
[72] Cf. X 47, 9.

31

SOBRE LA FINCA QUE LE REGALÓ MARCELA[73]

Este bosque, estas fuentes, esta sombra entretejida de la erguida
parra, el manar del agua de esta acequia de riego,
y los prados y la rosaleda que no desmerecerán a la bífera Pesto,[74]
y las hortalizas que verdean en el mes de Jano[75] y no se hielan,
y la anguila doméstica que nada en aguas amuralladas,[76]
y este blanco palomar que cobija aves de su mismo color,
regalos son de mi dueña: a mi vuelta, al cabo de siete lustros,[77]
Marcela me ha dado esta casa y este pequeño reino.
Si Nausícaa quisiera entregarme los jardines de su padre,
podría yo decirle a Alcínoo:[78] «Prefiero los míos».[79]

32

CONTRA VACERRA, DE CUYA POBREZA SE RÍE

¡Oh baldón de las calendas julias![80]
Vacerra, he visto tus bártulos, los he visto;
al no ser embargados por el alquiler de dos años,
cargaban con ellos tu mujer —una pelirroja de siete pelos—
y tu canosa madre junto con tu inmensa hermana.
Furias[81] surgidas de la noche de Dite las creí.

[73] Cf. XII 21.

[74] Cf. IX 26, 3 n.

[75] Cf. VIII 2, 1.

[76] Cf. X 30, 21-24.

[77] Cf. X 103, 7, y 104, 10.

[78] Cf. VII 42, 6 n.

[79] Cf. VIII 68.

[80] Día en que cumplían los préstamos.

[81] Cf. X 5, 18 n.

Ellas iban delante y tú —chupado por el frío y el hambre
y más cadavérico que un boj nada frondoso—
las seguías como un Iro[82] de tus tiempos.
Se podría pensar que emigraba la cuesta de Aricia.[83]
Iba un camastro de tres patas y una mesa de dos
y, junto con un candil y una cratera de cornejo,
una escupidera rota meaba por un lado mocho;
bajo una trébede herrumbrosa estaba el cuello de un ánfora;
que hubo arenques o insulsas menas
lo declaraba el olor nauseabundo de una orza,
como la peste que suelta un estanque de agua salada.
Y no faltaba un cuarto de queso de Tolosa,[84]
ni un manojo ennegrecido de poleo de cuatro años,
ni una ristra pelada de ajos y cebollas,
ni la olla de tu madre llena de la resina asquerosa
con la que se depilan las señoras del Sumemio.[85]
¿Por qué buscas una casa y te burlas de los caseros,
si puedes, oh Vacerra, alojarte gratis?
Esta procesión de bártulos es la adecuada para un puente.[86]

33

SOBRE EL BUJARRÓN LABIENO

Para comprar esclavos jóvenes, vendió Labieno sus jardines.[87]
Nada sino un higueral tiene Labieno ahora.[88]

[82] El mendigo del canto XVIII de la *Odisea*.

[83] Cf. II 19, 3 n.

[84] Cf. IX 99, 4 n.

[85] Cf. XI 61, 2 n.

[86] Cf. X 5, 3 n.

[87] Cf. IX 21 y XII 16.

[88] Cf. I 65 n.

34

A JULIO: LA AMISTAD EXCESIVA DAÑA LA TRANQUILIDAD DE LA VIDA

Treinta y cuatro mieses,[89] si recuerdo
bien, he pasado contigo. Julio;
de estas, las ha habido dulces mezcladas con amargas,
pero, con todo, han sido más las risueñas;
y si, a un lado y a otro, se disponen todas
las piedrecitas en dos filas opuestas según el color,
la hilera blanca superará a la más negra.[90]
Si quieres evitar algún desengaño
y guardarte de las dentelladas que afligen al alma,
no te hagas demasiado íntimo de nadie:
gozarás menos y menos sufrirás.

35

AL MARICÓN CALÍSTRATO

Como si tuviéramos una relación sincera, Calístrato,
sueles decirme a menudo que te la han clavado.
No eres tan sincero como pretendes que se te crea, Calístrato.
En efecto, todo el que cuenta tales cosas más se calla.[91]

[89] Cf. X 103, 7, y 104, 10.

[90] La costumbre era marcar con una piedrecita blanca o negra cada día según había sido: bueno o malo.

[91] Cf. IX 4, 4.

36

CONTRA LABULO, QUE CON REGALOS EXIGUOS QUERÍA PASAR POR GENEROSO[92]

Un plato de cuatro o dos libras de plata[93] a un amigo
y una toga fresca[94] y un manto,
a veces, unas monedas de oro que repiquetean en la mano,
que pueden durar dos calendas:
el que nadie salvo tú, Labulo, haga regalos así
no significa —créeme— que seas bueno. ¿Qué, entonces?
A decir verdad, eres el mejor de los malos.
Devuélveme a los Pisones y Sénecas[95]
y Memios[96] y Crispos,[97] incluso a más antiguos:
al instante te convertirás en el peor de los buenos.
¿Quieres que se te gloríe por la velocidad de tus pies?
Vence a Tigris y al raudo Paserino:[98]
superar asnos no significa gloria alguna.

37

CONTRA UN APARENTE INGENIOSO

Anhelas muy mucho aparentar que tienes ingenio.
Acepto a quien tiene ingenio, no acepto a quien tiene mala leche.[99]

---

[92] Cf. VIII 71.

[93] Cf. KAY, págs. 283-284.

[94] Comp. con IV 34, 2.

[95] Cf. IV 40, 1-2.

[96] Gayo Memio Régulo, cónsul en 63.

[97] Cf. IV 54, 7.

[98] Cf. VII 7, 10 n.

[99] El juego de palabras en latín se basa en *nasutus* («narigudo», pero también «ingenioso» y «crítico severo») y *polyposum* («que tiene pólipos»); cf. I 3, 6 n.

38

A CÁNDIDO, SOBRE UN AFEMINADO[100]

A ese que tanto de día como de noche en sillas de mujer
* *[101]
se pasea más que conocido en toda la ciudad,
brillante en su cabellera, bronceado por los afeites, llamativo por la púrpura,
tierno de expresión, lampiño en el pecho, depilado en las piernas,
que a menudo se pega a tu mujer como acompañante solícito,[102]
no tienes por qué temerle, Cándido: no folla.

39

CONTRA EL BELLO SABELLO[103]

Te odio porque eres bello, Sabello.
Es algo fastidioso un bello; también Sabello.
Lo bello,[104] en fin, lo prefiero a Sabello.
¡Ojalá te pudras, Sabello, de un modo bello!

---

[100] Comp. con XI 47.

[101] Sobre la falta de un dístico, cf. HOUSMAN, *Classical Papers*, pág. 735.

[102] Cf. III 63, 3-8.

[103] Epigrama sobre un *homo bellus*, un «dandi» (cf. III 63). El juego de palabras en latín se establece entre *bellus, belle* y el nombre *Sabellus*, que habría que transcribir correctamente por Sabelo, como en XII 43; cf. II 7.

[104] En realidad, «guerra», *bellum* (cf. HOUSMAN, *Classical Papers*, pág. 736); traduzco «bello» a sabiendas para mantener el juego de palabras.

40

CONTRA PONTILIANO, DE QUIEN ERA ASIDUO, PERO DE QUIEN NADA RECIBÍA[105]

Mientes: te creo. Recitas poemas malos: te alabo.
Cantas: canto. Bebes, Pontiliano: bebo.
Te pees: disimulo. Quieres jugar al tres en raya: me dejo ganar.
Hay una sola cosa que haces sin mí: también me callo.
Sin embargo, no me das absolutamente nada. «Cuando muera», dices,
«te trataré bien». Nada quiero, pero muérete.

41

CONTRA EL TRAGÓN TUCA

No te es suficiente, Tuca, que seas un tragón:
no solo deseas que se te diga sino que deseas parecerlo.

42

SOBRE LOS MARICONES CALÍSTRATO Y AFRO

El barbudo Calístrato se casó[106] con el rudo Afro
con el ritual con que una doncella se suele casar con un hombre.
Brillaron delante las antorchas, cubrieron su rostro los flámeos,
y no faltaron tus fórmulas rituales, Talaso.[107]
Se fijó además la dote. ¿No te parece, Roma, que ya
es suficiente?[108] ¿es que esperas que también para?

---

[105] Cf. VIII 27.

[106] Cf. I 24, 4 n.

[107] La divinidad itálica de los matrimonios; sobre el origen del ritual, cf. T. LIVIO, I 9, 12.

[108] Recuérdese la boda de Nerón y Pitágoras descrita por TÁCITO, *Anales* XV 37.

43

CONTRA SABELO, SOBRE SUS VERSOS OBSCENOS[109]

De tus versos procaces me has leído.
Sabelo, algunos bastante expresivos,
como no conocen ni las niñas de Dídimo[110]
ni los libritos eróticos de Elefántide.[111]
Hay en ellos desconocidas posturas del acto amoroso,
como las que aventura un follador empedernido:
a qué se prestan, y se callan, los bujarrones,
con qué acoplamiento se aparean cinco,
cómo se pueden mantener más personas ayuntadas,[112]
qué se puede hacer al apagarse el candil.
No merecía la pena mostrarte tan explícito.

44

A ÚNICO, POETA ELEGÍACO[113]

Único, tú que tienes un nombre emparentado conmigo[114]
por lazos de sangre y un corazón afín al mío por talante:
aunque los versos que compones solo son superados por tu hermano
no le eres inferior en viveza sino superior en cariño.
A ti podría haberte amado Lesbia a la vez que al encantador Catulo,
a ti haberte seguido la seductora Corina después de a Nasón.[115]

[109] Cf. XII 95.

[110] Probablemente, un proxeneta (FRIEDLÄNDER, pág. 241).

[111] Poetisa griega pornográfica; cf. SUETONIO, *Tiberio* 43, 2 (cf. FRIEDLÄNDER, pág. 242).

[112] Cf. IX 34, 4 n.

[113] Epigrama literario que hay que contraponer al anterior.

[114] Posiblemente, Valerio Único.

[115] Cf. VIII 73, 8-10.

Y no te faltarían céfiros si te resolvieras a desplegar las velas.
Pero tú amas la costa. También en esto coincides con tu hermano.[116]

45

AL CALVO FEBO

De ti que te cubres con una piel de cabrito
las sienes y la cúspide de tu lisa calva,
de ti, Febo, lo dijo con gracia el
que dijo que tenías una cabeza zapatuda.[117]

46 (47)

CONTRA UN VOLUBLE

Difícil Y fácil, dulce y amargo eres al mismo tiempo:
no puedo vivir ni contigo ni sin ti.[118]

47 (46)

A CLÁSICO, SOBRE LOS POETAS GALO Y LUPERCO[119]

Galo y Luperco venden sus poemas.
Di ahora, Clásico, que los poetas no están cuerdos.

---

[116] Para otra pareja de hermanos escritores, cf. XI 9 y 10.

[117] Cf. X 83, 11.

[118] Cf. OVIDIO, *Amores* III 11, 39.

[119] Cf. I 29.

48

CONTRA UN ANFITRIÓN REFINADO

Si me sirves setas y jabalí como platos vulgares
y no piensas que son mis preferidos, los acepto:
si estimas que yo nado en la abundancia y pretendes
ser nombrado mi heredero por cinco ostras del Lucrino, adiós.
Con todo, la cena es fastuosa; lo reconozco: fastuosísima, pero será
nada mañana, es más, hoy, es más, ahora mismo, una nada
que conocen la miserable esponja del repugnante palo[120]
o cualquier perro[121] y el orinal a la vera de la calle:[122]
de los salmonetes y las liebres y las ubres de cerda esto es lo que queda:
no solo un color pajizo sino un tormento en los pies.[123]
No tenga yo que pagar tanto por los festines albanos[124]
ni por los banquetes capitolinos y de los pontífices;[125]
que un dios en persona me haga merced de un néctar: se convertirá en [vinagre
y en la aguachirle traicionera de una jarra de vaticano.[126]
Búscate, para la cena que presides, otros invitados
a los que cautive el boato real de tu mesa:
a mí, que me convide un amigo mío a unas chuletillas improvisadas.
Me gustan esas cenas a las que puedo corresponder.

---

[120] Según Séneca, *Cartas*, 70, 20, se usaba para limpiar las letrinas.

[121] Según Schrevel, en su edición lionesa de 1661, acudían a los vómitos.

[122] Efectivamente, los urinarios romanos —unos simples receptáculos— se encontraban junto a las calzadas (cf. Kay, pág. 232).

[123] La gota (cf. IX 92, 9).

[124] Como los que daba Domiciano en su villa albana (Friedländer, pág. 244).

[125] Los banquetes dados por los Epulones en honor de Júpiter Capitolino o por el Colegio de Sacerdotes (Ker, II, págs. 352-353).

[126] Cf. I 18.

49

A UN MAESTRO, GUARDIÁN DE JOYAS

Lino, preceptor de la chiquillería melenuda,[127]
a quien llama dueño de sus cosas
la rica Postumila y al que confía
sus joyas, sus objetos de oro, sus vinos, sus amantes:[128]
que a ti, de probada e inquebrantable lealtad,
te prefiera tu patrona a cualquier otro
con tal de que —te lo ruego— alivies el furor que me aflige
y alguna vez guardes con cierto descuido
a quienes reconcomen mi corazón de mala manera,
a quienes, tanto de día como de noche, ardo
en deseos de ver en mi regazo
sublimes, relucientes, a pares, iguales,
grandes —no los niños sino las perlas.

50

CONTRA EL DUEÑO DE UNA MANSIÓN FASTUOSA[129]

Lauredales, platanares y esbeltos pinares
 y baños no individuales los tienes para ti solo,
y para ti se alza un elevado pórtico de cien columnas
 y hollado bajo tus pies reluce el ónice,
y los raudos cascos repiquetean tu polvoriento hipódromo
 y por doquier resuena el discurrir del agua que mana;
amplios atrios se abren. Pero en ninguna parte hay sitio
 para cenar ni para dormir.[130] ¡Qué lujosamente no sabes vivir!

---

[127] Cf. IX 29, 7, y X 62, 2.

[128] Cf. I 81 n.

[129] Comp. con V 13.

[130] Cf. IX 19.

51

SOBRE EL HONRADO FABULINO

¿Te sorprendes, Aulo, de que nuestro amigo Fabulino
sea engañado tantas veces? Un hombre bueno es siempre un simplón.

52

A SEMPRONIA: EPITAFIO DE RUFO[131]

Acostumbrado a ceñirse las sienes con la corona pieria,[132]
y voz no menos reputada entre los estupefactos acusados,
aquí yace, aquí, Sempronia, aquel Rufo tuyo,
cuyas cenizas —también ellas— arden de amor por ti.
Eres la protagonista de un romántico cuento en los Campos Elíseos,
y la propia hija de Tindáreo[133] se queda atónita ante tu seducción:
con mejor final tú, que regresaste tras abandonar a tu seductor;
ella, a pesar de las demandas, no quiso seguir a su marido.[134]
Sonríe Menelao[135] cuando escucha una historia de amor ilíaca:
vuestra huida deja libre de culpas al frigio Paris.
Cuando un día te acojan los parajes dichosos de los bienaventurados,
no habrá en la morada estigia una sombra más famosa.
Prosérpina no mira con recelo a las seducidas, sino que las ama:
un amor como el tuyo te granjeará las simpatías de la reina.[136]

---

[131] Cf. I 88 n.

[132] Cf. IV 1, 6 n.

[133] Helena; cf. IX 103, 4 n.

[134] S. Bailey (III, pág. 320) considera que este dístico es una interpolación.

[135] Marido de Helena, seducida por Paris.

[136] Reina de los infiernos (cf. X 24, 10). A ella le había ocurrido lo mismo con Plutón.

53

CONTRA EL AVARO PATERNO[137]

Aunque tienes tantos dineros y riquezas
como muy pocos ciudadanos poseen, Paterno,
no regalas nada y te recuestas sobre tu tesoro
como el gran dragón del que cantan los poetas
que fue el guardián del bosque escítico.[138]
Pero la razón, como no te cansas de repetir tú mismo,
es tu hijo y su maldita rapacería.
¿Es que tú buscas simplones y pardillos
para engañarlos y sorberles el seso?
Siempre has sido el padre de ese vicio.

54

CONTRA EL DEFORME ZOILO

Con tu cabello rojo, tu tez morena, tu pata coja, tu ojo bizco,
haces más que suficiente, Zoilo, con ser una buena persona.

55

A LAS NIÑAS, SOBRE LOS BESOS

Quien os anima a que os deis gratis, niñas,
es el más estúpido y el más sinvergüenza.
No os deis gratis: besad gratis.
Esto es lo que Egle niega, esto lo que vende con mezquindad.

---

137 Cf. I 99 n.

138 El dragón que custodiaba el vellocino de oro en la Cólquide (Friedländer, pág. 247).

Pero que lo venda: ¡lo que vale besar bien!
Esto es lo que vende también y no con escaso botín
—ella pide o una libra de perfume de Cosmo
u ocho monedas de las nuevas—,
para que no sean besos mecánicos ni cicateros,
para que no niegue la entrada con sus labios cerrados.[139]
Sin embargo, hay una cosa que hace de corazón, pero una sola:
la que repudia dar gratis un beso
—Egle— no repudia chuparla gratis.[140]

56

A POLICARMO, QUE MUCHAS VECES SE FINGE ENFERMO[141]

En un mismo año caes enfermo diez veces o más,
y eso no te perjudica a ti, Policarmo, sino a nosotros.
Pues cada vez que te recuperas, les pides a los amigos albricias.
Ten vergüenza: cae enfermo de una vez por todas, Policarmo.

57

A ESPARSO: EL ESTRÉPITO DE LA CIUDAD ES LA RAZÓN DE QUE SE RETIRE A NOMENTO[142]

¿Por qué busco a menudo mi pequeña finca en el reseco
Nomento y el vulgar refugio de mi quinta, preguntas?
Ni para pensar, Esparso, ni para descansar
hay en la ciudad un sitio para un pobre. Te impiden vivir

---

[139] Cf. II 15, 2 n.
[140] Cf. I 94.
[141] Cf. VIII 64 y XII 17.
[142] Cf. X 74.

los maestros de escuela por la mañana,[143] por la noche los panaderos,
los martillejos de los caldereros todo el día;
por aquí, un aburrido cambista sacude su vulgar
mesa con un montón de monedas neronianas,[144]
por allí, el batihoja de polvo de oro hispano
machaca la piedra desmenuzada con su brillante mazo;
y no para la caterva posesa de Belona,[145]
ni el parlanchín náufrago con su torso vendado,[146]
ni el judío enseñado a mendigar por su madre,[147]
ni el legañoso vendedor de material combustible.[148]
¿Quién es capaz de contar las agresiones a un sueño relajado?
Dirá cuántas manos de la ciudad machacan el bronce
cuando la luna eclipsada es atacada por el amuleto de la Cólquide.[149]
Tú, Esparso, desconoces todo esto y no lo puedes conocer,
exquisito en tus posesiones de Petilio:[150]
la planta de tu casa contempla desde arriba la cumbre de los montes,
y tienes una finca dentro de la ciudad y un vendimiador romano
y no es más espléndido el otoño en los alcores falernos,
y dentro de tus lindes hay un amplio paseo para tu berlina,
y en lo hondo el sueño y la tranquilidad no son alterados por charla [alguna,

---

143 Cf. IX 68.

144 Monedas de poco peso puestas en circulación por Nerón o que llevaban su imagen (cf. FRIEDLÄNDER, pág. 249).

145 Hermana de Marte y diosa de la guerra, confundida con Cibeles (cf. XI 84, 4 n.).

146 Y fingido.

147 A los judíos de Roma se los describe frecuentemente como mendigos (FRIEDLÄNDER, pág. 250).

148 Cf. X 3, 3.

149 Cf. IX 29, 9 n.; se atribuían los eclipses a la acción de las brujas, y se pretendía alejar su poder entrechocando objetos metálicos (cf. KER, II, pág. 359). De la Cólquide era Medea, bruja por antonomasia por los muchos hechizos que realizó.

150 Que habían sido de Petilio; quizás Quinto Petilio Cerial Cesio Rufo, cónsul en 70 y 74, o Quinto Petilio Rufo, cónsul por segunda vez en 83 (FRIEDLÄNDER, pág. 250).

y solo existe la luz del día que has dejado entrar.
A mí me despierta el ajetreo de la gente que pasa,
y Roma está pegada a mi cama. Exhausto por el cansancio,
cada vez que me apetece dormir me voy a mi quinta.

58

AL MUJERIEGO ALAUDA[151]

Tu mujer te llama aficionado a las criadas, y a su vez
ella lo es a los litereros: formáis buena pareja, Alauda.

59

SOBRE LOS BESUCONES INEVITABLES[152]

Tantos besos te da Roma a ti,
que acabas de regresar al cabo de quince años,
como Lesbia no le dio a Catulo.[153]
A ti toda la vecindad, a ti el híspido
casero te abraza con besos chotunos;
por aquí te apremia un tejedor, por allí un batanero,
por allá un zapatero que acaba de besar el cuero,[154]
por acullá el dueño de un mentón peligroso,[155]
por acá †un cojo de la pierna derecha†, por allí un legañoso
y un chupapollas y un lamecoños recién acabado.
Ya no te ha valido la pena volver.

---

[151] Cf. I 81 n.

[152] Cf. II 10, 1 n., y XI 98.

[153] Cf. Catulo, 5.

[154] Cf. IX 73, 1-2.

[155] Cf. X 22.

60

A SU CUMPLEAÑOS[156]

Día hijo de Marte, en el que por primera vez contemplé la rosada
luz y el grandioso aspecto del bellísimo dios:
si te vas a avergonzar de que te celebre en el campo y en verdes altares,
tú que habías sido celebrado por mí en la ciudad latina,
perdóname porque no quiero ser esclavo de mis calendas
y quiero disfrutar de la fecha en que nací.
¿Apurarse uno el día de su cumpleaños? ¿Para que no le falte a Sabelo
agua caliente[157] y para que Alauda beba vino nítido
colar, entre nervios, el turbio cécubo por el filtro?
¿Y el ir y venir entre sus propias mesas,
el recibir a unos y otros y el pasarse toda la cena levantándose
y pisando unos mármoles más fríos que el hielo?
¿Qué razón hay para soportar y padecer adrede todo esto,
a lo que, aunque te lo ordenase tu rey y señor,[158] te negarías?

61

SOBRE EL TORPE LIGURRA

Temes, Ligurra, mis versos y que componga
contra ti un poema corto y expresivo,
y deseas parecer que eres acreedor a ese miedo.
Pero son vanos tus miedos y tus deseos son vanos.
Contra los toros gruñen los leones líbicos:
a las mariposas no les resultan molestos.
Si te afanas en que se lea sobre ti, te aconsejo que busques
en una tasca oscura un poeta borracho

---

[156] Cf. X 24.

[157] Cf. VIII 67, 7.

[158] Cf. I 112, 1 n.

de los que, con un trozo de carbón o con tiza revenida,
escriben los poemas que leen los que cagan.
Esa frente tuya no ha de ser marcada por mi estigma.[159]

62

A SATURNO, A QUIEN INVITA AL BANQUETE QUE DA PRISCO, PARA CELEBRAR SU REGRESO A HISPANIA[160]

Gran soberano del cielo antiguo y del mundo primigenio,
en cuyo reinado existía una indolente tranquilidad y ningún trabajo,
y tampoco el rayo demasiado tiránico ni gente merecedora de ese rayo,
ni la tierra había sido horadada hasta sus entrañas sino que atesoraba [sus riquezas para ella:[161]
acude contento y propicio a este alegre festejo
de Prisco: conviene que asistas a tus propios ritos.
Tú, padre óptimo, de regreso a su patria al cabo de seis inviernos
lo traes desde la ciudad latina del pacífico Numa.
¿Ves cómo un despliegue de manjares, semejantes a los de un mercado [ausonio,
cuelga en tu honor y qué gran derroche de veneración?
¿Cómo las manos no escatiman y las mesas están llenas de fichas,[162]
a cuánto ascienden, Saturno, las riquezas que se te entregan?
Y para realzar el valor y la generosidad de estas dádivas,
así celebra tus ritos quien es no solo padre sino también un hombre [parco.
Mas tú, bendito —que así seas amado siempre en tu diciembre—,
dispón que tales días vuelvan a él con frecuencia.

---

[159] En sentido figurado; cf. VIII 75, 9 n.

[160] Cf. XII *epist.*

[161] El reinado de Saturno equivalía a la Edad de Oro; sobre sus características, cf. Ovidio, *Metamorfosis* I 89-112.

[162] Con las que se entraba en un sorteo de regalos, como los del lib. XIV (Ker, II, pág. 364).

63

A CÓRDOBA, CONTRA UN POETA SUYO TORPE Y PLAGIADOR[163]

Córdoba, más rica que la oleícola Venafro
y no menos pura que un cántaro de Histria,[164]
que aventajas a las ovejas del blanco Galeso[165]
sin engañar con ningún jugo purpúreo.
sino con tus rebaños teñidos de colores naturales:[166]
dile, por favor, a tu poeta que tenga vergüenza
y no recite gratis mis libritos.
Lo aceptaría si lo hiciera un buen poeta
al que pudiera causarle un perjuicio recíproco.
El soltero seduce sin temer represalias,
el ciego no puede perder lo que arranca:
no hay nada peor que un ladrón desnudo:
no hay nada más impune que un poeta malo.

64

SOBRE EL GLOTÓN CINNA[167]

Al más bello —por el rostro y el cabello— de sus criados de tez rosada
Cinna lo ha hecho su cocinero. Cinna es un glotón.

---

[163] Cf. I 29 n.

[164] Un cántaro de aceite; tanto Histria (la península situada al N. del Adriático) como la ciudad de Venafro (en Campania) eran famosas por su aceite.

[165] Cf. II 43, 3 n.

[166] Es una de las características de la Edad de Oro.

[167] Cf. X 66.

65

SOBRE FILIS, RIJOSA Y BORRACHA

Como la hermosa Filis se me había entregado
sin reparos una noche entera de todas las maneras,[168]
y a la mañana andaba yo pensando qué regalo le daría
—si una libra de perfume Cosmo[169] o de Níceros,[170]
o un espléndido copo de lana bética,
o diez áureos de la ceca del César—,
se abrazó a mi cuello y, engatusándome con un beso
tan largo como son los arrullos de las palomas,
empezó Filis a pedirme un ánfora de vino.

66

A AMENO, VENDEDOR TRAMPOSO

Por cien mil sestercios has comprado una casa
que deseas vender por una cantidad incluso menor.
Pero, Ameno, te ganas al comprador con una astuta triquiñuela,
y bajo el lujo se oculta un tugurio con pretensiones.
Refulgen los lechos chapados con el mejor carey
y llamativas mesas macizas de cedro moruno;[171]
otra déifica[172] —nada sencilla— tiene encima objetos de oro y plata;
están de pie unos esclavos a los que yo rogaría que fueran mis dueños.[173]
Luego dejas caer que son doscientos mil sestercios y aseguras que no vale [menos.
Ameno, incluyendo los muebles, la casa la vendes barata.[174]

---

[168] Cf. IX 67.

[169] Cf. I 87, 2 n.

[170] Cf. X 38, 8 n.

[171] Cf. IX 59, 10 n.

[172] De tres pies.

[173] Cf. XI 70, 2 n.

[174] La ironía del epigr. radica en la triquiñuela del v. 3, consistente en decir de

67

SOBRE LAS IDUS DE MARÓN

Vosotras, idus de mayo, paristeis a Mercurio,[175]
en las idus de agosto regresa Diana,
las idus de octubre las consagró Marón.[176]
Que honres muchas veces tanto estas como aquellas idus
tú que celebras las idus del gran Marón.

68

A LOS CLIENTES, PARA QUE SE VAYAN

Cliente mañanero, razón de mi abandono de la ciudad,[177]
frecuenta, si eres listo, los atrios pretenciosos.
Yo ni soy un picapleitos ni me van los litigios espinosos,
sino un holgazán y un viejo y un compañero de las piérides;[178]
me agradan el ocio y el sueño, cosas que me negó la gran
Roma: me vuelvo si también aquí se madruga.

---

entrada que se va a vender por menos de lo que le costó (v. 2), enmascarar luego con muebles lo que no deja de ser un tugurio (v. 4), y acabar pidiendo el doble. Este último v. sería la conformidad de un comprador engatusado.

[175] Cf. VII 74, 5 n.

[176] El 13 de mayo era la dedicatoria del templo de Mercurio; el 13 de agosto, la del templo de Diana en el Aventino; y el 15 de octubre, el nacimiento de Virgilio (cf. FRIEDLÄNDER, pág. 256).

[177] Cf. X 74.

[178] Cf. I 76 n.

69

AL AVARO PAULO

Lo mismo que tus cuadros y copas, Paulo,
todos los amigos que tienes son auténticos.[179]

70

SOBRE APRO, ABSTEMIO DE POBRE, BORRACHO DE RICO[180]

Cuando, hasta hace poco, un esclavito patizambo le acercaba las toallas
y una vieja tuerta se sentaba sobre su toguilla,
y un masajista herniado le aplicaba una gota de aceite,[181]
Apro era un fustigador severo e implacable de los borrachos:
gritaba que había que romper las copas y derramar
el falerno que bebían los caballeros recién bañados.
Pero desde que heredó de un viejo tío suyo trescientos mil sestercios,
no sabe lo que es irse sobrio de las termas a su casa.
¡Ay, lo que pueden unos vasos cincelados y cinco esclavos de largos [cabellos!
En aquel entonces, cuando era pobre, Apro no tenía sed.

71

A LIGDO, QUE YA NO ES EL MISMO[182]

No hay nada, Ligdo, que no me niegues cuando te lo pido:
pero tiempo atrás, Ligdo, no me negabas nada.

[179] Cf. VIII 34.

[180] Cf. XI 56.

[181] En las termas.

[182] Cf. XI 73 y XII 79.

72

A PÁNICO, QUIEN, TRAS DEJAR EL FORO, HABÍA COMPRADO UNA FINCA

Tras haber comprado unas fanegas de un campillo escondido junto a las tumbas
y el tejado apuntalado de una casucha mal afianzada,
abandonas, Pánico, los pleitos de la ciudad —tus dominios—
y los parcos —pero seguros— ingresos de tu raída toga.[183]
Como asesor legal solías vender trigo, mijo,
cebada y habas: ahora, como agricultor, los compras.[184]

73

A CATULO, QUE DECÍA QUE LO HABÍA NOMBRADO SU HEREDERO

Dices que soy tu heredero, Catulo.
No lo creo si no lo leo, Catulo.[185]

74

A FLACO, A QUIEN ENVÍA UNAS COPAS RESISTENTES

Mientras un carguero del Nilo te trae las copas de cristal,
acepta unos vasos del circo Flaminio.[186]
¿Corren estos más riesgo o quienes envían tales

---

[183] Cf. IV 46, 4 n. 27.

[184] Cf. III 47, 15 n.

[185] En el testamento (cf. X 97, 4); la explicación también puede estar en I 27.

[186] El distrito de Roma donde se encontraban los Septa; cf. II 14, 5 n. (Ker, II, pág. 372).

regalos? Pero la bisutería comporta una ventaja:
esos vasos —aun tallados— no atraen, Flaco, a ningún ladrón
y no se estropean con el agua demasiado caliente.[187]
¿Y el que el invitado beba sin que se preocupen los criados
y el que unas manos temblorosas no teman que se rompan?[188]
También significa algo el que con estos harás los brindis
si tuvieras que romper la copa, Flaco.[189]

75

SOBRE LOS MARICONES

Politimo corre a juntarse con las muchachas;
a su pesar, Himno confiesa ser un muchacho;
tiene Segundo sus nalgas repletas de nabos;[190]
Díndimo es homosexual, pero no quiere serlo;
Anfíon pudo haber nacido muchacha.
Los caprichos de estos y su altanería
y sus quejosas ínfulas, Avito, las prefiero
a una dote de un millón de sestercios.

76

SOBRE EL PRECIO DEL VINO

Un ánfora de vino se paga a veinte céntimos, un modio de trigo, a cuatro.
Harto de vino y pan, nada tiene el agricultor.[191]

---

187 Cf. XIV 94, 2.

188 Cf. XI 11, 1-2.

189 Sobre estos dos últimos vv., cf. Macedonio, *A. G.* IV 85.

190 Cf. IX 63. El juego de palabras en latín se basa en *glande*, «bellota» y «glande».

191 Cf. XI 14. Sobre los precios, cf. Friedländer, págs. 259-260.

77

SOBRE ETONTE, QUE SE HABÍA PEÍDO EN UN TEMPLO

Mientras saludaba a Júpiter con sucesivas plegarias
—erguido, retrepado sobre la punta de sus pies—
en el Capitolio, se peyó Etonte.
Se rio la gente, pero el propio padre
de los dioses, ofendido, castigó
a su cliente a cenar tres noches seguidas en su casa.[192]
Tras esta vergüenza, el pobrecillo Etonte,
cuando quiere acudir al Capitolio,
se dirige antes a los retretes Paterclianos
y se pee diez y veinte veces.
Pero, por más precauciones que tome ventoseando,
saluda a Júpiter apretando las nalgas.

78

AL INCRÉDULO BITÍNICO

No he escrito nada contra ti, Bitínico. ¿No me quieres creer
y me exiges que lo jure? Prefiero darte la razón.[193]

79

A LA IMPERTINENTE ATICILA

Te he dado muchas cosas que me has pedido;
te he dado más de lo que me has pedido:
sin embargo, no dejas de pedir sin cesar.
Quien a nada dice que no, Aticila, la chupa.[194]

---

[192] Cf. I 27 n.

[193] Es decir, voy a escribir contra ti.

[194] Cf. IX 67, 5-8, y XII 71.

80

SOBRE CALÍSTRATO, QUE A TODOS ALABA

Con tal de no alabar a quienes lo merecen, Calístrato alaba a todos.
Para quien nadie es malo, ¿quién puede ser bueno?

81

SOBRE EL AVARO UMBRO[195]

Por los días del invierno y las fiestas de Saturno
Umbro me enviaba una *alicula:* era pobre;
ahora me envía un álica: por tanto, se ha hecho rico.[196]

82

SOBRE MENÓGENES, BUSCÓN DE CENAS[197]

No es posible librarse de Menógenes en las termas y en torno
a los baños, aunque tú lo pretendas por todos los medios.
Con su derecha o su izquierda atrapará la fogosa pelota
para apuntarte, más de una vez, como tantos las que se te escapen.
Recogerá del polvo y te entregará el blando balón
aunque ya esté bañado, ya esté calzado.
Si coges tus toallas, dirá de ellas que son más blancas que la nieve
aunque estén más sucias que el babero de un niño.
Te estás arreglando tus escasos pelos pasándote el peine:

---

[195] Comp. con VII 53

[196] Es irónico, porque en realidad le ha hecho un regalo menor: *alicula* (en latín, para mantener el juego de palabras) es un «manto de invierno» pero no es diminutivo de *alica* (cf. *DRAE)*.

[197] Cf. I 27 n. y IX 35.

asegurará que has acicalado la cabellera de Aquiles.
Él mismo te ofrecerá un aperitivo de posos de una botella ahumada
y enjugará sin cesar el sudor de tu frente.
Todo lo alabará, lo admirará todo, hasta que,
harto de mil tabarras, le digas: «Te invito».

83

SOBRE FABIANO, QUE AHORA TIENE UNA HERNIA

Fabiano, el que se burlaba de las hernias,
al que, hasta hace poco, temían todos los cojones
cuando decía sobre las hidroceles hinchadas
lo que no dirían ni dos Catulos,
de pronto, en las termas de Nerón,[198]
se vio a sí mismo el desgraciado, y comenzó a callarse.

84

A POLITIMO, QUE LE HA PEDIDO QUE LE CORTE SUS CABELLOS[199]

Yo no quería, Politimo, profanar tus cabellos,
pero me alegra haber atendido a tus súplicas.
Eras como un Pélope recién pelado y, al desprenderte de tus guedejas,
resplandecías de tal modo que tu prometida te veía entero de marfil.[200]

---

[198] Cf. I 23, 2 n.

[199] Cf. IX 16, 2 n.

[200] Pélope, hijo de Tántalo, fue muerto por este y servido a los dioses para ponerlos a prueba; estos se abstuvieron de comerlo a excepción de Deméter, que sin darse cuenta devoró uno de sus hombros; los dioses lo resucitaron y le pusieron el hombro de marfil.

85

CONTRA FABULO, LAMECOÑOS

Aseguras que a los bujarrones les huele la boca.
Si esto es cierto tal como dices, Fabulo,
¿qué crees tú que les huele a los lamecoños?[201]

86

CONTRA UN IMPOTENTE[202]

Tienes treinta muchachos y otras tantas muchachas:
tienes una sola polla y no se te levanta. ¿Qué harás?

87

SOBRE EL POBRETÓN COTA

Cota, que se quejaba de haber perdido dos veces sus zapatos
mientras tenía a sus pies a un esclavo negligente[203]
—el único que le asiste en su pobreza y constituye su séquito—,
se las ingenió —hombre taimado y astuto—
para que no pueda ocurrir más veces tal pérdida:
empezó a ir descalzo a las cenas.

[201] Cf. II 12 y XI 30.

[202] Cf. X 91.

[203] Cf. III 23, 2 n., y VIII 59, 13-14.

88

SOBRE EL NARIGUDO TONGILIANO[204]

Tongiliano tiene nariz: lo sé, no lo niego. Pero aparte
de nariz Tongiliano ya no tiene nada.

89

AL CALVO CARINO

El hecho de que envuelvas tu cabeza con lana,[205] Carino,
no indica que te mortifiquen los oídos, sino los pelos.

90

SOBRE MARÓN, CAPTADOR DE HERENCIAS[206]

Marón hizo una promesa —pero solemne— por un amigo anciano
que sufría unas graves y elevadas tercianas:
si el enfermo no era enviado a las sombras estigias,
sería inmolada una víctima grata al gran Júpiter.[207]
Los médicos empezaron a dar seguridades sobre su curación.
Ahora Marón hace promesas para no tener que cumplir su promesa.[208]

---

204 Cf. I 3, 6 n., y XII 37, 2 n.

205 Cf. XII 45.

206 Cf. I 10 n.

207 Comp. con IX 31.

208 Cf. I 99 n.

91

CONTRA MAGULA, SOBRE SU ENVENENADOR MARIDO[209]

Ya que compartes con tu marido, Magula,
el lecho y compartes su bujarrón,
¿por qué, dime, no compartes también al copero?
Suspiras; hay un motivo: recelas de la botella.

92

A PRISCO, SOBRE SUS FUTURAS COSTUMBRES COMO RICO

Sueles preguntarme, Prisco, cómo seré en un futuro,
si me convertiré de golpe en rico y poderoso.
¿Crees que alguien es capaz de describir su futura forma de ser?
Dime: si tú te convirtieras en león, ¿cómo serías?

93

SOBRE LA ADÚLTERA LABULA[210]

Labula ha descubierto de qué forma
puede besar a su amante delante de su marido.
Besa constantemente a su pequeño bufón;
una vez empapado este por sus muchos besos, lo coge
enseguida su amante y, tras llenarlo con los suyos,
lo devuelve al punto a su risueña querida.
¡Un bufón mucho más grande es su marido!

[209] Cf. VIII 43.

[210] Cf. I 73 n.

94

CONTRA TUCA, IMITADOR DE TODOS SUS GÉNEROS[211]

Escribía yo épica; empezaste a escribirla: la dejé
para que mis poemas no resultaran émulos de los tuyos.
Mi Talía se pasó a los coturnos de la tragedia;[212]
te pusiste tú también sus suntuosas galas.
Tañí las cuerdas de la lira manejadas por las camenas calabresas:[213]
me arrebatas —insaciable— los plectros nuevos.
Me atrevo con la sátira: te afanas en ser un Lucilio.[214]
Compongo sutiles elegías: también tú compones lo mismo.
¿Qué género puede haber menor? Empecé a hilvanar epigramas:
incluso mi fama con estos me está siendo reclamada ya por ti.
Escoge lo que no quieras —¿qué modestia hay, pues, en quererlo todo?—
y si algo no quieres, Tuca, déjamelo a mí.

95

A RUFO, SOBRE UNOS LIBRITOS OBSCENOS[215]

Los libritos pornográficos de Musecio,[216]
que rivalizan con los libritos sibaríticos,[217]
y páginas salpicadas de excitante salero,

---

[211] Tema de la envidia (cf. I 115 n.) que provoca imitación (cf. IX 75, también con Tuca como protagonista). Comp., en cambio, con VIII 18.

[212] Cf. VIII 3, 13-14.

[213] Las musas de Horacio; cf. VIII 18, 5 n.

[214] Cf. XI 90, 4.

[215] Cf. XII 43.

[216] Poeta desconocido.

[217] De la ciudad de Síbaris, en el golfo de Tarento, de donde era natural Hemiteonte, autor de una obra pornográfica (cf. FRIEDLÄNDER, pág. 266; KER II, pág. 383).

léelos, Instancio Rufo;[218] pero que una muchacha
esté a tu lado, a fin de que no consumes
un matrimonio con tus manos rijosas
y no te comportes como un marido sin mujer.[219]

96

CONTRA UNA ESPOSA CELOSA[220]

Si conoces el comportamiento y la fidelidad de tu marido
y no hay otra que caliente o soliviante tu cama,
¿por qué, estúpida, te torturas, como si fueran queridas, con tus criados,
en los que la pasión es tan breve como pasajera?
Voy a probarte que los esclavos te sirven a ti más que a su amo:
ellos hacen que tú seas la única mujer para tu hombre;
ellos dan lo que tú, su esposa,[221] no quieres darle. «Pero yo lo doy», dices,
«para que el amor de mi esposo no eche canas al aire fuera de mi lecho».
No es lo mismo: quiero un higo de Quíos, no quiero uno insípido.
Para que no dudes de qué es uno de Quíos, el tuyo es insípido.[222]
Una casada y una mujer deben saber sus limitaciones:
déjale sus partes a los esclavos, utiliza tú las tuyas.[223]

97

CONTRA EL BUJARRÓN BASO

Aunque tienes por esposa a una muchacha como
raramente la pediría un marido con promesas disparatadas

---

[218] Cf. VII 68, 1 n.

[219] Sobre la masturbación, cf. IX 41.

[220] Sobre el mismo asunto, cf. XI 43.

[221] Cf. XI 78, 5-8, y 104, 17-20.

[222] Cf. VII 25, 7-8; sobre el sentido priapeico de «higo», cf. I 65 n.

[223] Cf. XI 22, 9-10.

—rica, noble, culta, recatada—,
echas los bofes, Baso, pero con los jovencitos
que te procuraste con la dote de tu esposa.
Y así, cuando vuelve a su dueña, flojea[224]
tu polla, que se compró por muchos miles de sestercios,
de modo que ni estimulada con seductoras palabras
ni apremiada con suaves dedos se levanta.[225]
Ten por fin vergüenza o acudamos a los tribunales.
Esta ya no es tuya, Baso: la vendiste.[226]

98

AL RÍO BETIS, SOBRE LA LLEGADA DE INSTANCIO

Betis que ciñes tus cabellos con una corona de ramos de olivo,
que tiñes áureos vellones en tus aguas cristalinas,[227]
a quien Bromio, a quien Palas[228] ama; hacia quien Álbula, el soberano
de las aguas,[229] abre por los mares un camino para los barcos:
que con venturosos augurios entre Instancio[230] en tus
orillas y que este año sea para tus gentes como el anterior.
No desconoce la dificultad que supone suceder a Macro;[231]
quien sopesa su responsabilidad es capaz de sobrellevarla.

---

[224] Cf. X 55, 4-5.

[225] Cf. XI 29.

[226] A tu esposa a cambio de la dote (Ker, II, pág. 386).

[227] Comp. con XII 63, 1-5.

[228] Bromio es un sobrenombre de Baco, dios de la vid, y Palas hizo brotar el olivo; son los dos cultivos básicos de la Bética.

[229] Álbula es el antiguo nombre del Tíber (el soberano de las aguas; cf. Virgilio, *Eneida* VIII 77), origen y destino del comercio con la Bética (cf. S. Bailey, «More corrections...», pág. 149), que lo recibe por el Guadalquivir.

[230] Cf. VII 68, 1 n.

[231] Probablemente, Bebio Macro, el procónsul de la Bética en 101 (cf. Friedländer, pág. 268), a quien va a sustituir Instancio Rufo.

[LIBRO XIII][1]

REGALOS PARA LOS AMIGOS[2]

1

AL LECTOR: SUS LIBROS SON ADECUADOS PARA ENVOLVER PESCADO[3]

Para que a los atuncitos no les falte una toga ni a las aceitunas un capote
ni la asquerosa polilla tema el hambre de la pobreza,
tirad a la basura, musas, (yo soy el que pierdo) los papiros del Nilo:[4]
tened en cuenta que la embriaguez del invierno[5] exige nuevos donaires.

---

[1] Aunque tradicionalmente este libro y el siguiente se colocan siempre al final de la obra de Marcial, fueron escritos para las saturnales de 84 u 85, es decir, después del *Libro de los Espectáculos* y antes del libro I.

[2] El título original es *Xenia* (cf. XIII 3, 1). Durante las Saturnales existía la costumbre de enviar a los amigos regalos acompañados de una pequeña etiqueta con un dístico festivo (cf. XIII 3, 5, y 6, 43, 48, 69 y 103); probablemente Marcial puso a disposición del librero Trifonte (cf. XIII 3, 4) una colección de estos últimos para que los vendiera, y que constituye el contenido de este libro; cf. FRIEDLÄNDER, pág. 269.

[3] Según KER («Some explanations and emendations of Martial», *Classical Quarterly*, 44 [1950], págs. 12-24), ni este epigrama ni el siguiente pertenecían al presente libro.

[4] Cf. III 2, 1-5.

[5] La de las Saturnales.

Mis dados no luchan sin cuartel con las intrépidas tabas,
ni el seis agita mi marfil con el can:[6]
esta hoja es para mí una nuez,[7] esta hoja es para mí un cubilete:
ese juego no me procura ni pérdidas ni ganancias.

2

CONTRA UN DETRACTOR[8]

Aunque seas siempre mordaz, seas —en fin— una mordacidad[9]
como no querría soportarla Atlante[10] incluso si se le pidiera,
y puedas tú burlarte del mismo Latino,[11]
no puedes decir contra mis fruslerías más
de lo que yo mismo he dicho. ¿De qué servirá roer un diente
con otro diente? Necesitas carne si quieres quedar harto.
No pierdas el tiempo: guarda tu veneno para los que se pavonean
de sí mismos: yo sé que estos poemas no significan nada.
Sin embargo, esto no significa nada en absoluto si acudes a mí
dispuesto a escuchar y no como si te acabaras de levantar.[12]

---

[6] Esto es, el seis y el as del dado no se agitan en mi cubilete de marfil. Sobre la estrecha relación entre las Saturnales y los juegos de azar, cf. XI 6, 1-2, y XIV 1, 3.

[7] Con la que tradicionalmente jugaban los niños.

[8] Cf. XIII 1 n.

[9] Cf. XII 37, 2 n.; aquí el juego es entre *nasutus* y *nasus* («nariz»); cf. I 3, 6 n.

[10] Cf. IX 3, 5 n.

[11] Cf. I 4, 6 n., y IX 28.

[12] Cf. IV 8, 11-12.

3

AL LECTOR, SOBRE EL PRECIO DE ESTE LIBRO[13]

El surtido completo de *Xenias*[14] de este breve librito
te costará, si lo compras, cuatro sestercios.
¿Es demasiado cuatro? Podría costarte dos,
y el librero Trifonte[15] ganaría dinero.
Puedes enviarles estos dísticos a tus huéspedes en vez de un regalo,
si el dinero te resulta a ti tan extraño como a mí.
El nombre de cada cosa lo tendrás añadido con el título:
Si algo no le sienta bien a tu estómago, sáltatelo.

4

INCIENSO[16]

Para que Germánico[17] tarde en gobernar en el palacio celestial
y lo haga largo tiempo en la tierra, ofrece a Júpiter piadosas
[incensaciones.

5

PIMIENTA

Cuando el encerado becafigo[18] que reluce con su amplia pechuga
te toque en un sorteo, si tienes paladar, añádele pimienta.

---

[13] Verdadero epigrama proemial del libro (cf. XIII 1 n.), en el que se establece el carácter del mismo.

[14] El título original del libro en latín es *Xenia* (cf. la nota 2 de este libro).

[15] Cf. IV 72, 2.

[16] A partir de aquí los títulos son originales del autor.

[17] Domiciano; recuérdese que este libro fue escrito en 84 u 85.

[18] Cf. XIII 49.

6

ÁLICA[19]

Yo podré enviarte álica; un rico,[20] vino mulso.
Si el rico no quiere enviártelo, lo comprarás.

7

HABA

Si unas descoloridas legumbres borbotean para ti en un puchero rojo,
puedes declinar a menudo acudir a las cenas de postín.

8

TRIGO

Impregna las ollas plebeyas de gachas de Clusio[21]
para que tú —harto— bebas en ellas —vacías— dulces mostos.

9

LENTEJA

Acepta lentejas de Nilo —un regalo de Pelusio—:[22]
son más baratas que el álica,[23] más caras que las habas.[24]

---

[19] Cf. XII 81, 3 n.

[20] La costumbre de enviar regalos no era exclusiva de los ricos; cf. XIII 27, 2.

[21] En Etruria, cerca del lago Trasimeno.

[22] Famosa por sus lentejas; cf. VIRGILIO, *Geórgicas*, I 228 (KER, II, pág. 394). Estaba situada al E. de Egipto, en la costa mediterránea.

[23] Cf. XIII 6.

[24] Cf. XIII 7.

10

HARINA DE TRIGO

No podrías calcular las dotes ni la utilidad de la harina de trigo,
por muy útil que le resulte al panadero y al cocinero.

11

CEBADA

Acepta lo que el muletero no les dé a sus mulos, que nada dirán.
Yo se lo he dado al posadero, no a ti, como regalo.[25]

12

CEREAL

Coge trescientos modios de la cosecha de un colono
líbico para que no muera tu finca al pie de la ciudad.

13

REMOLACHAS

Para que las insulsas remolachas —comida de peones— sepan a algo,
¡ay la de veces que el cocinero recurrirá al vino y a la pimienta![26]

---

[25] El punto de vista del que hace el regalo es el del muletero, que detrae parte de la cebada que su amo le ha dado para los mulos y se la vende muy barata al posadero (cf. Friedländer, pág. 272).

[26] Cf. XIII 5, 2.

14

LECHUGAS

La lechuga que solía culminar las cenas de los antepasados,
dime por qué abre nuestras comidas.[27]

15

LEÑA QUE NO HUMEA

Si tú cultivas una finca cercana a Nomento,
te aconsejo, campesino, que lleves leña a tu casería.[28]

16

RÁBANO

Este rábano gozoso con el frío invernal que
a ti te doy, se lo suele comer Rómulo en el cielo.[29]

17

MANOJO DE TRONCHOS

Para que estas verduras descoloridas no te den asco,
que la col se ponga verde en agua nitrosa.

---

[27] La respuesta, en XI 52, 5.

[28] Nomento estaba en una zona pantanosa, y la leña debía de ser húmeda y de producir mucho humo (KER, II, pág. 396; pero cf. S. BAILEY, III, pág. 321). Sobre las quejas de Marcial acerca de la pobreza de su finquita, cf. I 105; IX 60; X 94.

[29] Según Séneca (*Apocolocyntosis*, 9, 5), Hércules opinaba que el emperador Claudio debía ser deificado para que Rómulo, que conservaba un paladar muy primitivo, pudiera tener alguien con quien compartir rábanos calientes (cf. FRIEDLÄNDER, pág. 273).

18

PUERROS CORTADOS[30]

Siempre que comas los tallos de los puerros tarentinos que tanto huelen,
da besos con la boca cerrada.

19

PUERROS ENTEROS[31]

La boscosa Aricia[32] envía los mejores puerros:
observa en el níveo tallo su verde cabellera.

20

NABOS

Estos los cría la tierra de Amiterno[33] en sus fértiles huertas:
los redondeados de Nursia[34] los podrás comer más baratos.

21

ESPÁRRAGOS

La tierna punta que crece en la marítima Ravena
no será más sabrosa que los espárragos trigueros.

---

30 Cf. KAY, pág. 183.

31 Cf. KAY, pág. 183.

32 Cf. X 68, 4 n.

33 En la Sabina, al NE de Roma.

34 También en la Sabina.

22

UVAS LAIRENES

Soy una uva no adecuada para beber e inservible para Lieo,[35]
pero si no me bebes seré para ti un néctar.

23

HIGOS DE QUÍOS

Un higo de Quíos es igual que el viejo Baco[36] que envió Setia:[37]
consigo trae él el vino y trae la sal.

24

MEMBRILLOS

Si a ti te sirven membrillos macerados en miel
de Cécrope, puedes decir «éstas son manzanas melapias».

25

PIÑAS

Somos frutos de Cibeles:[38] apártate lejos de aquí, viajero,
no vaya a ser que nuestra caída se produzca sobre tu pobre cabeza.

---

[35] Para Baco, es decir, para vino; cf. VIII 78, 2 n.

[36] Cf. n. anterior.

[37] Cf. VI 86, 1.

[38] Porque metamorfoseó a su favorito Atis en pino, árbol que quedó consagrado a ella (Ker, II, pág. 400).

26

SERBAS

Somos serbas, que astringimos los vientres demasiado sueltos:
será más adecuado que, en vez de a ti, le des estos frutos a tu favorito.[39]

27

CUCURUCHO DE DÁTILES

El dátil dorado se ofrece en las calendas de Jano;
pero, con todo, este suele ser un regalo de pobres.[40]

28

TARRO DE HIGUITOS DE SIRIA

Estos higuitos de Siria que han llegado a tus manos metidos
en una redoma, si fueran más grandes serían brevas.

29

TARRO DE CIRUELAS DAMASCENAS

Tómate unas ciruelas arrugadas y resecas por haber envejecido
en el extranjero: suelen soltar el empacho de un vientre estreñido.

---

[39] Cf. XI 88.

[40] El cliente pobre los regalaba a su patrono a comienzo de año, recubiertos de una fina capa dorada (cf. VIII 33, 11-12).

30

QUESO DE LUNA

El queso marcado con el sello de la etrusca Luna[41]
proporcionará a tus esclavos mil almuerzos.

31

QUESO DE LOS VESTINOS

Si quieres tomar desayunos frugales, sin carne,
del rebaño de los Vestinos[42] te llega este trozo.

32

QUESO AHUMADO

No es el queso que se impregna de cualquier fuego ni de toda clase
de humo sino del que se hace en el Velabro[43] el que sabe bien.

33

QUESO DE TRÉBULA

Nos ha dado la vida Trébula;[44] nos distingue una doble cualidad
tanto si alcanzamos el punto con una tenue llama como con agua.

---

[41] Situada en la costa del Tirreno.

[42] Pueblo del Samnio.

[43] Barrio de Roma, en la vertiente O. del Palatino; cf. XI 52, 10.

[44] Cf. V 71.

34

CEBOLLAS

Si tu esposa es vieja y tu miembro no responde,
con nada te puedes hartar sino con cebollas.[45]

35

SALCHICHAS LUCÁNICAS

Vengo como hija lucánica de una cerda del Piceno:
por mí se pone en torno a las níveas gachas un sabroso complemento.

36

CESTITO DE ACEITUNAS

Esta aceituna que te llega sustraída a las almazaras del Piceno
abre y cierra, a la vez, los banquetes.

37

CIDRAS

Estos frutos o proceden de la frondosidad del huerto
de Corcira[46] o eran los del dragón masilio.[47]

---

[45] Cf. III 75, 3-4.

[46] El de Alcínoo; cf. VII 42, 6 n.

[47] Cf. X 94, 1 n.

38

CALOSTRO

De la leche de la madre recién parida que el pastor arrebató
a los cabritos que aún no se mantienen en pie te doy estos calostros.

39

CABRITO

Que el ganado retozón y nada beneficioso al verde Baco[48]
pague su castigo; él, aunque joven, ya ha dañado al dios.

40

HUEVOS

Si un blanco mar envuelve a las yemas azafranadas,
que el caldo hesperio de caballa[49] sazone los huevos.

41

LECHÓN

Que me sirvan una cría de madre perezosa alimentada con leche
pura, y coma el rico del jabalí etolo.[50]

---

[48] A la vid en este caso; cf. XIII 22, 1 n.

[49] El garo; cf. XIII 102.

[50] Cf. IX 48, 6 n.

42

GRANADAS Y ACEROLAS

Las acerolas y granadas no de las ramas líbicas
te las doy sino de los árboles de Nomento.[51]

43

LO MISMO

Se te envían granadas cogidas de las ramas de al pie de la ciudad
y acerolas autóctonas. ¿Qué te importan a ti las líbicas?

44

MAMA DE CERDA[52]

Puedes pensar que te comes lo que aún no es una mama; tanto, en esta [enorme ubre,
rezuma la tetilla y está repleta de leche fresca.

45

POLLOS

Si tuviéramos pájaros líbicos y del Fasis,[53]
los recibirías; pero, ahora, recibe aves de corral.

---

[51] Cf. XIII 15, 2 n.

[52] Cf. VII 20, 11.

[53] Cf. III 77, 4 n. El Fasis es un río de Asia Menor, que desemboca en el mar Negro.

46

PÉRSICOS TEMPRANOS

En las ramas maternas habríamos sido pérsicos baratos:
ahora, en las adoptivas, somos pérsicos caros.[54]

47

PANES DEL PICENO

La Ceres del Piceno crece con el níveo néctar[55] lo mismo
que se hincha una esponja con el agua que absorbe.

48

SETAS

Enviar plata y oro y un manto y una toga
es fácil; enviar setas es difícil.

49

BECAFIGOS

Si el higo me alimenta, si me sustento de sabrosas uvas,
¿por qué, antes bien, no me dio nombre la uva?

---

[54] Los pérsicos baratos serían los comunes (o los albérchigos o los albaricoques), mientras que los caros —y resultado del injerto del pérsico en el melocotonero— serían los melocotones.

[55] De acuerdo con Plinio (*Historia natural* XVIII 106), se trataría de la leche que entraba en su composición.

50

TRUFAS

Las trufas, que con nuestra tierna cabeza rompemos la tierra
nutricia, somos los frutos que van detrás de las setas.

51

DECENA DE TORDOS

A ti quizás te agrade una corona trenzada con rosas o con costoso
nardo, pero a mí, una que esté formada por tordos.

52

PATOS

Que te sirvan, sí, un pato entero, pero solo saben bien
la pechuga y el pescuezo: devuélvele lo demás al cocinero.

53

TÓRTOLAS

Cuando disponga yo de una tórtola lustrosa, adiós, lechuga;
y quédate con los caracoles.[56] No quiero desperdiciar mi hambre.

---

[56] La lechuga y los caracoles formaban parte de los entremeses; cf. FRIEDLÄNDER, pág. 279.

54

JAMÓN

Llegue a mi poder uno cerretano o —cabrá esa posibilidad— enviado
desde los menapios:[57] que los sibaritas se atraquen de paletilla.

55

PALETILLA

Está en su punto: apresúrate y no hagas esperar a tus queridos amigos.
Pues, por mi parte, nada quiero con una paletilla rancia.

56

VULVA DE CERDA[58]

A ti quizás te atraiga más la de una cochina sin cubrir,
a mí me atrae la vulva maternal de una cerda preñada.

57

COLOCASIA

Te reirás de esta verdura del Nilo y de sus pegajosas pelusas
cuando arranques sus malditos tallos con dientes y manos.

---

[57] Los cerretanos eran los habitantes de la actual Cerdaña, en la Tarraconense; los menapios vivían en Bélgica.

[58] Cf. VII 20, 11.

58

HÍGADO DE GANSO

¡Mira cómo la hinchazón del hígado es mayor que un ganso grande!
Sorprendido, dirás: «Por favor, ¿dónde ha crecido esto?».

59

LIRONES

Paso todo el invierno durmiendo y resulto más lustroso
en ese tiempo en que nada me alimenta salvo el sueño.

60

CONEJOS

Al conejo le gusta vivir en madrigueras excavadas.
Él le ha enseñado al enemigo los caminos secretos.[59]

61

FRANCOLINES

Entre los sabores de las aves se dice que el primero
es el paladar de los francolines jónicos.

---

[59] Las minas, que en latín es *cuniculus*, que también significa «conejo».

62

GALLINAS CEBADAS

La gallina no solo se cría sin problemas con harina dulce
sino que se cría con la oscuridad. La glotonería es ocurrente.

63

CAPONES

Para que el gallo no adelgace demasiado por abusar de la entrepierna,
ha perdido los testículos.[60] Ahora será para mí un galo.[61]

64

LO MISMO

La gallina se pone en vano debajo de su impotente marido.
A este le cuadraba ser el ave de la madre Cibeles.[62]

65

PERDICES

Escasísimas veces se sirve este ave en las mesas ausonias:
más a menudo se suele cuchichear como ella[63] en la piscina.

---

[60] Cf. III 81, 5-6.

[61] Cf. XI 72, 2 n.

[62] Cf. epigrama anterior y IX 2, 13 n.

[63] Sigo la explicación de Izaac (II 2, pág. 294). El texto latino significa literalmente «jugar»; podría tratarse de una forma de nadar o lanzarse a la piscina; pero

66

PALOMINOS

No mancilles a las tiernas palomas con diente sacrílego
si te han sido encomendados los ritos de la diosa de Gnido.[64]

67

PALOMOS TORCACES

Los palomos torcaces reprimen y embotan su instinto sexual:
que no coma estos pájaros quien desea ser incontinente.

68

OROPÉNDOLAS

Este ave amarillenta es capturada con perchas y redes,
cuando la uva en agraz se hincha con su zumo aún verde.

69

COTORRAS[65]

Umbría nunca nos proporcionó cotorras panonias:
Pudente prefiere enviárselas como regalo a su dueño.[66]

---

quizás es preferible poner en relación *perdix* con el gr. *pérdesthai*, «peerse»; «cuchichear como ella» sería imitar su canto con ventosidades bajo el agua.

[64] Venus; en esta ciudad de Caria, en Asia Menor, tenía un templo; las palomas estaban consagradas a ella.

[65] No es seguro que se trate de este ave; cf. *Vulgata, Baruch*, 6, 21.

[66] Cf. XI 70, 2 n.

70

PAVOS REALES

Te admiras cada vez que despliega las joyas de su cola,
¿y eres capaz, cruel, de entregárselo al insensible cocinero?

71

FLAMENCOS

Me da nombre una pluma roja, pero mi lengua les sabe
bien a los glotones. ¿Y si mi lengua fuera parlanchina?[67]

72

FAISANES

Fui transportada por primera vez en la bodega del Argo.[68]
Antes no conocía nada salvo el Fasis.[69]

73

GALLINAS DE GUINEA

Aunque Aníbal se hartara de gansos romanos,
él, un extranjero, nunca comió las aves de su tierra.

---

[67] Puede ser una alusión a Esopo, el actor trágico, que sirvió un plato que consistía solo en pájaros cantores (Plino, *Historia natural* X 141-142); sin embargo, Housman (*Classical Papers*, pág. 738) piensa que «parlanchina» tendría el sentido de «indiscreta», y que el ave podría hablar de la impureza (cf. XI 61, 4) de las bocas que la comen (Ker, II, pág. 416).

[68] Cf. XI 1, 12 n.

[69] Cf. XIII 45, 1 n.

74

GANSOS

Este ave salvó los templos del Tonante de Tarpeya.[70]
¿Te sorprendes? El dios[71] no los había construido todavía.

75

GRULLAS

Alterarás las líneas[72] y no echará a volar la letra entera,
si haces desaparecer una sola ave de Palamedes.[73]

76

BECADAS

¿Qué más da que sea becada o perdiz, si el sabor es el mismo?
La perdiz es más cara. Por tanto, es ella más sabrosa.

77

CISNES

Con su lengua mortecina entona dulces canciones
el cisne, cantor él mismo de su propia muerte.[74]

---

[70] Cf. IX 31, 6 n.

[71] Domiciano; cf. IX 3.

[72] Tanto los versos como la formación de las grullas en vuelo.

[73] Cf. IX 12 (13), 7 n.

[74] Cf. IX 42, 2 n.

78

PORFIRIONES[75]

¿Un pájaro tan pequeño lleva el nombre de un gran gigante?
Lleva también el nombre del verde Porfirión.[76]

79

SALMONETES VIVOS

Respira el salmonete en el agua que ha arrastrado pero, débil ya,
desfallece. Dale agua fresca del mar: se recuperará.

80

MORENAS

La morena grande que nada en las profundidades sicilianas
no es capaz de sumergir su piel quemada por el sol.[77]

81

RODABALLOS

Aunque una fuente amplia acoja al rodaballo,
el rodaballo, sin embargo, es más amplio que la fuente.

---

[75] Gallinas sultanas.

[76] Porfirión es el nombre de uno de los gigantes que luchó contra los dioses y de un auriga, en este caso, del bando de los verdes (cf. VI 46 n.).

[77] Las morenas se llevaban vivas a la mesa en tarros de cristal y allí eran hervidas (cf. FRIEDLÄNDER, pág. 285).

82

OSTRAS

Yo, un molusco ebrio del Lucrino de Bayas,[78] acabo de llegar:
ahora —extravagante que soy— tengo sed del afamado garo.[79]

83

CAMARONES

Nos ama el azulado Liris, al que protege el bosque
de Marica:[80] de ahí que los camarones seamos una multitud innumerable.

84

ESCARO

Este escaro, que llega raquítico desde las aguas marinas,
es bueno por sus tripas; el resto tiene mal sabor.

85

CORACINO[81]

Del mercado del Nilo desapareces el primero, coracino:
para la glotonería de Pela[82] no hay ningún deleite superior.

---

78 Cf. X 30, 10 n.

79 Cf. XIII 102.

80 Cf. X 30, 10 n.

81 El pez llamado *Tilapia nilotica* por Linneo.

82 Originariamente, de Alejandro Magno (cf. X 43, 7 n.); por extensión, de Alejandría, y de ahí, de Egipto.

86

ERIZOS

Aunque este pinche los dedos con las púas de su concha,
al quitarle el caparazón será un tierno erizo.

87

MÚRICES

Llevas, desagradecido, unos mantos teñidos dos veces con nuestra sangre,[83] y no te basta con ello: nos comes.

88

GOBIOS

Por más refinados que sean los banquetes en las tierras vénetas,
un gobio suele ser la entrada de la cena.

89

RÓBALO

El róbalo, tierno como la lana, bebe de las bocas del Timavo[84] de los [eugáneos,[85]
sustentándose de aguas dulces mezcladas con sal marina.

---

[83] Es decir, con la púrpura.

[84] Cf. IV 25, 5 n.

[85] Cf. X 93, 3 n.

90

DORADA

No toda dorada es merecedora de su fama y sus precios,
sino la que tenga por alimento solo a los crustáceos del Lucrino.[86]

91

ESTURIÓN

Enviad un esturión a las mesas del Palatino:
que estos raros regalos engalanen los manjares divinos.

92

LIEBRES

Entre las aves, el tordo —si, a juicio mío, hay alguna verdad—;
entre los cuadrúpedos el primer manjar es la liebre.

93

JABALÍ

El que, temible y cerdoso, cayó en los campos de Diomedes
por una lanza etolia,[87] era como este.

---

[86] Cf. XIII 82 y X 30, 10 n.

[87] Cf. VII 2, 3 n.

94

GAMOS

Al jabalí se le teme por sus colmillos, los cuernos defienden a los ciervos:
nosotros, gamos pacíficos, ¿qué somos sino piezas de caza?

95

ÓRYX

Sin llegar a ser el último animal cazado por la mañana,[88]
¡cuánto me supone, en pérdidas de perros, el feroz óryx!

96

CIERVO

Este era el que se sometió a tu ronzal, Cipariso.[89]
¿O, más bien, era este ciervo el tuyo, Silvia?[90]

97

POLLINO DE ASNO SILVESTRE

Mientras el asno silvestre es joven y —siendo un pollino— se sustenta solo de la madre, recibe este infantil —pero efímero— nombre.[91]

---

[88] En el circo; cf. VIII, 67, 3-4.

[89] Mató sin querer a un ciervo que le era muy querido, y al pedirle a los dioses luto eterno, Apolo, que lo amaba, lo transformó en ciprés.

[90] Hija de Tirro, pastor del rey Latino, a quien Ascanio, el hijo de Eneas, le mató su ciervo preferido; cf. VIRGILIO, *Eneida* VII 483-510.

[91] *Lalisio*, en latín.

98 (99)

CORZO

Verás al corzo a punto de despeñarse de lo alto de una roca:
puedes suponer que va a caer. Él engaña a la jauría.

99 (98)

GACELA

A tu pequeño hijo le concederás el capricho de una gacela:
el público suele indultarla agitando la toga.[92]

100

ASNO SILVESTRE

Aquí sale un hermoso asno silvestre. Debe cesar la carnicería
de los colmillos eritreos: tremolad ya los pliegues de la toga.[93]

101

ACEITE DE VENAFRO

La aceituna de la campana Venafro[94] lo ha licuado para ti:
cada vez que te pones ungüento hueles también a eso.

---

[92] En el anfiteatro.

[93] Cf. n. anterior.

[94] Cf. X 63, 2 n.

102

GARO DE LA COMPAÑÍA[95]

De la primera sangre de una caballa aún palpitante,
recibe el excelente garo, regalo de gran valor.

103

ÁNFORA DE SALMUERA

Soy hija de un atún de Antípolis,[96] lo confieso:
si lo fuera de una caballa,[97] no te habría sido enviada a ti.[98]

104

MIEL ÁTICA

La abeja saqueadora del Himeto[99] de Teseo[100] te ha enviado
este magnífico néctar desde los bosques de Palas.[101]

---

[95] La compañía que lo fabricaba en Hispania.

[96] La actual Antibes, en Francia.

[97] Cf. XIII 102, 1.

[98] Sino a un rico (KER, II, pág. 427).

[99] Cf. XI 42, 4 n.

[100] Cf. X 11, 2 n.

[101] Palas Atenea, que dio nombre a Atenas.

105

PANALES SÍCULOS

Cuando regales panales sículos del centro de las laderas
de Hibla, puedes decir tú que son de Cécrope.[102]

106

VINO DE PASAS

La vendimia de Gnoso[103] de la Creta minoica ha producido
para ti lo que suele ser el vino mulso[104] de los pobres.

107

VINO CON PEZ

Que estos vinos con pez proceden de la vinícola Vienne,[105]
no lo dudes; el propio Rómulo[106] me los envió.

108

VINO MULSO

Mieles áticas,[107] vosotras enturbiáis el nectáreo falerno.[108]
Conviene que un vino así sea preparado por Ganímedes.

---

[102] Cf. XI 42, 4 n.

[103] Cf. IX 34, 7 n.

[104] Cf. XIII 108.

[105] Cf. IV 13, 4 n.

[106] Un bodeguero.

[107] Cf. XIII 104.

[108] Cf. XIII 111.

109

VINO DE ALBA

De las bodegas cesáreas te lo ha enviado la dulce
vendimia que se solaza a sí misma en el monte de Julo.[109]

110

VINO DE SORRENTO

¿Bebes vinos de Sorrento? No cojas los vasos múrrinos[110] pintados
ni los de oro: estos vinos te proporcionarán sus propias copas.[111]

111

FALERNO

Los másicos vinieron de los lagares de Sinuesa:[112]
¿Preguntas en qué consulado se embodegaron? No había cónsules.

---

[109] El monte Albano (cf. IX 101, 12 n.), donde Julo, el hijo de Eneas, fundó Alba Longa.

[110] Cf. XIV 113.

[111] Cf. XIV 102.

[112] Falerno es una zona de Campania, donde también se encuentra Sinuesa, famosa por sus vinos; una de sus variedades es el másico, que toma el nombre de un monte.

112

VINO DE SETIA

La Setia colgante que mira hacia las llanuras del Pomptino[113]
ha enviado añejas tinajas desde una pequeña ciudad.

113

VINO DE FUNDOS

El próspero otoño de Opimio[114] produjo estos vinos de Fundos.[115]
El cónsul exprimió el mosto y él mismo lo bebió.

114

VINO DEL TRIFOLIO

Yo, una vid del Trifolio,[116] no soy del mejor Lieo,[117]
lo confieso, aunque entre los vinos seré la séptima.

115

CÉCUBO

Lo cécubos generosos maduran en la Amiclas[118] de Fundos,
y la vid, nacida en mitad de un pantano, verdea.

---

[113] Cf. X 74, 11 n.

[114] Cf. IX 87, 1 n.

[115] En el Lacio, en la vía Apia.

[116] Era un monte de Campania; pero recuérdese que el vino de tres hojas es el que tiene tres años.

[117] Cf. XIII 22, 1 n.

[118] En el Lacio; cf. XIII 113, 1 n.

116

VINO DE SIGNIA

¿Beberás vinos de Signia[119] que astringen el vientre suelto?
A fin de no cortarlo en exceso, ten poca sed.

117

VINO DE LOS MAMERTINOS

Si te dan un ánfor a de los mamertinos[120] con tantos años
como Néstor,[121] puede llevar el nombre que quieras.

118

VINO DE TARRAGONA

Tarragona, que solo se plegará ante el Lieo[122] campano,[123]
ha producido estos vinos émulos de las tinajas latinas.[124]

119

VINO DE NOMENTO

La vendimia de Nomento[125] te proporciona mi propio Baco:
si te aprecia Quinto, los beberás de mejor calidad.[126]

---

[119] En el Lacio, junto a la vía Latina.

[120] Son los habitantes de Mesina, en Sicilia.

[121] Cf. II 64, 3.

[122] Cf. XIII 22, 1 n.

[123] Cf. XIII 111, 1 n.

[124] Cf. S. Bailey, III, págs. 321-322.

[125] Cf. XIII 15, 2 n.

[126] Cf. I 105.

120

VINO DE ESPOLETO

Los mostos desbravados de las botellas de Espoleto
preferirás beber antes que los falernos.[127]

121

VINO DE LOS PELIGNOS

Los agricultores pelignos envían unos vinos mársicos[128] turbios:
no los bebas tú sino tu liberto.

122

VINAGRE

No le hagas ascos a un ánfora de vinagre del Nilo:
cuando era de vino, le hacías aún más.

123

VINO DE MARSELLA

Cuando tu espórtula[129] haya cumplido con cien ciudadanos,
puedes servir vinos ahumados de Marsella.[130]

---

[127] Cf. XIII 111.

[128] Los marsos en el Lacio y los pelignos en el Samnio eran limítrofes; cf. XIV 116.

[129] Cf. I 59 n.

[130] Cf. X 36, 2 n.

124

VINO DE CERE

Que Nepote[131] sirva vinos de Cere:[132] los creerás de Setia.[133]
No se los sirve a una multitud: se los bebe con tres invitados.

125

VINO DE TARENTO

Que el Aulón,[134] tan famoso por sus lanas como próspero por sus vides,
te proporcione a ti magníficos vellones y a mí vinos.

126

PERFUME

Nunca le dejes a tu heredero ni perfume ni vinos.
Que se quede él con el dinero;[135] todo eso dátelo a ti.

127

CORONAS DE ROSAS

El invierno te proporciona, César, tempranas coronas:
antes pertenecía a la primavera, ahora la rosa se ha hecho tuya.[136]

---

131 Cf. VI 27, 1 n.

132 En Etruria, junto a Roma.

133 Cf. XIII 112.

134 Monte cercano a Tarento.

135 Cf. VIII 44, 10-17.

136 Cf. VI 80.

[LIBRO XIV][1]

OBSEQUIOS PARA LOS INVITADOS[2]

1

AL LECTOR, SOBRE LA CELEBRACIÓN DE LAS SATURNALES

Mientras el caballero y el senador, mi señor, disfrutan con los trajes [defiesta
y mientras los píleos que se ha puesto le sientan bien a nuestro Júpiter
y no teme el esclavo encontrarse al edil mientras agita
el cubilete, al tiempo que contempla los estanques helados,[3]

---

[1] Cf. Libro XIII n. 1.

[2] El título original en latín es *Apophoreta* (cf. XIV 2). Aparte de la costumbre de enviar a los amigos regalos en las Saturnales (cf. Libro XIII), también existía la de sortear (cf. XII 62, 11 n.) entre los invitados a la casa una serie de regalos acompañados cada uno de ellos de un dístico jocoso; cf. FRIEDLÄNDER, págs. 269 y 295-300.

[3] Descripción de las Saturnales, como ya se hizo en XI 6, 1-4: el traje generalizado en lugar de la toga era el de fiesta (*synthesis;* cf. XIV 142), la gente (en este caso Domiciano, «nuestro Júpiter») se tocaba con un píleo (símbolo de los esclavos liberados) y estaba permitido el juego (cf., en contraposición, V 84, 1-5); el último verso, en cambio, no queda claro: puede significar simplemente que es invierno (las saturnales se celebraban a partir del 17 de diciembre) o aludir a la costumbre que se

recibe lo que le toca en suerte, alternativamente, al rico y al pobre:
que cada cual le entregue a su invitado los premios que le correspondan.
«Estas son naderías y frivolidades, y cosas peores que estas, si las hay».[4]
¿Quién lo ignora? ¿O quién niega algo tan evidente?
Pero, Saturno, ¿qué otra cosa puedo hacer en la embriaguez de los días
que tu propio hijo te concedió a cambio del cielo?
¿Pretendes que escriba sobre Tebas o Troya o la maldita Micenas?[5]
«Juega con las nueces», me dices: no quiero perder mis nueces.[6]

2

APOPHORETA[7]

En el punto en el que quieras puedes concluir este librito:
cada asunto está desarrollado en dos versos.
Si preguntas por qué se les han añadido los títulos, te lo diré:
para que, si lo prefieres, leas solo los títulos.[8]

3

TABLITAS DE CEDRO[9]

Si no fuéramos maderas cortadas en delgadas láminas,
seríamos el elegante peso de colmillos líbicos.[10]

---

daba en esas fiestas de vendarle los ojos a una persona y arrojarla al agua; cf. Friedländer, pág. 301; Ker, II, pág. 440).

[4] Cf. XI 6, 7-8.

[5] Cf. I 107 n.

[6] Esto es: dedícate a otra cosa antes que escribir este tipo de versos. Con las nueces se solía jugar en las saturnales (cf. XIV 19).

[7] Es el título original del libro en latín.

[8] Cf. X 1.

[9] A partir de aquí los títulos son originales del autor.

[10] Cf. IX 59, 10 n.

4

TABLITAS DE CINCO LÁMINAS

El glorioso atrio de nuestro señor se entibia por la sangre de los novillos
cuando, en cinco láminas de cera, se otorga una alta distinción.[11]

5

TABLITAS DE MARFIL

A fin de que las apagadas ceras no cieguen tu vista cansada,
que letras negras resalten sobre el níveo marfil.

6

TRÍPTICOS

No considerarás que mis trípticos son un regalo despreciable
en el momento en que tu amante te escriba que va a venir.

7

TABLITAS DE PERGAMINO

Considera que son de cera, aunque se las llame de pergamino:
podrás borrarlas cada vez que quieras escribir de nuevo.

---

[11] Como, p. ej., el consulado, momento en que se iniciaba el sacrificio de acción de gracias; cf. FRIEDLÄNDER, págs. 302-303.

8

TABLITAS DE VITELIO[12]

Aunque una muchacha no haya llegado aún a leerlas,
ya sabe lo que pretenden las tablitas de Vitelio.

9

LO MISMO[13]

Porque nos ves muy pequeñas te crees que somos enviadas a una amante.
Te equivocas: una lámina así pide también dinero.

10

HOJAS GRANDES

No tienes que considerarlo un regalo de mínimo valor
cuando un poeta te obsequia unas hojas en blanco.

11

HOJAS DE CARTA

Tanto si se la envía a alguien poco conocido como a un buen amigote,
esta hoja suele llamar a todos «mi querido».

---

[12] Cf. II 6, 6 n.

[13] Cf. II 6, 6 n.

12

CAJA DE DINERO DE MARFIL

Llenar estas cajas de otra cosa que no sean monedas doradas
no conviene: guarden la plata maderas de poco valor.

13

CAJAS DE DINERO DE MADERA

Si aún queda algo en el fondo de mi cajita,
será un regalo. No hay nada; lo será la propia cajita.

14

TABAS DE MARFIL

Cuando ninguna taba te caiga por la misma cara,
dirás que yo te he hecho un gran regalo.[14]

15

DADOS

Que no sea yo, el dado, igual en número a las tabas con tal de que
el envite sea a menudo mayor conmigo que con las tabas.[15]

---

[14] Se jugaba con tres o cuatro tabas; cada taba tenía seis caras, y en cuatro de ellas aparecían, respectivamente, los números 1, 3, 4 y 6; las otras dos caras eran redondeadas y no tenían número alguno (KER, II, pág. 446). La mejor jugada era la escalera *(iactus Veneris)*, a la que aquí se alude (FRIEDLÄNDER, pág. 304).

[15] Se jugaba solamente con dos o tres dados (cf. n. ant.) y, al parecer (cf. IV 66, 15), las apuestas eran mayores que con las tabas (FRIEDLÄNDER, pág. 304).

16

CUBILETE EN FORMA DE TORRECILLA

La mano fullera que sabe tirar las tabas cargadas,
si las tira conmigo, nada consigue salvo ilusiones.

17

TABLERO DE JUEGO

Por esta cara el dado se me apunta con un seis doble;
por esta otra las piezas de distinto color son comidas por dos contrarias.[16]

18 (20)

PIEZAS DE JUEGO

Si juegas a las batallas de los ladrones emboscados,[17]
éstas —de piedras preciosas— serán tus fuerzas y las enemigas.

19 (18)

NUECES[18]

Las nueces parecen un juego inocente y nada costoso;
sin embargo muchas veces les ha arruinado las nalgas a los niños.[19]

---

[16] El primer juego es el de las «doce líneas» (parecido al *backgammon*), cuya mejor jugada era un doble seis; el segundo, el de los «ladrones» (parecido al ajedrez o las damas), en el que se comían fichas (Ker).

[17] Cf. XIV 17, 2 n.

[18] Cf. XIV 1, 12 n.

[19] Cuando hacían novillos (Ker, II, pág. 447).

20 (19)

ESCRIBANÍA

Si te toca la escribanía, acuérdate de dotarla de plumas:
yo te he dado lo demás, consigue tú los accesorios.

21

ESTUCHE DE ESTILOS

Tú tendrás estos estuches dotados con sus armas:
si se los obsequias a un niño, será un regalo nada despreciable.

22

MONDADIENTES

Es mejor el de lentisco: pero si no tuvieras a mano una púa
de madera, una pluma puede expurgarte los dientes.

23

MONDAOREJAS

Si te pica la oreja con una insoportable comezón,
te doy el arma adecuada para tan grandes placeres.

24

HORQUILLA DE ORO

Para que tus cabellos empapados[20] no estropeen las magníficas sedas,
que la horquilla sujete y sostenga un moño.

25

PEINES

¿Qué hará, cuando no encuentre aquí cabello alguno,
el trozo de boj que se te regala con tantos dientes?

26

PELUCAS

La emulsión de los catos aviva los cabellos teutónicos:
podrías resultar más elegante con postizos de prisioneras.[21]

27

LOCIÓN

Si, canosa, te dispones a teñir tus ancianos cabellos,
recibe —¿para qué quieres ser calva?— estas bolas de los matíacos.[22]

---

[20] De perfume.

[21] Las romanas utilizaban pelucas (procedentes la mayoría de Germania o de esclavas germanas) teñidas con una loción en forma de bolas compuesta, según Plinio (*H. N.* XXVIII 191), de grasa de macho cabrío y cenizas de madera de haya (Ker, II, pág. 450). Los catos eran un pueblo germano, del N del Rin, cuya principal ciudad era Matio (sus habitantes, los matíacos), que podría ser la actual Wiesbaden o Marburg.

[22] Cf. epigrama anterior.

28

PARASOL

Recibe unos quitasoles que rechazan los excesos de la ardentía:
incluso aunque haya viento,[23] tu propio toldo te protegerá.

29

CAUSÍA

Me sentaré a tu lado en el teatro de Pompeyo.
De hecho, el aire suele sustraerle los toldos al público.

30

VENABLOS

Arrostrarán a los jabalíes y esperarán a los leones,
atravesarán a los osos con tal de que la mano sea poderosa.

31

CUCHILLO DE CAZA

Si te quejas de que tus venablos, pese a su amplio hierro, han sido escupidos,
éste, pese a su pequeñez, atacará de cerca al gran jabalí.

---

[23] Cf. XIV 29, 2.

32

TALABARTE Y PARAZONIO[24]

Esto será una insignia militar y el símbolo de una alta graduación,
un arma digna de ceñir el costado de un tribuno.

33

PUÑAL

Puñal al que un pequeño círculo marca con su curva estría:
a este lo templó el Jalón en sus heladas aguas haciéndolo chisporrotear.

34

HOZ

La paz incontestable de mi caudillo me recorvó para tranquilos servicios.
Ahora soy del campesino, antes fui del soldado.

35

HACHETA

Al celebrarse una penosa subasta para pagar deudas,
ésta fue vendida por cuatrocientos mil sestercios.[25]

---

[24] El cinturón y la espada que usaban los tribunos militares, mientras que los soldados llevaban la suya en bandolera (Ker, II, pág. 452).

[25] Irónico. Se trataba de un adorno o juguete de niño; también se colgaba del cuello de este como amuleto o señal de identificación (Ker, II, pág. 453).

36

HERRAMIENTAS DE BARBERO

Estos son los instrumentos adecuados para cortarte el pelo;
éste sirve para las uñas largas, aquel, para las mejillas.

37

LIBRERÍA

Si no me la das repleta de libritos,
dejaré entrar a las tíneas y a las implacables polillas.

38

MAZOS DE CÁLAMOS

La tierra menfítica produce cálamos buenos para la escritura;
que tus tejados se retejan con los de otras charcas.

39

LÁMPARA DE ALCOBA

Yo, una lámpara testigo de las dulzuras de tu cama,[26]
aunque hagas todo lo que quieras, guardaré silencio.

---

[26] Cf. XI 104, 5-6.

40

PÁBILO

La suerte te ha otorgado un esclavo de la lámpara
que, despierto, atraviesa todas las tinieblas.

41

LÁMPARA DE VARIOS BRAZOS

Aunque ilumino con mi resplandor banquetes enteros
y sostengo tantos candeleros, se me llama una sola lámpara.

42

CIRIO

Este cirio te proporcionará luz de noche,
pues a tu pequeño esclavo le han robado la lámpara.[27]

43

CANDELABRO CORINTIO

Las candelas me dieron mi antiguo nombre.
La lámpara de aceite no había conocido a nuestros austeros
[antepasados.

[27] Cf. VIII 59, 11-12.

44

CANDELABRO DE MADERA

Ves que soy de madera; si no vigilas las llamas, se te formará
con tu candelabro una inmensa lámpara.

45

PELOTA RÚSTICA

Esta pelota rústica que está rellena de blandas plumas
es menos elástica que un balón y menos dura que otra normal.

46

PELOTA PARA EL JUEGO A LARGO DE TRES

Si sabes pasarme con ágiles golpes de izquierda,
soy tuya. Si no lo sabes, devuelve la pelota, torpe.

47

BALÓN

Alejaos, jóvenes: a mí me va la edad débil:
conviene que jueguen con el balón los niños, con el balón los viejos.

48

BALONES MEDICINALES

De entre el polvo de Anteo[28] los coge rápidamente un atleta
que, en vano, intenta desarrollar su cuello.

49

PESAS[29]

¿Para qué se destrozan los fuertes brazos con las estúpidas pesas?
Cavar viñas es un ejercicio mejor para los hombres.

50

GORRITO

Para que el asqueroso ceroma no manche tus espléndidos cabellos,
podrás cubrir tu cabellera mojada con este trozo de piel.

51

RASCADORES

Pérgamo los ha enviado. Ráscate con su curvo hierro:[30]
el lavandero no tendrá que frotar tantas veces tus toallas.

---

[28] El de los gimnasios. Anteo es el luchador por excelencia, vencido por Hércules (cf. IX 101, 4).

[29] Cf. VII 67, 5 n.

[30] Para quitarte el ceroma.

52

ACEITERA DE CUERNO

Hace poco me llevó en su testuz un novillo:
me considerarás un verdadero cuerno de rinoceronte.

53

ACEITERA DE CUERNO DE RINOCERONTE

Esto será para ti el que hace poco fue admirado en la arena ausonia
de nuestro señor, y para quien el toro era un monigote.[31]

54

SONAJERO

Si algún esclavito llorón se cuelga de tu cuello,
que con su tierna mano agite este ruidoso sistro.

55

FUSTA

No lograrás nada con esta fusta, aunque golpees sin cesar,
si tu caballo corre por el bando de los rojos.[32]

---

[31] Cf. X 86, 4.

[32] Cf. VI 46.

56

DENTÍFRICO

¿Qué tengo yo que ver contigo? Que me coja una muchacha:
no suelo limpiar dientes postizos.

57

MIROBÁLANO

Esto que ni Virgilio ni Homero mencionan en sus poemas[33]
está compuesto de ungüento y nuez.[34]

58

AFRONITRO

Eres un ignorante: no sabes qué se me llama con nombre griego:
se me dice espuma de nitro. Eres griego: afronitro.

59

OPOBÁLSAMOS

Me cautivan los bálsamos: estas son las fragancias de los hombres;
vosotras, jóvenes casadas, oled a las exquisiteces de Cosmo.[35]

---

33 Porque al ser breves sus cuatro primeras sílabas era imposible utilizarla en el hexámetro.

34 El fruto del árbol, del que se extraía un aceite que se utilizaba para hacer un permufe (KER, II, pág. 460).

35 Cf. I 87, 2 n.

60

PREPARADO DE HARINA DE HABAS

Será un grato regalo y nada inútil para el vientre rugoso,[36]
si a plena luz del día te diriges a los baños de Estéfano.[37]

61

LINTERNA DE CUERNO

Yo, una linterna dorada por las llamas encerradas, soy llevada como guía [del camino,
y en mi regazo está segura una pequeña candela.

62

LINTERNA DE VEJIGA

Si no soy de cuerno, ¿soy acaso más sombría?, ¿o cree el que se cruza conmigo que soy una vejiga?

63 (64)

FLAUTAS

La flautista borracha nos destroza con sus soplidos avinados:
a menudo nos toca a dos a la vez, a menudo a una sola.

---

[36] Cf. III 42, 1-2, y VI 93, 11 n.

[37] Cf. I 23, 2 n.

64 (63)

FLAUTA DE PAN

¿Por qué te ríes de que yo esté formada con cera y caña?
La flauta de Pan que se hizo la primera vez era así.[38]

65

PANTUFLAS CON FORRO DE LANA

Si ocurre que te falta el esclavo y te apetece
ponerte las pantuflas, tu pie hará de su propio esclavo.

66

SOSTÉN

Podrías sujetarte el pecho con un pellejo de toro,[39]
pues esta piel no da abasto para tus tetas.

67

MOSQUERO DE PLUMAS DE PAVO REAL

Esto que les impide a las repugnantes moscas lamer tu comida
fue la soberbia cola de un ave magnífica.

---

[38] Cf. Virgilio, Églogas II 32-33.

[39] Alusión a Virgilio, *Eneida* I 368 (Ker, II, pág. 463).

68 (71)

MOSQUERO DE COLA DE TORO

Si tuvieras el vestido sucio de polvo de albero,
 que lo sacuda esta ligera cola con un suave golpe.

69 (68)

PASTEL RODIO

No le des un puñetazo en la boca al criado que te hace una trastada:
 que se coma el pastel[40] que envió la famosa Rodas.

70 (69)

PRIAPO DE TRIGO CANDEAL[41]

Si quieres hartarte, puedes comerte mi Priapo;
 aunque apures sus partes, quedarás puro.[42]

71 (70)

CERDO

Te procurará unas buenas Saturnales este cerdo
 que se ha alimentado de bellotas entre furiosos jabalíes.

---

[40] Famoso por su dureza (KER, II, pág. 464).

[41] Cf. IX 2, 3 n.

[42] Cf. I 35, 15 n., y XI 61, 14.

72

MORCILLA

La morcilla que te llega en pleno invierno
me había llegado antes de los siete días de Saturno.[43]

73

LORO

Yo, un loro, aprenderé de vosotros los nombres de los demás.
Yo solo he aprendido a decir esto: «Hola, César».

74

CUERVO

Cuervo saludador,[44] ¿por qué eres considerado un mamón?
En tu cabeza no ha entrado ninguna polla.[45]

75

RUISEÑOR

Llora Filomela la aberración del incestuoso Tereo, y a la que fue
muchacha callada se la llama ave canora.[46]

---

[43] Antes de las Saturnales, que, como es sabido, se celebraban del 17 al 23 de diciembre. En este caso, se trata de un regalo que vuelve a ser regalado (Friedländer, pág. 315).

[44] Cf. III 95, 1-2.

[45] Alude a la creencia, difundida por Plinio (*H. N.* X 32), de que el apareamiento de los cuervos se producía uniendo los picos (Friedländer, pág. 315).

[46] Tereo, rey de Tracia, había violado y le había cortado la lengua a Filomela,

76

PICAZA

Yo, la picaza parlanchina, te saludo, señor, con voz clara:
si no me vieras, asegurarías que no soy un ave.

77

JAULA DE MARFIL

Si tienes uno como al que lloraba Lesbia, la amada
de Catulo,[47] puede vivir aquí.

78

BOTIQUÍN

Estás viendo un botiquín: es de marfil y propio del arte médica;
tendrás un regalo que Pacio[48] desearía que fuera suyo.

79

LÁTIGOS

Jugad, esclavos revoltosos, pero solo jugad.
Los guardaré bajo llave durante cinco días.[49]

---

hermana de su esposa Procne. Fueron metamorfoseados, respectivamente, en abubilla, ruiseñor y golondrina.

[47] Cf. CATULO, II y III.

[48] Un médico, citado quizás por JUVENAL en XII 99 (KER, II, pág. 467).

[49] Cf. XIV 1, 3-4.

80

PALMETAS

Muy odiadas por los niños y queridas por los maestros,
somos la madera famosa por el regalo de Prometeo.[50]

81

MORRAL

No llevar la comida mendigada de un barbudo desnudo
ni dormir con un perro famélico:[51] te lo pide el morral.

82

ESCOBAS

La palmera asegura que las escobas tenían un gran valor.
Pero ahora el esclavo que recoge la mesa ha dado descanso a las escobas.

83

RASCADOR DE MARFIL

Esta mano[52] aliviará tu espalda cuando te pique una insoportable
pulga o algo más repugnante que la pulga, si es que lo hay.

---

[50] El fuego que robó a los dioses para dárselo a los hombres, y que se llevó en una rama de hinojo (*ferula,* en latín, lo mismo que «palmeta»); KER, II, pág. 468.

[51] Cf. IV 53.

[52] Era la forma que tenía el rascador (KER, II, pág. 468).

84

ESTUCHE PARA LIBROS

Para que la toga o el manto no deshilachen los bordes de tus libros,
este trozo de abeto les dará larga vida a sus hojas.

85

CAMA PAVONADA

Al lecho le da nombre la más hermosa —por sus abigarradas alas—
ave, que ahora es de Juno, pero que antes era Argo.[53]

86

GUALDRAPA

Coge, viajero, la manta de este brioso trotón,
pues de montar en pelo suelen salir higos.[54]

87

LECHOS SEMICIRCULARES

Recibe esta sigma[55] con incrustaciones de carey en forma de media luna.
Tiene capacidad para ocho; que venga todo el que sea amigo mío.[56]

---

[53] Argo Panoptes, a quien Juno encargó que vigilara a Ío, transformada en novilla por Júpiter, y que fue metamorfoseado en pavo real.

[54] Cf. I 65 n.

[55] La letra sigma se escribía también en forma semicircular.

[56] Cf. X 48, 6.

88

BANDEJA DE ENTREMESES

Si crees que en mí hay una tortuga hembra de tierra,
te equivocas: soy el botín macho del mar.[57]

89

MESA DE CEDRO[58]

Recibe estos árboles frutales, obsequio atlántico:
quien te dé regalos dorados te los dará de menor valor.

90

MESA DE ARCE

La verdad es que no soy veteada ni hija del bosque mauritano,[59]
pero mis maderas también conocen los manjares refinados.

91

COLMILLOS DE MARFIL

Los que pueden con los enormes cuerpos de los toros, ¿preguntas
si son capaces de sostener las mesas líbicas?[60]

---

[57] Los caparazones de las tortugas de mar eran más apreciados que los de las de tierra, y los de los machos más que los de las hembras (KER, II, pág. 470).

[58] Cf. IX 59, 10 n.

[59] Cf. epigrama anterior.

[60] Cf. XIV 89.

92

REGLA DE CINCO PIES

Este trozo de encina marcado con sus medidas y rematado en afilada punta
suele descubrir a menudo los fraudes de los contratistas.

93

COPAS ORIGINALES

Estas no son de ahora ni orgullo de nuestros cinceles:[61]
Méntor[62] fue el primero que bebió en ellas mientras las hacía.

94

VASOS SÓLIDOS

Nosotros somos la plebeya obra labrada en sólido cristal,
y nuestro material no se resquebraja con el agua hirviente.[63]

95

PLATO DE ORO CINCELADO

Aunque, por ser de buena cuna, enrojezco por el metal galaico,[64]
me enorgullezco más de mi arte: pues esta es una obra de Mis.[65]

---

[61] Cf. IX 43, 5.

[62] Cf. III 40 (41), 1 n.

[63] Cf. XII 74, 3-6.

[64] El oro; cf. IV 39, 7.

[65] Cf. VIII 34, 1 n.

96

VASOS DE VATINIO

Recibe este vaso, barato recuerdo del zapatero
Vatinio; pero aquella nariz era más alargada.[66]

97

BANDEJAS CON INCRUSTACIONES DE ORO

No afees estos amplios platos con un salmonete minúsculo:
como mínimo debe pesar dos libras.

98

VAJILLA DE ARRETIO

Te aconsejo que no minusvalores en exceso una vajilla de Arretio:[67]
Pórsena[68] era un exquisito por sus cacharros de barro etruscos.

99

CUBETA

Yo, una cubeta extranjera, he venido desde los abigarrados britanos,
pero Roma ya prefiere llamarme suya.

---

[66] Cf. X 3, 4 n.

[67] Era de barro (cf. I 53, 6). Arretio (la actual Arezzo) se encontraba en Etruria.

[68] Rey etrusco de Clusio, que intentó reponer a los Tarquinios en el trono de Roma (cf. Tito Livio, II 9-13).

100

VASO DE BARRO

Si no desconoces la tierra del sabio Catulo,
has bebido vinos réticos[69] en mi barro.

101

RECIPIENTES PARA SETAS

Aunque las setas me han dado un nombre tan distinguido,
estoy al servicio —¡ay, qué vergüenza!— de las verduras.

102

VASOS DE SORRENTO

Recibe estos vasos que no han nacido de un barro de poca monta,
sino que son una pulida obra labrada en los tornos de Sorrento.[70]

103

COLADOR DE NIEVE

Rebaja, te lo aconsejo, las copas de Setia[71] con mi nieve:[72]
puedes empapar los filtros de lino con un vino peleón.

---

[69] Catulo había nacido en Verona, que lindaba con Retia.

[70] En Campania, cerca de Nápoles.

[71] Cf. VI 86, 1 n.

[72] Cf. IX 2, 5.

104

FILTRO DE NIEVE

Mi lino también sabe licuar la nieve:[73]
de tu colador no chorrea más fría el agua.

105

JARRITAS DE MESA

No le faltará agua fría, no le faltará caliente al que la pida.
Pero deja tú de importunar con una sed exigente.

106

JARRA DE BARRO

Se te regala esta jarra roja de asa curva.
Con ella buscaba agua fría el estoico Frontón.

107

CUBILETES

A nosotros nos aman los sátiros, a nosotros, Baco, a nosotros, el tigre ebrio
enseñado a lamer los empapados pies de su señor.[74]

---

[73] Cf. VIII 45, 4 n.

[74] Cf. VIII 26, 7-8.

108

VASOS SAGUNTINOS[75]

Toma estos vasos hechos con barro saguntino que un criado
puede coger y guardar sin miramientos.[76]

109

VASOS ENGASTADOS

Mira cómo reluce el oro engastado con los fuegos
escíticos.[77] ¡A cuántos dedos ha despojado este vaso![78]

110

AMPOLLA PARA BEBER

En esta joya, que conserva el nombre de Cosmo,[79] puedes
beber, sibarita, si tu sed es de fragancias.[80]

---

[75] Cf. VIII 6, 2.

[76] Comp. con XIV 111.

[77] Con esmeraldas; cf. IV 28, 4.

[78] Según Juvenal, V 43-44, los ricos solían adornar sus copas con las joyas de sus anillos (Ker, II, pág. 477).

[79] Cf. I 87, 2 n.

[80] Del perfume que antes ocupaba la ampolla y que darán un sabor especial al vino (cf. Ker, II, pág. 478).

111

COPAS DE CRISTAL

Si temes romper las copas de cristal, las romperás: fallan
las manos demasiado seguras y las nerviosas.[81]

112

NUBE DE VIDRIO[82]

La nube que viene de Júpiter soltará aguas abundantes
para atemperar las copas: esta otra te proporcionará el vino.

113

COPAS MÚRRINAS

Si lo bebes caliente, la mirra se adapta bien al falerno
hirviente y de ahí le nace al vino un mejor sabor.

114

FUENTE CUMANA

Este cacharro, rosáceo por el barro cumano y paisano
suyo, te lo ha enviado la casta sibila.[83]

---

[81] Cf. XII 74, 8.

[82] Se trataba, al parecer, de un recipiente de cristal con orificios para rociar agua sobre el vino (cf. KER, II, pág. 478).

[83] Cf. IX 29, 4 n.

115

VASOS DE VIDRIO

Estás viendo el talento del Nilo:[84] en su deseo de añadirle
más detalles, ¡ay, cuántas veces echó a perder el autor su obra!

116

CÁNTARO DE NIEVE

Bebes vinos de Espoleto o los guardados en las bodegas marsas:[85]
¿de qué te sirve el refinamiento del agua hervida y helada?[86]

117

LO MISMO

El no beber nieve sino beber agua refrescada
con nieve[87] lo ha inventado una sed ocurrente.

118

LO MISMO

Abstente, esclavo, de mezclar los humos de Marsella[88]
con el agua de nieve, no vaya a resultarte más cara el agua.

---

[84] Cf. XII 74, 1.

[85] Sobre la calidad de estos vinos, cf. XIII 120 y 121.

[86] Cf. II 85, 2 n.

[87] Cf. XIV 103 y 104.

[88] Cf. X 36, 2 n.

119

ESCUPIDERA DE BARRO

Mientras soy reclamada con el castañeteo de los dedos y el esclavo se [demora,
¡oh, qué de veces el colchón se ha convertido en mi rival!

120

CUCHARA DE PLATA

Aunque me llamen cuchara tanto los caballeros como los senadores,
por los gramáticos ignorantes soy llamada «cunchara».[89]

121

SACACARACOLES

Soy bueno para los caracoles pero no menos útil para los huevos.
¿Sabes acaso por qué se ha preferido llamarme sacacaracoles?[90]

122

ANILLOS

Antes, numerosos amigos nos regalaban, pero ahora, muy pocos.
¡Afortunado aquel al que acompaña un caballero que algo le debe![91]

---

[89] *Lingula,* en latín, frente a *ligula* (v. 1); los gramáticos a los que se alude insistían en su etimología relacionada con *lingua* (KER, II, pág. 481).

[90] Cf. VIII 71, 10 n.; también se utilizaba para agujerear los huevos.

[91] Cf. V 19, 9-10. El cliente le ha prestado al caballero los 400.000 sestercios

123

JOYERO PARA ANILLOS

A veces un anillo de peso se escurre del dedo grasiento,
pero, con mi garantía, tu joya estará a salvo.

124

TOGA

«Señores del mundo y pueblo togado a los romanos»[92]
los hace el que concedió los astros a su gran padre.[93]

125

LO MISMO

Si te resulta fácil renunciar a dormir por las mañanas,
a fuerza de desgastar tu toga[94] te llegará una espórtula.[95]

126

BATA DE DEPORTE[96]

Es un regalo de pobres pero su uso no es de pobres:
en vez de un manto te envío esta bata.

necesarios para mantenerse en su clase social (cf. IV 67); cf. FRIEDLÄNDER, pág. 324. Sobre el anillo como distintivo de los caballeros, cf. VIII 5.

[92] Verso de VIRGILIO, *Eneida* I 282

[93] Domiciano; cf. IX 1, 8-9.

[94] Cf. IX 100.

[95] Cf. I 59.

[96] Cf. IV 19.

127

PRENDAS DE LANA OSCURA DE CANOSA[97]

Esta prenda de lana de Canosa, lo más parecido al arrope turbio,
será tu regalo. Alégrate: no se estropeará en seguida.

128

MANTO CON CAPUCHA

La Galia te viste con el manto con capucha de los santoñeses.[98]
Antes era el capote de los cercopitecos.

129

PRENDAS DE LANA ROJA DE CANOSA

Roma prefiere vestirse de oscuro, la Galia, de rojo,
y este color es del agrado de niños y soldados.

130

CAPOTE DE CUERO

Aunque empieces el camino con el cielo completamente despejado,
que nunca esté de más un cuero contra las lluvias repentinas.

---

[97] Cf. IX 22, 9.

[98] La antigua Santoña francesa se encontraba en Aquitania.

131

CAPAS ESCARLATAS

Si eres partidario de los azules o los verdes,[99] tú que te vistes de escarlata
procura no convertirte en un renegado con este regalo.

132

PÍLEO

Si yo pudiera, me gustaría enviarte una capa entera:
ahora te envío un regalo solo para tu cabeza.

133

CAPAS BÉTICAS

Mi lana no es falsa ni me transformo dentro de una caldera.
Que te agraden así las tirias: a mí me tiñe mi propia oveja[100]

134

SUJETADOR PARA EL PECHO

Sujetador: reduce los pechos excesivos de mi amada,
para que mi mano tenga algo que coger y cubrir.[101]

---

[99] Cf. VI 46 n.

[100] Cf. XII 63, 2-5.

[101] Comp. con XIV 66.

135 (137)

CAPAS BLANCAS

Estamos garantizadas por ser usadas en el anfiteatro,[102]
cuando una capa blanca cubre a la heladora toga.

136 (135)

TRAJES DE CENA

No conocemos ni los tribunales ni las citaciones:
nuestro trabajo es este: reclinarnos en coloreados lechos.

137 (142)

BUFANDA

Si, dispuesto yo a declamar, te doy por casualidad una invitación,
que esta bufanda proteja tus orejas.

138 (136)

MANTO

En la época invernal no sirven de mucho los vestidos ligeros:
mis forros calientan vuestros palios.

[102] Cf. IV 2.

139 (138)

MANTEL

Que paños lanudos cubran la mayor distinción de tu cedro:
en mis tableros[103] puede quedar un rodal.

140 (139)

CAPUCHAS DE LIBURNIA

No has sabido, oh torpe, combinar la capa conmigo:
te la habías puesto blanca: quítatela verdemar.[104]

141 (140)

PANTUFLAS DE CILICIA

No las ha proporcionado la lana sino la barba de un apestoso macho:[105]
la planta de tu pie se podrá cobijar en un recodo del Cínife.[106]

142 (141)

TRAJE DE FIESTA[107]

Mientras la toga se alegra de descansar durante cinco jornadas,
tendrás todo el derecho a ponerte este traje.

---

[103] Cf. IX 59, 10 n.

[104] Esto es, que la capa se había manchado con el color que destiñó la capucha por causa de la lluvia; cf. FRIEDLÄNDER, pág. 328.

[105] Cf. XI 84, 17-18.

[106] Cf. VIII 50 (51), 11 n.

[107] Cf. XIV 1, 4 n.

143

TÚNICAS PATAVINAS

Las prendas patavinas de sarga emplean mucha lana,
y una sierra puede cortar las gruesas túnicas.

144

ESPONJA

Te toca en suerte esta esponja, buena para limpiar las mesas
cuando, tras exprimirle el agua, se hincha un poco.

145

CAPOTE GOSIPINO

Hay en mí tal blancura, tan grande es la hermosura de mi forro,
que querrías llevarme puesto incluso en plena siega.

146

ALMOHADA

Unge tu cabeza con la fragancia de Cosmo:[108] olerá la almohada;
cuando el cabello ha perdido el perfume, lo conservan las plumas.

---

[108] Cf. I 87, 2 n.

147

Tus mantas de lana relucen con sus embozos de púrpura.
¿De qué te sirven si tu vieja esposa te hiela?

148

COLCHAS

Para que las mantas no queden a la vista en un lecho huérfano,
venimos a acompañarte nosotras, hermanas inseparables.

149

JUBÓN

Temo a las tetonas; entrégame a una tierna joven
para que mi lino pueda disfrutar de su níveo pecho.

150

AJUAR DE CAMA POLÍMITO

Estos regalos te los hace la tierra de Menfis: ya ha sido vencida
por la urdimbre del Nilo la aguja de Babilonia.[109]

151

CINTURÓN

Ahora soy bastante holgado; pero si con un dulce peso tu vientre
se hincha, me convertiré entonces en un cinturón estrecho para ti.

---

[109] Cf. VIII 28, 18 n.

152

LIENZO DE ALGODÓN

Colchas te enviará la tierra del culto Catulo;[110]
nosotros somos de la región de Helicaón.[111]

153

CEÑIDOR

Que un rico te dé una túnica: yo puedo ceñirte.
Si fuera rico, te haría yo ambos regalos.

154

LANAS DE COLOR DE AMATISTA

Al estar yo ebria de la sangre de la concha sidonia,[112]
no comprendo por qué se me llama lana sobria.

155

LANAS BLANCAS

Famosa es Apulia por los vellones de la mejor calidad, Parma,
por los que les siguen: su oveja, en tercer lugar, honra a Altino.[113]

---

[110] Cf. XIV 100, 2 n.
[111] Cf. X 93, 3 n.
[112] Cf. XI 1, 2.
[113] Cf. IV 25, 1 n.

156

LANAS TIRIAS

Fuimos el regalo de un pastor a su amada lacedemonia:
inferior era la púrpura de su madre Leda.[114]

157

LANAS DE POLENZA[115]

No solo lanas fúnebres de oscuro vellón
—sino también vasos típicos— suele producir esta tierra.

158

LO MISMO

Es cierto que mi lana es lúgubre, pero nacida para criados pelados[116]
como los que, sin ser de primer rango, reclama la mesa.

159

BORRA DE LOS LÉUCONES[117]

¿Está el bastidor demasiado cerca del plumón que aplastas?
Recibe vellones quitados a los sayos de los léucones.

---

114 Cf. IX 103.

115 En Liguria.

116 Cf. XI 11, 3.

117 Cf. XI 21, 8 n.

160

BORRA PARA EL CIRCO

A los juncos cortados se les llama borra para el circo.
En vez de la de los léucones[118] los pobres compran estas pajas.

161

PLUMA

Podrás aliviar tu cansancio en las plumas de Amiclas[119]
que te proporcionó el plumón interior de un cisne.

162

HENO

Que tu delgado colchón se hinche con lo que se le sustrae a la mula.
La demudadora preocupación no alcanza los lechos prietos.

163

CAMPANA

Devuelve la pelota: suena el bronce de las termas. ¿Sigues jugando?
Lo que quieres es marcharte a tu casa tras bañarte solo en el agua de la [Virgen.[120]

---

[118] Cf. epigrama anterior.

[119] Cf. IX 103, 5 n.

[120] Cf. V 20, 9 n.

164

DISCO

Cuando vuelan los resplandecientes pesos del disco espartano,
manteneos lejos, niños: que sea culpable una sola vez.[121]

165

CÍTARA

Le devolvió Eurídice a su poeta:[122] pero este la perdió
al no confiar en sí mismo ni tener paciencia para amar.[123]

166

LO MISMO

A menudo ha sido expulsada del teatro de Pompeyo
la que arrastró a los bosques y paralizó a las fieras.

167

PLECTRO

Para que no se te forme una ardiente ampolla en el rozado pulgar,
que blancos plectros engalanen tu dócil lira.

---

[121] Cf. XIV 173, 2 n.

[122] A Orfeo.

[123] Cf. *Espectáculos* 24 (21) y 25 (21 b).

168

ARO

Hay que ponerle la rueda; me das un regalo útil:
éste será para los niños un aro, pero para mí, un soniquete.[124]

169

LO MISMO

¿Por qué el anillo rueda estrepitoso en su amplio círculo?
Para que la gente con la que se cruza se aparte ante los sonoros aros.

170

ESTATUA DE ORO DE LA VICTORIA[125]

Sin sortearla, esta se le da al que el Rin le dio
un nombre verdadero:[126] sirve falerno diez veces,[127] muchacho.

171

«EL NIÑO DE BRUTO»[128] DE BARRO

No es anónima la fama de una estatuilla tan pequeña:
Bruto era el que amaba a este niño.

---

[124] Cf. XI 21, 2.

[125] A partir de aquí comienzan epigramas sobre las *sigilla*, unas estatuillas que se regalaban en los dos últimos días de las Saturnales, que por ello eran llamados *sigillaria;* cf. Friedländer, pág. 333; Ker, II, pág. 499.

[126] Cf. IX 93, 8 n.

[127] Cf. I 71, 1 n.

[128] En griego, en el original; cf. II 77, 4 n.

172

SAURÓCTONOS[129] DE BRONCE CORINTIO

Respeta, niño travieso, al lagarto que repta
hacia ti; desea él morir bajo tus dedos.

173

CUADRO DE JACINTO

Del odioso disco aparta sus ojos moribundos
el joven de Ébalo, atormentado remordimiento de Febo.[130]

174

HERMAFRODITO[131] DE MÁRMOL

Se metió varón en la fuente: salió bisexual:
una de sus partes es de su padre, de su madre tiene lo demás.

175

CUADRO DE DÁNAE

¿Por qué, soberano del Olimpo, recibió Dánae dinero
de ti, si Leda se te entregó gratis?[132]

---

129 «El matalagartos»; copia de una estatua de Praxiteles representando a Apolo con un arco al acecho de un lagarto (FRIEDLÄNDER, pág. 334).

130 Porque accidentalmente causó la muerte de Jacinto (cf. XI 43, 7-8) mientras jugaban a lanzar el disco.

131 Cf. X 30, 10 n.

132 Cf. IX 18, 8 n.

176

MÁSCARA GERMANA

Yo, la máscara de un batavo pelirrojo, soy el capricho de un alfarero.
A esta cara de la que tú te ríes le temen los niños.

177

HÉRCULES DE BRONCE CORINTIO

El crío estrangula a las dos serpientes[133] y ni las mira.
Ya podía la hidra[134] temer sus tiernas manos.

178

HÉRCULES DE BARRO

Soy frágil: pero —te lo recomiendo— no desdeñes tú la estatuilla:
al Alcida no le da vergüenza llevar mi nombre.

179

MINERVA DE PLATA

Dime, feroz doncella: ya que llevas el casco y la lanza,
¿por qué no tienes la égida? «La tiene César».[135]

---

[133] Que le había mandado Juno, celosa de Alcmena, la madre de Hércules.

[134] Cf. IX 101, 10 n.

[135] Cf. VII 1. 1 n., y IX 20, 10.

180

CUADRO DE EUROPA

Podías haberte convertido mejor en toro, padre óptimo
de los dioses, en el momento en que Ío fue una vaca para ti.[136]

181

LEANDRO DE MÁRMOL

En medio de las encrespadas aguas gritaba el bravo Leandro:
«Sumergidme, olas, cuando esté de regreso».[137]

182

ESTATUILLA DE BARRO DE UN JOROBADO

Estaba borracho Prometeo[138] —imagino— cuando le creó este monstruo [a la tierra:
también él jugueteó con el barro de las saturnales.

183

«BATRACOMIOMAQUIA»[139] DE HOMERO

Lee entera la canción a las ranas en el poema de Meonia
y aprende a desarrugar la frente con mis fruslerías.[140]

---

[136] Júpiter se transformó en toro para raptar a Europa (cf. *Espectáculos* 19, 1), pero no hizo lo mismo cuando andaba tras Ío (cf. XIV 85, 2 n.).

[137] Cf. *Espectáculos* 29 (25 b).

[138] Cf. IX 45, 8 n.

[139] «La batalla de las ranas y los ratones», poema épico-cómico atribuido a Homero.

[140] Cf. I 107 n.

184

HOMERO EN PLIEGOS DE PERGAMINO

La «Ilíada» y Ulises, el enemigo de los reinos de Príamo,
subyacen ocultos a la vez en las muchas hojas de esta piel.

185

«EL MOSQUITO» DE VIRGILIO

Recibe, lector empedernido, «El Mosquito» del inspirado Marón,
y, dando de lado a las nueces,[141] lee «Las hazañas del héroe».[142]

186

VIRGILIO EN PERGAMINO

¡Qué pequeño pergamino contiene al inmenso Marón!
La primera página lleva su rostro.

187

«TAIS» DE MENANDRO

En esta, su primera vez, trató los sensuales amores de los adolescentes;
y no fue Glícera —sino Tais— la amante del joven.[143]

---

[141] Cf. XIV 1, 12 n.

[142] Primeras palabras de la *Eneida*.

[143] En esta primera comedia amorosa de Menandro la querida del protagonista se llamaba Tais, mientras que la del propio autor era Glícera (S. Bailey, III, pág. 300).

188

CICERÓN EN PERGAMINO

Si este pergamino llega a ser tu acompañante, ten en cuenta
que tú estás haciendo un largo viaje con Cicerón.

189

EL *MONOBIBLOS* DE PROPERCIO

Cintia[144] —el poema juvenil del inspirado Propercio—
se llevó la gloria; y ella no le aportó menos.

190

TITO LIVIO EN PERGAMINO

En escuetas hojas está resumido el gran Livio,
al que mi biblioteca no puede acoger entero.

191

SALUSTIO

Aquí estará, según consideran las mentes de los entendidos,
el primero en la historiografía romana: Crispo.[145]

---

[144] El nombre que Propercio le dio a ese libro, titulado *Monobiblos* en los manuscritos; cf. PROPERCIO, *Elegías* (Introducción, traducción y notas de A. RAMÍREZ DE VERGER), Biblioteca Clásica Gredos, 131, Madrid, 1989, págs. 21-22.

[145] Gayo Salustio Crispo.

192

LAS «METAMORFOSIS» DE OVIDIO EN PERGAMINO

Este volumen, que está formado por multitud de páginas, te
ofrece los quince libros de Nasón.[146]

193

TIBULO

La sensual Némesis[147] inflamó a su enamorado Tibulo,
al que le agradaba que no hubiera nada en toda su casa.[148]

194

LUCANO

Hay quienes dicen que yo no soy poeta:
pero el librero que me vende sí lo cree.

195

CATULO

Tanto debe la gran Verona a su Catulo
como la pequeña Mantua a su Virgilio.

---

146 Publio Ovidio Nasón.

147 Delia, en realidad; cf. VIII 73, 7.

148 Comp. con Tibulo, I 5, 30.

196

«SOBRE LA UTILIDAD DEL AGUA FRÍA» DE CALVO[149]

Este papel que te habla de fuentes y nombres de aguas
nadaba mejor por sí mismo en esas aguas.[150]

197

MULAS ENANAS

No debes temer caerte de estas mulas:
a menudo sueles sentarte a más altura en el suelo.

198

PERRITA GALICANA

Si quieres escuchar las maravillas de una pequeña perrita,
la página entera me resulta pequeña para contarlas.[151]

199

ASTURCÓN

Este pequeño caballo astur que bracea rítmicamente
con sus veloces cascos procede de pueblos auríferos.

---

[149] Obra desconocida de —al parecer— Gayo Licinio Calvo.

[150] Cf. I 5.

[151] Veintitrés versos le dedica Marcial a la perrita Isa en I 109.

200

PERRO LEBRERO

No caza para sí sino para su amo el bravo lebrero,
que te llevará entre sus dientes la liebre sin dañarla.

201

PALESTRITA

No lo aprecio porque triunfa sino porque es experto en el decúbito ventral
y ha aprendido mejor que nadie a hacer la escuadra.[152]

202

MONO

Yo, un mono hábil en esquivar las lanzas que me arrojan,
si tuviera cola sería un cercopiteco.

203

JOVEN GADITANA[153]

Se contonea tan lúbricamente, se excita tan provocadoramente que
habría hecho masturbarse al propio Hipólito.[154]

---

[152] En griego, en el original; literalmente, «inclinación». La connotación sexual de las dos posturas gimnásticas es evidente; cf. SUETONIO, *Domiciano* 22.

[153] Cf. I 41, 12 n.

[154] Cf. VIII 46, 2 n.

204

CÍMBALOS

Los bronces que doblan por los amores de Celenas de la Madre
suele venderlos a veces el galo cuando tiene hambre.[155]

205

JOVEN ESCLAVO

Tenga yo un joven esclavo imberbe por la edad, no por la piedra pómez,
a causa del cual no me guste ninguna muchacha.

206

CEÑIDOR DE VENUS

Rodea tu cuello, niño, con una prenda sincera de amor,
con este ceñidor tibio por el regazo de Venus.[156]

207

LO MISMO

Toma este ceñidor impregnado del néctar de Citerea:[157]
esta correa inflamó la pasión de Júpiter.

---

[155] Cf. V 41, 2-3, y IX 2, 13 n.

[156] Según *Ilíada* XIV 214-221, Venus le prestó a Juno su ceñidor para que atrajera a Júpiter; cf. KER, II, pág. 511, y VI 13, 5-8.

[157] Cf. XI 81, 6 n.

208

AMANUENSE

Aunque las palabras vuelen, la mano es más rápida que ellas:
la lengua aún no ha acabado su trabajo, la diestra, sí.

209

CONCHA

Que la lámina del Mareótide[158] se tome lisa por obra de la concha
marina: la pluma volará por un camino sin obstáculos.

210

TONTO[159]

No es una imbecilidad fingida ni simula con engañosa habilidad.
El que no tiene más seso que lo normal es el que lo tiene.

211

CABEZA DE CARNERO

Has cortado el blando cuello de un macho de Frixo.[160]
Cruel, ¿ha merecido esto el que te proporcionó tu túnica?

---

[158] Cf. VIII 36, 3 n.; se trata del papiro; según Plinio, *H. N.* XIII 81, el papiro se alisaba con un instrumento de marfil o con una concha (Friedländer, pág. 342; Ker, II, pág. 512).

[159] Cf. XII 93.

[160] Cf. VIII 28, 20 n.

212

ENANO

Si solo te fijas en la cabeza de este hombre, lo creerías Héctor:
si lo ves de pie, lo tomarías por Astianacte.[161]

213

RODELA

Esta rodela tuya, que muchas veces suele ser vencida
y pocas veces vencer, será el pavés de un enano.

214

JÓVENES CÓMICOS

En esta compañía no habrá ningún «Odioso»:[162]
pero cualquiera podría hacer de «El que engaña por partida doble».[163]

215

FÍBULA[164]

Dime sin rodeos, fíbula: a los cómicos y citaristas,[165]
¿qué les proporcionas? «Que follen por más dinero?».[166]

---

[161] Cf. VIII 6, 16 n.

[162] En griego, en el original.

[163] En griego, en el original; tanto esta como la anterior son comedias perdidas de Menandro.

[164] Cf. VII 82, 1 n.

[165] Cf. XI 75.

[166] El que tenían que pagar por desembarazarse de la fíbula (cf. IX 27, 12), o porque se creía que tenían mayor vigor sexual (cf. KAY, pág. 230).

216 (218)

PAJARERO

No solo con varetas sino con reclamos se engaña al pájaro,
mientras la artera percha es alargada[167] por la silenciosa mano.

217 (218)

HALCÓN

Fue ladrón de aves: al servicio ahora del pajarero él mismo,
atrapa los pájaros y se apena de que no sean presas suyas.

218 (217)

DESPENSERO

Dime con cuántos y por cuánto deseas cenar y no añadas
una sola palabra: tienes dispuesta la cena.

219

CORAZÓN DE BUEY

Ya que tú, un picapleitos pobretón, escribes poemas que no te
reportan ningún dinero, recibe el corazón[168] que tienes.

---

[167] Cf. IX 54, 3.

[168] También en el sentido de «inspiración» (KER, II, pág. 515).

220

COCINERO

A un cocinero no le basta solo con su oficio: no quiero que tenga
un paladar de esclavo: un cocinero debe tener el gusto de su amo.

221

PARRILLA CON ASADORES

Que tu enrejada parrilla se pringue con encorvadas costillas;
que el furioso jabalí se ahúme en una larga brocheta.

222

CONFITERO

Mil dulces formas de pasteles te fabricará esta
mano: solo para él trabaja la parca abeja.

223

MANJARES SUSTANCIOSOS

Levantaos: el panadero ya les está vendiendo el desayuno a los niños
y las crestadas aves del amanecer resuenan por doquier.[169]

[169] Cf. IX 68, 3.

ÍNDICE GENERAL